通信领域专利运营研究

——以大数据为视角

崔国振　主编

知识产权出版社

全国百佳图书出版单位

图书在版编目（CIP）数据

通信领域专利运营研究：以大数据为视角/崔国振主编. —北京：知识产权出版社，2018.6

ISBN 978 – 7 – 5130 – 5673 – 1

Ⅰ. ①通… Ⅱ. ①崔… Ⅲ. ①通信业—专利—运营管理—研究—中国
Ⅳ. ①F632.4②G306.3

中国版本图书馆 CIP 数据核字（2018）第 143768 号

内容提要

本书运用大数据对 2014～2016 年通信领域的专利运营情况进行详尽的分析，以专利转让、专利许可、专利质押、专利无效为核心，对通信领域专利运营的整体概况、重点技术领域、运营专利质量、典型企业等进行深入挖掘。

责任编辑：龚 卫　　　　　　　　　　　责任印制：刘译文

通信领域专利运营研究
——以大数据为视角

主　编　崔国振

出版发行：知识产权出版社 有限责任公司		网　址：http://www.ipph.cn	
电　话：010 – 82004826			http://laichushu.com
社　址：北京市海淀区气象路 50 号院		邮　编：100081	
责编电话：010 – 82000860 转 8120		责编邮箱：gongwei@ cnipr.com	
发行电话：010 – 82000860 转 8101		发行传真：010 – 82000893	
印　刷：三河市国英印务有限公司		经　销：各大网上书店、新华书店及相关专业书店	
开　本：720mm×1000mm　1/16		印　张：17.25	
版　次：2018 年 6 月第 1 版		印　次：2018 年 6 月第 1 次印刷	
字　数：288 千字		定　价：65.00 元	

ISBN 978 – 7 – 5130 – 5673 – 1

编委会

主　编　崔国振

副主编　金　源　龚　玫

编　委（以姓氏笔画为序）：

马　菁　王　科　王婷婷　包红霞

刘　欣　桑芝芳　谢虹霞　潘　蓉

目　录

第一章 绪 论

党的十八大报告明确提出实施"创新驱动发展战略"和"知识产权战略"，《国家知识产权战略纲要》将"大幅度提升我国知识产权创造、运用、保护和管理能力"作为纲要实施的指导思想，2017 年 10 月 18 日习近平总书记在十九大报告中进一步明确"强化知识产权创造、保护、运用"。此外，习近平总书记在2014 年两院院士大会上的讲话中指出：我国发展的新路"就在科技创新上，就在加快从要素驱动、投资规模驱动发展为主向以创新驱动发展为主的转变上。"而知识产权制度，特别是专利制度是当今市场化的、主流的创新驱动机制，可以极大提高创新效率和创新成果的市场转化率。在专利制度设计中，专利运营是创新成果转化的一种重要方式。

第一节 专利运营的内涵

近年来，专利运营在我国迅速开展并初见成效。通过专利运营以实现知识产权价值，不仅是市场主体经营管理的目标，也是国家和地方知识产权管理部门的重要工作内容。为加快科技成果实施转化，自 2008 年以来，从国务院到各部委及负责知识产权工作的国家知识产权局，都陆续出台了鼓励创新、鼓励专利运营的相关决策和政策（见表 1-1-1）。其中，2014 年 12 月 16 日，财政部、国家知识产权局联合下发了《关于开展以市场化方式促进知识产权运营服务工作的通知》（财办建〔2014〕92 号），提出要以市场化方式建设全国知识产权运营公共服务平台及特色试点平台。随后，国家知识产权局确立了在北京建设全国知识产权运营公共服务平台，在西安、珠海建设两大特色试点平台，并通过股权投资重点扶持 20 家知识产权运营机构，示范带动全国知识产权运营服务机构快速发展，初步形成了"1＋2＋20＋N"的知识产权运营服务体系，极大推进了专利运营工作，由此业界称 2015 年为"中国专利运营元年"。2017 年 4 月，财政部办公厅和国家知识产权局办公室联合下发了《关于开展知识产权运营服务体系建设工作的通知》（财办建〔2017〕35 号），正式启动国家知识产权运营服务体系建设工作，通过在全国选取若干创新资源集聚度高、辐射带动作用强、知识产权支撑创新驱动发展需求迫切的重点城市为载体，开展知识产权运营服务体系建设。在随后的评选中，有 8 个城市入选运营服务体系建设重点城市，每个城市都将获得财政部 2 亿元财政资金支持，随后中央财政将 1.5 亿元拨付地方财政。据笔者了解，在知识产权领域本次财政资金支持力度空前，在一定程度上体现了国家知识产权局加大专利运营工作的决心。此举意在通过构建知识产权运营服务体系鼓励试点城市的专利运营工作，从而加强知识产权运用和保护，利用知识产权支撑本区域的产业发展，推动区域产业的转型升级并进而提升区域产业、企业的国内和国际市场的知识产权竞争力。从另一个角度来看，虽然在相关政府文件中并未对专利运营进行明确定义，但专利运营已经实实在在从一项发展规划和发展战略落实到具体的政府工作和市场实践。

在某种程度上，我国的专利运营实践走在了理论的前列。目前学界对专利运营的定义并无统一的认识。例如，刘淑华等人认为：专利运营是专利与资本结合的产物，专利运营的本质是专利权的资本化。所谓专利运营是指优化专利权的市场配置，提升和实现专利权的商业方法和经营策略。郑伦幸、牛勇在《江苏省专利运营发展的现实困境与行政对策》中指出：专利运营涵盖了专利技术申请、专利信息检索分析、专利风险投资、专利转让、专利许可、专利诉讼等多项内容，因此它是一项系统工程。刘海波、吕旭宁、张亚峰在《专利运营论》中指出："专利运营，是指市场经济中的各类主体，基于专利制度和其他相关法律、法规、政策，利用经济规律和市场机制对专利申请权、专利权、专利信息、专利技术进行的研发的、生产的、商业的、法律的以及其他形式的谋求自身利益的行为。"[①]国家知识产权局专利管理司原司长马维野指出，知识产权的运营是知识产权运用和经营的统称，知识产权的运用可以实现知识产权的制度价值，而知识产权的经

---

① 刘海波，吕旭宁，张亚峰. 专利运营论 ［M］. 北京：知识产权出版社，2017：9.

营可以实现知识产权的经济价值，包括商用价值。另外，朱国军等人认为：专利运营管理是企业专利运营过程中有计划的组织、协调、控制的管理辅助活动总称。企业专利运营管理既是广义上的专利管理的重要组成部分，也是企业科学管理的重要组成部分，在企业管理中具有重要地位，贯穿于企业技术创新、产品开发、市场营销的全过程。此外，2014年4月22日，深圳市市场监督管理局发布《企业专利运营指南》，该指南将专利运营界定为："通过对专利或专利申请进行管理，促进专利技术的应用和转化，实现专利技术价值或者效能的活动。"

　　上述定义从不同角度描述了"专利运营"，虽然体现了专利运营某一方面的属性，但并未揭示"专利运营"的本质属性。专利运营的逻辑基础在于专利的资产属性以及资产运营的基本理论。传统观点认为，资产运营是对资产的筹集、供应与运用，其中资产流动属于物权交换，利用现有资产交换物质形态以谋求市场机会的最优化与利润的最大化。随着经济的发展，资产的种类日益丰富，知识产权产品也逐步纳入国民经济核算体系。基于此，资产运营也就涵盖到了知识产权运营这一具体类型。综合目前的专利实践来看，广义的专利运营包括专利信息检索、专利培育、专利申请、专利托管、专利转让、专利许可、专利质押、专利诉讼等。

　　从法律的角度来看，专利权及专利申请权都是无形财产权，无法通过譬如对有形物占有的方式来向公众宣示其权利的主体，只能通过法定的方式来确定。因此，《专利法实施细则》第89条规定，国务院专利行政部门设置专利登记簿，登记下列与专利申请和专利权有关的事项："……（二）专利申请权、专利权的转移；（三）专利权的质押、保全及其解除；（四）专利实施许可合同的备案和（五）专利权的无效宣告……。"为了向公众宣告其状态，《专利法实施细则》第90条规定，国务院专利行政部门定期出版专利公报，公布或者公告下列内容："……（七）专利权的无效宣告、（八）专利权的终止、恢复；（九）专利权的转移；（十）专利实施许可合同的备案；（十一）专利权的质押、保全及其解除……。"

　　由于专利培育、专利申请和专利信息检索属于专利授权之前的流程，与市场的结合紧密度较弱，而专利托管仅仅是专利管理的一种方式，不涉及专利权的权属及其负担变化，因此无需在专利登记簿上登记并公告给公众知晓。由此，从立法的角度来看，能够反映专利资产属性的专利运营行为主要依托于以下三种法定的行使方式：一是专利申请权和专利权的转让，指专利（申请）权利人作为转让方，将其专利权或者专利申请权在其有效的时间和地域内的所有权利让与受让方的行为。包括申请人向国务院专利行政部门提出专利申请以后对其已提交专利申请所享有的专利申请权、专利权的转让等，不包括向国务院专利行政部门提出专利申请之前的申请专利的权利的转让。二是专利许可，指专利权人允许他人在约定的条件下实施专利申请或者专利所保护的发明创造的行为。包括专独占实施许可、排他实施许可、普通实施许可、交叉实施许可和分实施许可等。三是专利质押，指债务人或第三人将拥有的专利权担保其债务的履行，当债务人不履行债务的情况下，债权人有权把折价、拍卖或者变卖该专利权所得的价款优先受偿的权利担保行为。同时，鉴于该三种运营的行为结果大都会公布或者公告，也就是说有公开数据予以支持，便于进行数据统计和分析。因此，本书将专利的转让、许可、质押三种行为统称为法定的专利运营行使方式，而将专利公报中公布和公告的三种行使方式作为研究对象，并从数据分析的角度探讨 2014～2016 年通信领域专利转让、许可和质押的数量、区域、当事人以及涉及的技术等情况予以分析，同时，为进一步探讨涉案专利技术及当事人等相关问题，对通信领域中涉及专利权无效宣告的专利纠纷予以统计和分析。

表 1-1-1　我国颁发的与专利运营相关的政策性文件

颁布年份	颁布机构	文件名称	与专利运营相关内容
2008	国务院	国家知识产权战略纲要	明确指出"促进知识产权创造和运用"是战略重点
2013	国家知识产权局	国家知识产权局关于实施专利导航试点工程的通知	对专利运营工作作出了较为明确的规定，但都未对专利运营的内涵予以界定
2013	国家知识产权局	国家知识产权局关于组织申报国家专利运营试点企业的通知	对专利运营工作作出了较为明确的规定
2014 年	国务院	深入实施国家知识产权战略行动计划（2014—2020 年）	明确提出了知识产权质押融资年度金额、专利权利使用费和特许费出口收入等知识产权运营具体目标

颁布年份	颁布机构	文件名称	与专利运营相关内容
2014	财政部、国家知识产权局	关于开展以市场化方式促进知识产权运营服务工作的通知	支持在北京市建设全国知识产权运营公共服务平台。拟建设的全国知识产权运营公共服务平台定位为推动发展全国专利运营产业的枢纽性工作载体
2015	国务院	中国制造2025	提出推进科技成果产业化，完善科技成果转化运行机制；强化知识产权运用，构建产业化导向的专利组合和战略布局；建立健全知识产权评议机制，鼓励和支持行业骨干企业与专业机构在重点领域合作开展专利评估、收购、运营、风险预警与应对。鼓励开展跨国知识产权许可
2016	国务院	促进科技成果转移转化行动方案	提出建立国家科技成果信息系统，在不泄露国家秘密和商业秘密的前提下，向社会公布科技成果和相关知识产权信息，"产学研"协同开展科技成果转移转化，推动企业加强科技成果转化应用
2016	国务院	关于印发"十三五"国家知识产权保护和运用规划的通知	提出突出知识产权在科技创新、新兴产业培育方面的引领作用，大力发展知识产权密集型产业，完善专利导航产业发展工作机制，深入开展知识产权评议工作；加大高技术含量知识产权转移转化力度；创新知识产权运营模式和服务产品；通过诸多举措来促进知识产权高效利用
2017	财政部国家知识产权局	关于开展知识产权运营服务体系建设工作的通知	中央财政对每个城市支持2亿元

第二节 本书研究背景

党中央、国务院一直重视产权的运用工作。2017年党的十九大报告也明确提到了"强化知识产权创造、保护、运用"。上述党中央、国务院的文件都对知识产权事业提出了新的要求。加强专利运营，迫切需要从理论层面进行分析探讨，形成理论模型，指导具体实践。随着我国经济社会的飞速发展，我们应厘清专利运营内涵，为专利运营在我国迅速开展做好基础工作。在我国，有效盘活我国庞大的专利资产，促进科技进步和经济社会发展，已成为当前专利行业的热点和难点。

一、我国专利运营发展现状

为加强知识产权的运用和科技成果的转移转化，多个省市相继出台政策鼓励知识产权运营工作，知识产权运营工作如火如荼地在开展，但运营成效并不突出。知识产权出版社i智库《2015年中国专利运营状况》研究报告显示：近年来中国个人、企业、科研院所等创新主体的专利运营次数逐年增加，三种法定的专利运营行使方式即转让、许可和质押2015年共达到14.5万次，涉及专利13.7万件。其中，专利转让占比高达81%，但专利转让大多发生在集团内部公司间，真正营利性的专利转让发生次数并不多；专利许可和质押的占比居后。知识产权出版社i智库《2014年中国专利运营状况》研究报告显示，2009～2014这6年间，中国专利运营数量占中国储备专利的比例均在1%～2%。对于专利产出量较大的高校来说，i智库2014年发布的《京津冀211高校专利发展研究报告》数据显示：截至2014年7月，京津冀211高校公开的专利中，只有3.18%有过相关的运营活动；形成鲜明对比的是，这些专利中有近四成已经失效（包括未授权），失效原因中未缴年费占到一半以上。

可见，我国开展专利运营的时间较短，尚处起步阶段，在政府部门和龙头骨干企业的联合推动下，在生物医药、通信、电子信息等领域已经开始探索将专利运营与企业研发、生产经营、企业技术创新服务体系建设相结合，专利运营正在融入产业创新体系之中。但是，关键核心专利缺乏、专利运营需求乏力、制度保障和政策措施支撑不力等问题依然制约着产业创新发展，要实现专利运营业务专业化、运营内容系统化、运营主体协同化、运营资源全球化和运营机制市场化等，还有较长的路要走。

进一步分析专利运营上述情况的原因，体现为如下方面：首先，就专利运营的对象而言，专利质量较低，使得专利运营如无源之水。在国家政策引导下，我国的专利申请量不断突飞猛进，我国发明专利申请量已经连续 4 年位居世界第一；但专利质量差距巨大，有真正为争取企业产品市场话语权而精心打造的精品专利，也有只要专利证书完全不涉及保护的凑数专利。面对专利质量良莠不齐的现状，专利运营工作举步维艰。当今世界，每一个重大的产业技术价值的背后，都有重大的科学价值作为基础。同样，科学价值是重大核心专利的基础，重大核心专利是取得重大运营成果的基础。不谈专利质量，专利很难与市场联姻实现经济价值。

其次，就专利运营的渠道而言，专利运营的供需双方难以有效对接，专利供需不对称是影响、制约专利运营的根本问题。专利不能有效运用，其重要原因在于存在严重的供给与需求矛盾。一是供需双方均无法获取明确信息。专利持有者对科技成果的市场需求不甚了解，无法快速定位需求企业。专利需求方因信息不通畅，虽然手持资金却似大海捞针，难以找到适合自身发展的专利项目。或是面对众多专利信息，需求方难以选择定夺。二是专利供需不匹配。大专院校、科研院所等专利权人长期以来与企业联系较少，造成专利成果与企业需求脱节，专利运营的供需双方难以达成合作，最终导致技术需求不足与技术供给过剩并存。三是交易双方利益差别化，即信息优势方以其优势侵犯他方利益，易使各方丧失潜在利益。我国是政府主导、高校和科研机构为主研发及企业为主转化的体系，各方在创新成果转化间利益差别悬殊：科研机构追求技术实力的提高，而企业作为专利运营主体仍只能被动接受。

最后，就专利运营的过程而言，专利运营面临多重交易风险。专利属性决定了其运营潜在高风险：其一是专利申请授权阶段的品质属性，Lanjouw 和 Schankerman 指出，专利的权利要求数量与其发生侵权诉讼率成正比；其二是专利授权后的价值属性，专利维持年限越高，其"向前引用"次数则越多，且更易陷入侵权纠纷。同时，专利运营市场存在诸多问题，包括市场信息不充分、不完整，知识产权价值决定的单面性，交易过程、合同条款和定价等缺乏标准，时间和交易成本混乱，双边许可体系存在缺陷等。专利运营中的风险因素，主要包括诉讼、无效等因素导致的风险、与技术有关的风险和与企业经营状况有关的风险以及金融风险。金融风险，是指在债务人不能按约定清偿到期债务的情况下，债权人不能通过处分所质押的专利权而受偿的情形，如专利权被宣告无效、专利权难以变现（专利技术难以在市场上得到应用；隐含在专利技术背后的商业秘密对专利权的制约）、专利权的价值贬损（新技术和替代技术对专利价值的影响；先用权对专利价值的影响）。

二、国外专利运营发展历史

专利制度源于中世纪的行会活动，历史悠久，财政困难时，英国国王就会对特定行业的特定商品授予专利权，收取"专利费"以提高收入。英国 1624 年垄断法案废止了国王授予的一般专利权，但保留了授予发明人的特殊的专利权，由此演化出了现在的专利制度。英国的这种专利授权保留了很多王室特权特征，这种状态一直延续到 19 世纪。在这种机制下，专利权被视为国王的恩惠，申请人必须获得一系列官员的支持，最后国王签字，整个过程没有透明可言，申请费也非常高。英国专利系统的另一个弊端是在专利失效前限制社会获得专利说明书，对专利申请人是否是发明人也不关注，英国和其他大部分欧洲国家在 19 世纪授予引进技术的人以专利权，这就使得专利和创新活动的联系并不直接，起不到创新驱动作用。更重要的是，在当时的英国，发明人获得专利权前必须要制造自己的专利产品，结果是只有有钱人才能获得专利授权，创新无产者的创新热情得不到专利的保护。[①]

与英国相反，美国自 1776 年建国以来，迅速从农业国发展为工业国家，其专利制度功不可没。美国平民化的专利制度很好地解决了"创新驱动"问题。随着 1790 年《美国促进实用技术进步法案》及后续专利法的颁布，燃起了美国普通大众对专利的申请热情，加快了美国创新活动的进程，也为专利运营提供了温暖的土壤和充足的养分。总体上来说，美国的专利运营可以划分为 3 个阶段。

---

① 周胜生，高可，饶刚，等. 专利运营之道［M］. 北京：知识产权出版社，2016.

（1）专利权人（主要是个人发明人）自己实施、转让或者许可、转让给他人，这一阶段的典型代表人物是爱迪生。在这一阶段，美国个人发明人一方面积极投身于发明创造，另一方面也致力于向那些使用其发明创造的公司收取相应的许可费等。专利行权也经历了从发明人个人的势单力薄到专利鲨鱼的兴起。专利鲨鱼购买休眠的无效专利（主要是设计专利），向不知不觉中使用了这些专利的农场主提起诉讼，进而收取不菲的许可费等。在当时以农场主经营为主的美国，专利鲨鱼的过度行权引起了农业经营者的愤怒以及媒体的讨伐，进而引发了关于是否改革专利制度的大讨论。这个阶段的专利行权以 1902 年美国专利法提高了设计专利授权门槛而告一段落。（2）个人发明人与金融资本相结合为巨型创新企业，这些企业利用其专利垄断市场。这一时期的典型代表人物有福特、爱迪生等。随着 20 世纪 30 年代末开始的反垄断浪潮，美国对大企业拥有的专利权的限制越来越严，这一阶段的专利运营进入低谷期。（3）专门的专利运营公司进行专利的许可、转让、诉讼等。在这一阶段，随着美国大量授权软件专利以及商业方法专利，大量独立发明人和中心创新主体获得了越来越多的信息技术核心专利和基础专利，掀起了挖掘专利资产价值的浪潮，专门从事专利运营的公司应运而生，同时，一些巨型公司也积极走向了专利运用之路。例如，2011 年 8 月，谷歌以 125 亿美元购买摩托罗拉移动；2012 年 4 月，微软以 10 亿美元收购美国在线的 800 件专利；2012 年 6 月，英特尔以 3.75 亿美元购买 InterDigital 1 700 件无线技术的专利；2012 年 11 月，美国芯片设计公司 MIPS 被英国 Imagination Tech 以 6 000 万美元现金收购，同时该公司将 580 件专利中的 498 件以 3.5 亿美元转让 AST。此外，微软与诺基亚联合成立了 Mosaid 公司，原微软公司技术总负责人内森·梅尔沃德和来自 WINDOWS 的技术主管爱德华·荣格成立了高智公司，专门从事专利许可收费等专利运营事宜。目前，无论是从国会立法还是从联邦最高法院的司法判决来看，美国越来越倾向于对专利无产实体的专利运营活动施加限制。[①]

在日本、德国等知识产权强国，专利运营也已成为一个相对完整的产业创新链，极大地促进了技术转移转化。据统计，2013 年美国、欧盟和日本的高校科研机构的专利转化率为 40%，专利运营体系的构建已成为区域创新体系和产业转型升级的重要支撑。

---

① 王晋刚. 专利疯 创新狂［M］. 北京：知识产权出版社，2017：275.

除了专利转让、专利许可等传统模式之外，专利池、专利联盟也再度兴起，专利质押、专利信托、专利证券化、专利作价入股等专利融资模式不断创新，以预防专利敲诈为主要目的的专利运营企业、以保护本国产业发展为宗旨的主权专利运营基金相继成立，专利运营呈现蓬勃发展之势。

第三节　本书研究方法

专利运营是专利制度运行的最后一公里，其对于实现专利本身的经济价值，以及专利制度的价值目标"促进科学技术进步和经济社会发展"具有重大现实意义，也是实现知识产权强国建设任务的内在要求。根据 WIPO 公布的 35 个技术领域分类标准，通信技术和计算机技术是过去十年里技术更新最快的领域。见图 1 - 3 - 1。

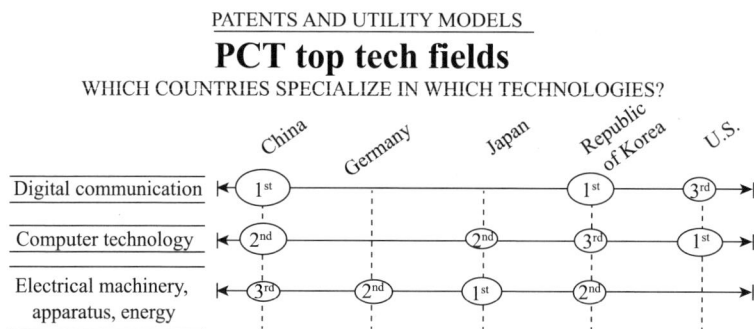

PATENTS AND UTILITY MODELS
PCT top tech fields
WHICH COUNTRIES SPECIALIZE IN WHICH TECHNOLOGIES?

	China	Germany	Japan	Republic of Korea	U.S.
Digital communication	1st			1st	3rd
Computer technology	2nd		2nd	3rd	1st
Electrical machinery, apparatus, energy	3rd	2nd	1st	2nd	

图 1 - 3 - 1　2016 年 WIPO 公布的 PCT 数量最多的领域

并且，从图 1 - 3 - 1 可以看出，中国是数字通信申请量最多的国家。同时，根据国家知识产权局规划管理司公布的相关数据，如图 1 - 3 - 2 所示，在我国向外申请的专利中，超过20%的专利申请涉及数字通信领域。

同时，通信领域中，由于需要涉及两个终端之间的数据传输，因此，数据之间需要共享相同的传输标准，基于上述原因，在通信领域中形成了大批数据通信标准，而通常在标准的技术背后还存在一批专利，因此，在通信领域中存在一批标准必要专利（SEP）。据检索，在已经声明的 SEP 中有 4 664 件专利发生了专利转移，其活跃程度远高于普通专利，这也反映出根据市场规律，价值

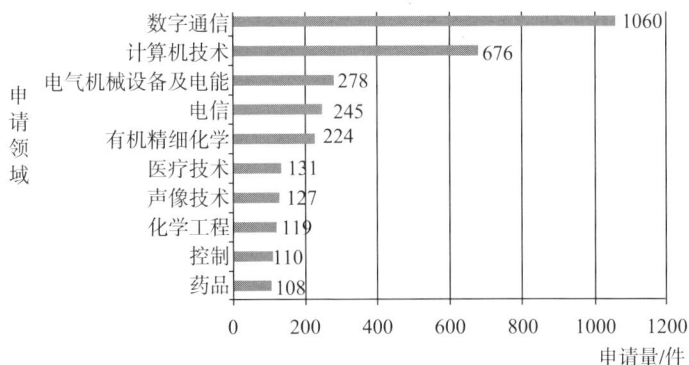

图 1 - 3 - 2　2016 年中国在"一带一路"沿线国家专利申请前十技术领域

高的专利更可能形成有效的专利转让。因此，专利转让从一定程度上能够反映专利的价值，尤其是外部转让更能体现专利价值。专利实施许可是指专利权人许可他人在一定期限、地区，以一定方式实施其所拥有的专利，并向他人收取使用费用，而期望获得专利实施许可的一方通常是为了获取经济利益，对于没有价值的专利，既无实施动机，也无利益产出的可能，显然发生专利许可的可能性很低。在已经声明的 SEP 中，有 1730 件专利发生了专利许可。可见，专利许可从一定程度上也能够反映专利的价值。许可的次数越多，说明其价值被更多的群体认可。

专利侵权诉讼是当事人实施专利运营的重要法律保障，据统计，SEP 仅仅在美国发生的诉讼就已经超过 200 件，其诉讼比例远高于普通专利。鉴于专利侵权诉讼与专利无效宣告之间的紧密联系且诉讼数据收集处理难度较大，而专利无效宣告审查决定公开力度较大且规范，因此，本书将对通信领域的专利无效宣告数据也进行了多维度的统计分析和技术分析。

鉴于商业秘密保护等原因，具体事例中的专利转让、许可或者质押活动中涉及的金额难以公开获得，因此对专利运营行为进行微观研究虽然意义重大，但在当前的环境下不具有操作性。鉴于此，本书着眼于大数据分析，分别对专利运营的 3 种法定行使方式转让、许可、质押数据以及专利无效宣告案件数据进行统计分析和技术分析，同时考虑到个别数据在专利审查前和专利审查后区别较大，因此，对其审查前和审查后进行了对比分析。本书的具体研究方法如下：首先，对通信领域专利运营数据进行总体情况分析；其次，对通信领域近

3 年来的专利运营数据进行技术分析；最后，对通信领域进行专利运营的申请进行特征分析，建立指标模型，以通过指标对高价值专利进行区分。如图 1 - 3 - 3 所示。

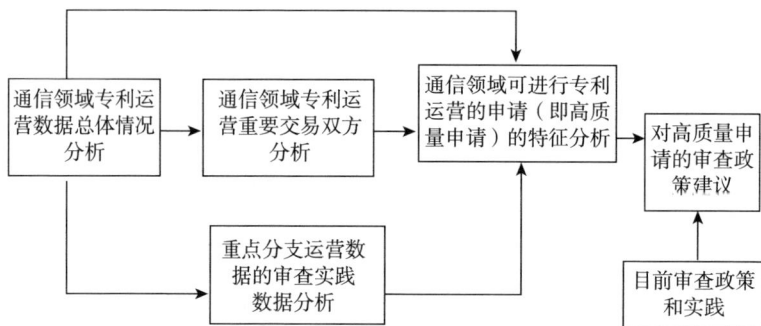

图 1 - 3 - 3　本书所采用的具体研究方法

运营的本质是对专利权法律资源及其技术资源的综合运用，通过技术贸易、商业谈判乃至于法律诉讼等路径，在相应科技领域内及其商业市场上谋取竞争优势及商业利益的系列活动。因此，专利运营从来都是知识产权运用的有机组成部分，在当前国家大力推进创新驱动发展战略、不断加强专利运用和保护的背景下，专利运营数据可以较为直观地反映专利与市场之间的关系，专利运营的背后通常是巨大的专利交易，其中蕴含了大量的经济信息。可以说，专利运营数据含有技术、法律和经济三重重要信息，因此，有必要对上述运营数据进行深入分析，以便更好地制定政策和促进专利运营实践。

此外，在分析方法上，本书采用了定性和定量研究结合的方法，运用了文献资料检索、行业技术标引、描述统计、内容分析、相关分析等多种分析方法。同时，在分析的过程中也利用了专业的专利分析软件和工具进行数据分析，通过申请量统计、相关分析、交互分析、回归分析等方法，得出研究结果，并根据数据结果和相关资料作出相应的解析。

第二章

通信领域专利运营总体状况分析

自 2008 年《国家知识产权战略纲要》发布以来，我国知识产权运营市场的活跃度不断增强，如图 2 - 0 - 1 的数据显示，2010～2016 年，我国的专利运营次数从 65 424 次增加到 173 013 次，7 年间增长了约 2.6 倍。与此相对，通信领域的专利运营次数增长了约 5.54 倍，增长率大大超过了整体水平。由此可以看出，在我国专利运营活动逐步活跃的同时，通信领域的专利运营迅速发力，在整体专利运营市场中的占比也从 2010 年的 4.5% 增长到 2016 年的 9.6%。

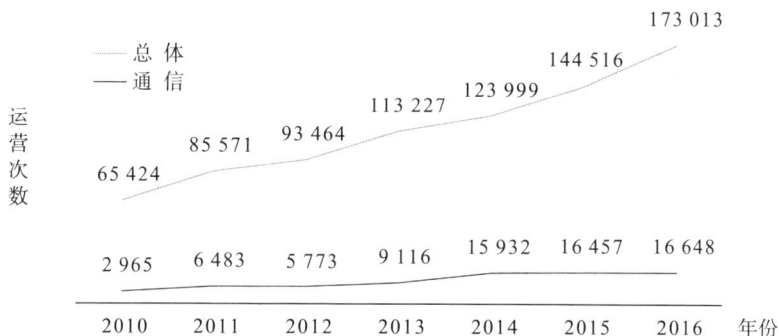

图 2 - 0 - 1　中国专利运营总体次数和通信领域专利

运营次数变化趋势（2010～2016）

数据时间：法律状态公开（公告）日为 2010 年 1 月 1 日至 2016 年 12 月 31 日。

第一节　2014～2016 年专利转让情况分析

在我国的专利运营活动中，专利转让是数量最为庞大的一个分支。从近七年的中国专利转让次数数据（见图 2 - 1 - 1）来看，我国专利转让数量 2010～2016

年逐年上涨，尤其在 2014～2016 年有一个明显的快速增长。2016 年，我国专利转让次数超过 15 万次，是 2014 年（9.192 4 万次）的 1.69 倍。在本书所关注的通信领域，我国专利转让次数也在这一时期呈现了快速增长的态势。

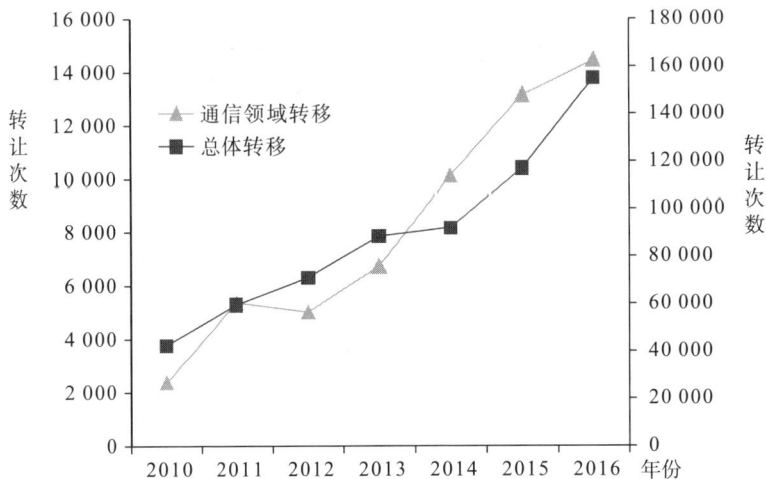

图 2－1－1　中国专利转让总体次数和通信领域专利转让次数变化趋势（2010～2016）

数据时间：法律状态公开（公告）日为 2010 年 1 月 1 日至 2016 年 12 月 31 日。

初步分析 2014～2016 年专利转让次数大幅上涨的原因，本书认为，这与国家在 2013～2016 年密集出台的推动政策密切相关。2013 年，国家知识产权局启动了专利导航试点工程，国家专利运营试点企业建设工作开始开展；2014 年年底，国家知识产权局同财政部以市场化方式开展知识产权运营服务试点，在北京建设全国知识产权运营公共服务平台，在西安、珠海建设两大特色试点平台，并通过股权投资重点扶持 20 家知识产权运营机构，示范带动全国知识产权运营服务机构快速发展，初步形成了"1＋2＋20＋N"的知识产权运营服务体系；2015 年，国务院印发了《国务院关于新形势下加快知识产权强国建设的若干意见》，提出构建知识产权运营服务体系，加快建设全国知识产权运营公共服务平台；2016 年，国家知识产权局和财政部共批准在全国 10 个城市开展重点产业知识产权运营服务试点工作，围绕《中国制造 2025》提出的十大发展领域设立了知识产权运营基金，在四省设立知识产权质押融资风险补偿基金，进一步推动形成"平台＋机构＋产业＋资本"四位一体的知识产权运营发展新模式。这些政策的出台，激活了我国的专利运营市场，也使得专利转让次数迅速攀升，专利转让越来越成为主要的专利运营模式：2014～2016 年，中国专利转让次数分别占专利运营总次数的 74.13%、80.96% 和 89.58%。在通信领域，也存在这样的趋势：2014～2016 年，通信领域的中国专利转让次数分别占通信领域专利运营总次数的 63.54%、79.79% 和 86.77%（见表 2-1-1）。可见，从专利运营类型来看，专利转让占据主导地位，并且这一地位正逐步加强。

表 2-1-1　专利运营中通信领域专利转让占比趋势

中国专利转让次数占专利运营次数比例	2014 年	2015 年	2016 年
中国专利转让占比（总体）	74.13%	80.96%	89.58%
中国专利转让占比（通信领域）	63.54%	79.79%	86.77%

本节对发生在 2014～2016 年的专利转让、尤其对通信领域的专利转让情况进行分析，得出了 2014～2016 年通信领域专利转让的次数变化、地域变化、活跃的权利主体、活跃的技术分支以及专利打包情况分析等。通过这些分析，帮助读者对这一时间段通信领域的专利转让情况有一个整体了解。

一、2014 年通信领域专利转让情况分析

（一）转让次数创新高、占比超六成，H04L 转让最活跃

从图 2-1-2 可以看出，通信领域中国专利转让次数在 2010～2011 年以126.42% 的增长率突飞猛进后，在 2012 年有一个回落，之后再次飞速增长，在2014 年达到 10 123 次，比 2013 年 6 727 次增加了 50.48%，共涉及专利 9 513件，创历史新高。

从表 2-1-1 可以看出，2014 年通信领域中国专利转让次数占全年通信领域各类交易总次数的 63.54%。可见，在通信领域，转让仍然是业内最受关注的运营形式，相比专利许可，受让人更倾向于对专利所有权的完全占有。

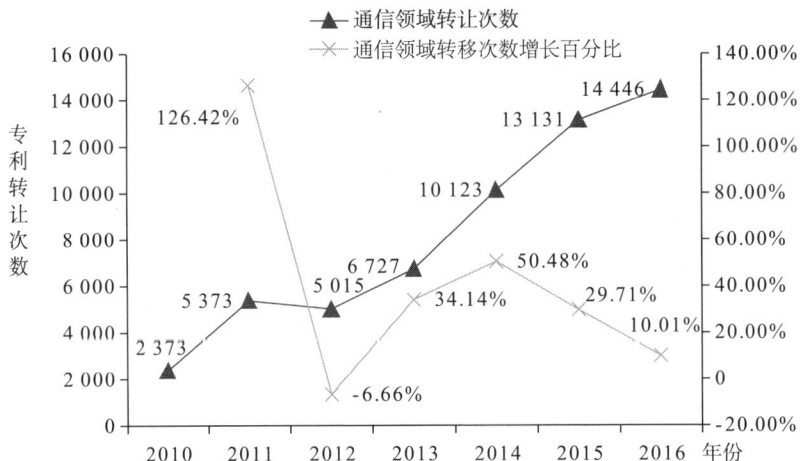

图 2-1-2　通信领域转让次数及增长率变化趋势（2010~2016 年）

数据时间：法律状态公开（公告）日为 2010 年 1 月 1 日至 2016 年 12 月 31 日。

如果以国际专利分类号 IPC 作为技术分支的划分依据，在通信领域，2014 年转让最为活跃的技术分支是 H04L、H04N 和 H04W，分别转让 2 060 次、1 569 次和 1 164 次，这三个分类号涉及的技术分支分别是"数字信息的传输，例如电报通信""图像通信，如电视"以及"无线通信网络"（图 2-1-3）。

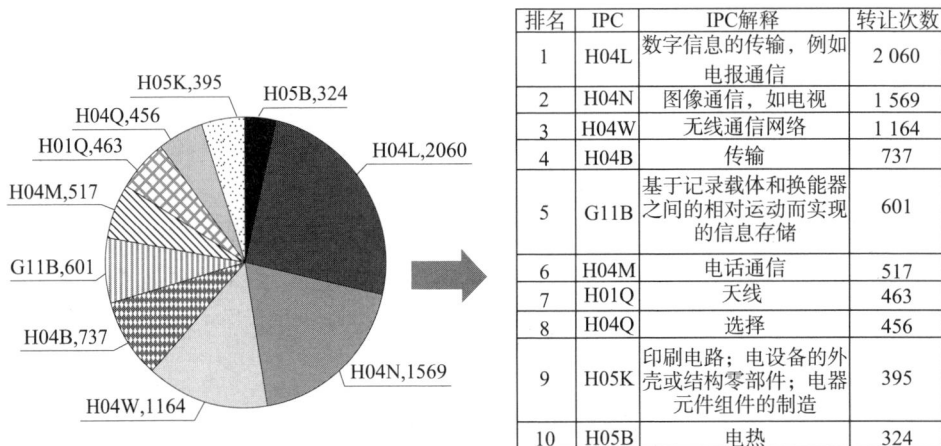

排名	IPC	IPC解释	转让次数
1	H04L	数字信息的传输，例如电报通信	2 060
2	H04N	图像通信，如电视	1 569
3	H04W	无线通信网络	1 164
4	H04B	传输	737
5	G11B	基于记录载体和换能器之间的相对运动而实现的信息存储	601
6	H04M	电话通信	517
7	H01Q	天线	463
8	H04Q	选择	456
9	H05K	印刷电路；电设备的外壳或结构零部件；电器元件组件的制造	395
10	H05B	电热	324

图 2-1-3　2014 年通信领域中国专利转让涉及 IPC 排行 TOP10

（二）中国和日本权利人专利转让最活跃，国内广东省表现突出，以本国、本地区内部流动为主

图 2 - 1 - 4 显示了通信领域 2014 年中国专利转让的让与人地域分布。从图中可以看出，中国让与人的转让次数占比 55%，外国让与人的转让次数占比 45%。在外国让与人中，日本的让与人最为活跃，在外国让与人 45% 的占比中，贡献了 31%。其他排在前五位的国家和地区为美国（5%）、韩国（3%）、开曼群岛（1%）和德国（1%）。

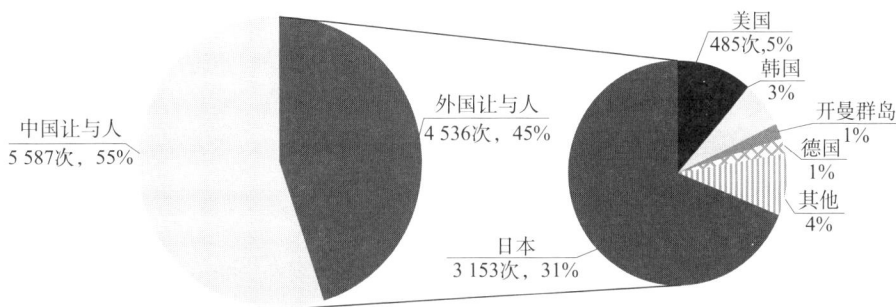

图 2 - 1 - 4　2014 年通信领域中国专利转让让与人地域分布

数据时间：法律状态公开（公告）日为 2014 年 1 月 1 日至 2014 年 12 月 31 日。

在中国让与人中，广东省和北京市的让与人最为活跃，转让次数分别占本土让与人转让次数的 20% 和 10%。其中，广东省的让与人转让次数最多，为 2 062 次，其次是北京市的让与人，共转让 974 次。此外，江苏省、上海市和浙江省也是主要的转让专利输出地（图 2 - 1 - 5）。

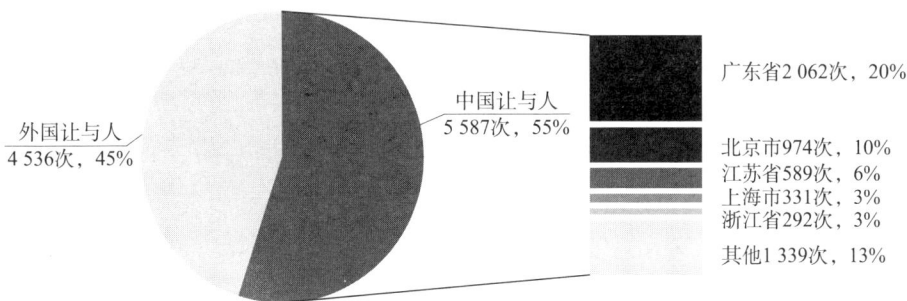

图 2 - 1 - 5　2014 年通信领域中国专利转让让与人地域分布

数据时间：法律状态公开（公告）日为 2014 年 1 月 1 日至 2014 年 12 月 31 日。

通过进一步研究专利转让的输入地域，也就是受让人地域分布，可以对专利流向进行分析，从而对技术流向有一定了解。

从图2-1-6可以看出，2014年通信领域主要受让人分布在中国、美国、日本和韩国。日本的让与人，参与了3 153次转让，远超过美国让与人参与的485次，但在接收专利方面，美国受让人参与了2 121次专利转让，而日本受让人仅参与了841次。

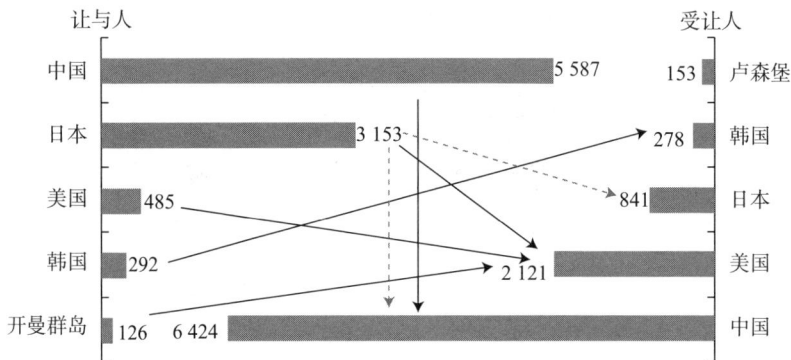

图2-1-6　2014年通信领域中国专利转让流向

进一步的研究显示，在中国让与人参与的5 587次转让中，有5 476次都是转让给了中国的受让人，转让给外国（地区）受让人占比仅有大约2%，主要流向了美国、芬兰、开曼群岛、加拿大等国家（地区）。

这一状况在美国和韩国等国家也有所体现，如美国的让与人参与的485次转让中，421次转让给了美国的受让人，少部分转让给了加拿大受让人、中国受让人等，转让给非本国（地区）受让人仅占比13.2%；韩国让与人参与的292次转让中，转让给非本国（地区）受让人占比也仅有14.73%。可见，本国权利人之间进行专利权转让活动是专利转让的主要方面。

相比之下，日本的情况有所不同，在日本让与人参与的3 153次转让中，1 324次转让给了美国受让人，910次转让给了中国受让人，而转让给日本本国受让人的有827次。日本的让与人将专利转让给非本国（地区）受让人的占比为73.77%，也就是说，日本的让与人将70%以上专利转让给了其他国家和地区的受让人。开曼群岛的让与人更是将92.86%的专利转让给美国受让人。

进一步对日本让与人的专利转让活动进行分析后发现，日本让与人转让给美国受让人的专利转让中，有 1 171 次转让给了日本松下旗下的"松下电器（美国）知识产权公司"，为集团公司内部转让，占转让给美国的专利转让总次数的88.44%，这就解释了为什么日本让与人将超七成专利让与了美国受让人。研究中还发现，日本让与人与中国受让人之间发生的 910 次转让，有 909 次发生在日本电器株式会社与联想创新有限公司（香港）之间，1 次发生在松下电器产业株式会社和华为技术有限公司之间。可见我国的联想集团与日本电器株式会社之间的技术相关性较高。

就中国本土的受让人而言，广东省、江苏省和北京市是转让专利的最主要输入地区（图 2 - 1 - 7），其次是香港特区、上海市和浙江省等地区。这是因为专利转让、受让的发生地主要为高新技术企业及高校的聚集地，而经济欠发达地区由于企业少、高校少，对专利技术的输出和对专利技术的需求相对较小。通信领域的大型企业主要分布在经济发达的沿海地区以及北京，比如华为技术有限公司（以下简称"华为"）、中兴通讯股份有限公司（以下简称"中兴"）总部都在广东深圳，微软、爱立信中国中心则位于北京。这些国内大型企业以及国际跨国公司知识产权意识较强，专利布局、保护和运营工作开展较早，发展得比较成熟，专利转让较为频繁。

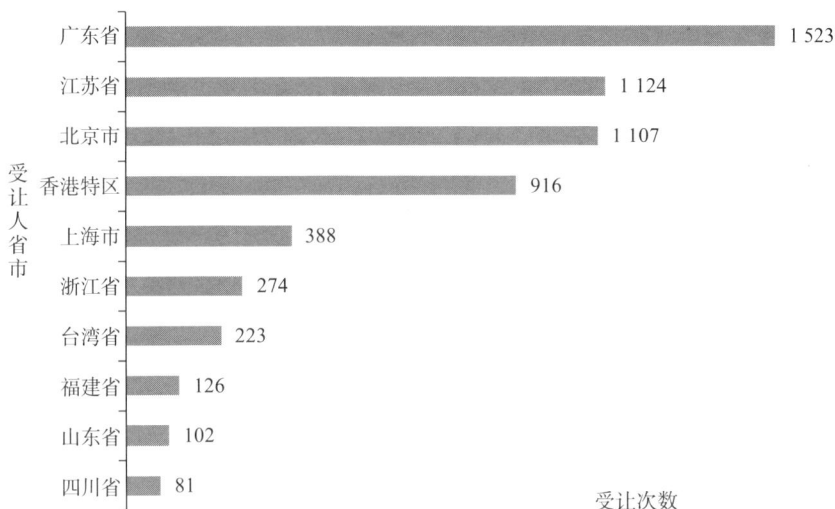

图 2 - 1 - 7　2014 年通信领域中国专利转让受让人地域分布

数据时间：法律状态公开（公告）日为 2014 年 1 月 1 日至 2014 年 12 月 31 日。

专利运营工作一方面得益于所在地区的良好的经济发展状况，另一方面也得益于所在地区的地方政府通过相关政策制定、平台搭建等措施对专利技术交易市场的不懈推动。例如，广东出台的《广东省专利条例》、江苏出台的《江苏省专利促进条例》、北京出台的《北京市专利保护和促进条例》等文件中均提到采用税收优惠来激励专利转让市场，此外，广东、北京、上海等地均设置了相关的交易平台。这些措施在一定程度上促使了本地区的专利转让市场的蓬勃发展。①

（三）日本企业更活跃，"松下系"扮演重要角色，独立的知识产权管理实体崭露头脚

2014 年，通信领域专利转让次数排在前十位的让与人和受让人如表 2 - 1 - 2 和表 2 - 1 - 3 所示。其中表现最突出的是"松下系"公司，松下电器产业株式会社作为让与人在 2014 年共参与了 1 425 次专利转让活动，排名第一。结合让与人国家分布来看，来自日本的松下电器产业株式会社作为让与人所参与的转让次数占到了日本地区让与人参与的专利转让总次数（3 153 次）的 45.2%，接近一半。而松下电器（美国）知识产权公司作为受让人参与的 1 179 次专利转让活动，也占到了美国地区受让人参与的专利转让总次数（2 121 次）的 55.59%，这 1 179 次专利转让均来自于松下电器产业株式会社或三洋电机株式会社。可见，无论是让与人还是受让人，"松下系"公司在 2014 年通信领域专利转让舞台上都扮演着非常重要的角色。

我们还可以看出，在松下电器产业株式会社作为让与人的专利转让中，商业性转让（特指非集团内部公司之间的专利转让）仅占比 17.4%。其他 3 家日本企业（日本电器株式会社、日本胜利株式会社和三洋电机株式会社）则全部为商业性转让。在商业性转让方面，我国的企业表现很突出，商业性转让比例较高。

表 2 - 1 - 2　2014 年通信领域中国专利转让让与人排行 TOP10

排名	让与人	国别	转让次数	商业性转让次数	商业性转让占比
1	松下电器产业株式会社	日本	1 425	248	17.40%
2	日本电气株式会社	日本	931	931	100.00%

---

① 见 i 智库推出的《2015 年中国专利运营状况研究报告》。

排名	让与人	国别	转让次数	商业性转让次数	商业性转让占比
3	中兴通讯股份有限公司	中国	381	268	70.34%
4	华为技术有限公司	中国	298	285	95.64%
5	日本胜利株式会社	日本	260	260	100.00%
6	三星电子株式会社	韩国	180	0	0
7	深圳市龙视传媒有限公司	中国	158	158	100.00%
8	三洋电机株式会社	日本	137	137	100.00%
9	深圳光启创新技术有限公司	中国	102	2	1.96%
10	深圳光启创新技术有限公司；深圳光启高等理工研究院	中国	90	0	0

表 2 - 1 - 3　2014 年通信领域中国专利转让受让人排行 TOP10

排名	受让人	国别	转让次数	商业性转让次数	商业性转让占比
1	松下电器（美国）知识产权公司	美国	1179	32	2.71%
2	联想创新有限公司（香港）	中国	909	909	100.00%
3	JVC 建伍株式会社	日本	323	263	81.42%
4	东芝三星存储技术韩国株式会社	韩国	200	0	0
5	深圳市同洲电子股份有限公司	中国	165	165	100.00%
6	知识产权之桥一号有限责任公司	日本	121	121	100.00%
7	常州校果信息服务有限公司	中国	103	103	100.00%
8	深圳光启高等理工研究院	中国	99	0	0
9	骁阳网络有限公司	卢森堡	93	93	100.00%
10	深圳光启创新技术有限公司	中国	91	0	0

从表 2 - 1 - 3 中，我们还发现一个现象：松下电器（美国）知识产权公司和知识产权之桥一号有限责任公司等专业从事知识产权运营和管理的公司开始在专利转让中发挥重要作用。松下电器（美国）知识产权公司更是作为受让人参与了 1 179 次专利转让，占美国地区受让人参与的专利转让总次数（2121 次）的 55.59%。可见，独立的知识产权管理实体已开始在专利转让舞台上崭露头脚。

二、2015 年通信领域专利转让情况分析

（一）转让次数、占比均创新高，超八成为发明专利，H04L 转让最活跃

与 2014 年相同，在通信领域，转让发生最为活跃的技术分支仍然是 H04L、H04N 和 H04W，分别转让 3 061 次、2 809 次和 1 171 次（图 2-1-8）。

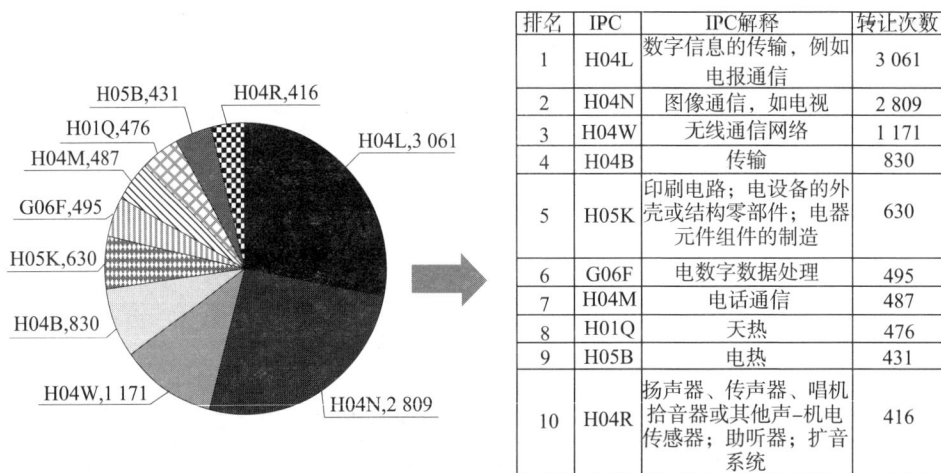

排名	IPC	IPC解释	转让次数
1	H04L	数字信息的传输，例如电报通信	3 061
2	H04N	图像通信，如电视	2 809
3	H04W	无线通信网络	1 171
4	H04B	传输	830
5	H05K	印刷电路；电设备的外壳或结构零部件；电器元件组件的制造	630
6	G06F	电数字数据处理	495
7	H04M	电话通信	487
8	H01Q	天热	476
9	H05B	电热	431
10	H04R	扬声器、传声器、唱机拾音器或其他声-机电传感器；助听器；扩音系统	416

图 2-1-8　2015 年通信领域中国专利转让涉及 IPC 排行 TOP10

（二）中国、美国和日本权利人的专利转让最活跃，国内广东省表现突出，以本国、本地区内部流动为主

从通信领域 2015 年中国专利转让的让与人地域分布（图 2-1-9）来看，本土让与人的转让次数占比 55%，外国让与人的转让次数占比 45%。在外国让与人中，美国与日本的让与人最为活跃，转让次数占外国让与人转让次数的 86%。其中，美国的让与人转让次数最多，为 2 918 次，其次是日本的让与人，共转让 2 146 次。瑞典和韩国转让专利次数也较多。在本土让与人中，广东和北京的让与人最为活跃，转让次数占本土让与人转让次数的 59%。其中，广东的让与人转让次数最多，为 3 052 次，其次是北京的让与人，共转让 1 239 次。此外，江苏、上海和浙江也是主要的专利转让输出地。

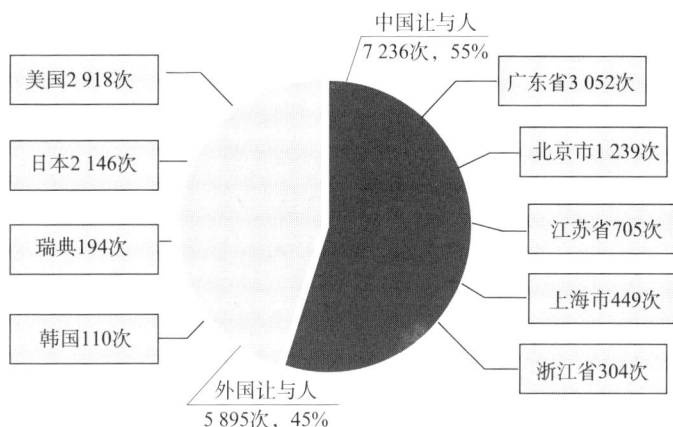

图 2 - 1 - 9　2015 年通信领域中国专利转让让与人主要地域分布情况

数据时间：法律状态公开（公告）日为 2015 年 1 月 1 日至 2015 年 12 月 31 日。

那么这些出让专利主要输入到了哪些地域呢？从图 2 - 1 - 10 可以看出，主要的受让人同样分布在中国、美国和日本。研究显示，在中国地区让与人参与的 7 236 次转让中，转让给中国受让人的占绝大部分，转让给外国（地区）受让人的仅占 2%，主要流向了开曼群岛、瑞典、马来西亚、塞舌尔等国家（地区）。这一状况在美国和日本等国家也有所体现，本国权利人之间进行专利权转让仍然是专利转让的主要方面。

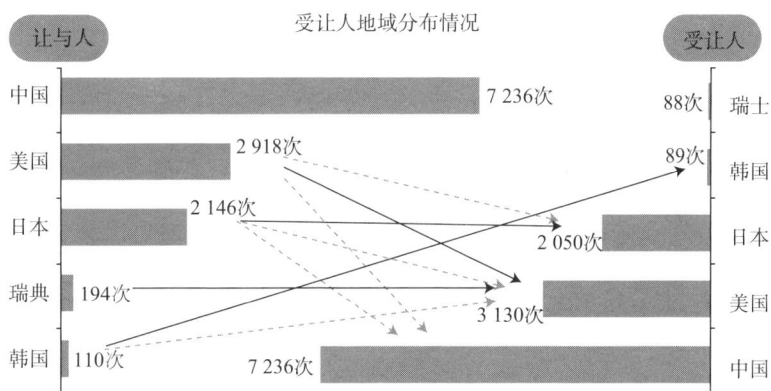

图 2 - 1 - 10　2015 年通信领域中国专利转让流向

相比之下，韩国的情况有所不同，韩国专利转让人将专利转让给非本国（地区）受让人的占比超过三成（35%）。而瑞典专利转让人几乎将全部专利转让给了非本国（地区）的受让人，其中94%转让给了美国的受让人。对瑞典专利转让情况进一步研究可以解释瑞典的上述现象：在瑞典194次专利转让中，189次转让的让与人为"爱立信系"，其中178次转让的受让人为美国克拉斯特有限责任公司。这两家公司之间的专利转让导致瑞典的专利转让呈现了上述的特点。

就中国本土的受让人而言，广东省仍然是转让专利的最主要输入地区，北京市超越了江苏省，成为第二大专利输入地区（图2-1-11），其次是江苏省、上海市和浙江省，分别受让专利669次、541次、289次。

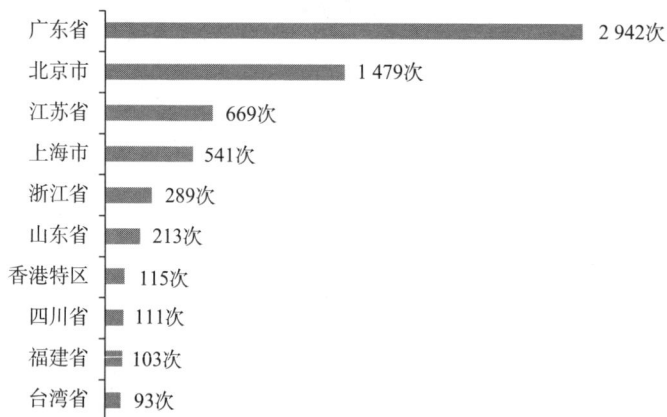

图2-1-11 2015年通信领域中国专利转让我国主要受让人地区分布情况

数据时间：法律状态公开（公告）日为2015年1月1日至2015年12月31日。

（三）外国公司专利转让更活跃，华为在商业性转让中表现优异，独立的知识产权管理实体更加流行

2015年，通信领域专利出让次数排在前十位的让与人和受让人如表2-1-4和表2-1-5所示。其中表现最突出的是"微软系"公司，微软公司作为让与人在2015年共参与了1 583次专利转让活动，排名第一。结合让与人国家分布来看，来自美国的微软公司作为让与人所参与的转让次数占到了美国地区让与人参与的专利转让总次数（2 918次）的54.25%，超过了半壁江山。而微软技术许可有限责任公司作为受让人参与的1 578次专利转让活动，也占到了美国地区受让人参与的专利转让总次数（3 130次）的50.42%，这其中有1 571次（99.56%）来自微软公司。

在微软公司作为让与人的专利转让中，1 571次转让给了微软技术许可有限责任公司，而商业性转让（特指非集团内部公司之间的专利转让）仅有 12 次，占比 0.76%。在商业性转让方面，另一家美国公司克拉斯特有限责任公司则 100% 全部为商业性转让。我国的华为技术有限公司这方面表现也很突出，100% 全部为商业性转让。

表 2－1－4　2015 年通信领域中国专利转让让与人排行 TOP10

排名	让与人	国别	转让次数	商业性转让次数
1	微软公司	美国	1 583	12 （0.76%）
2	中兴通讯股份有限公司	中国	566	87 （15.37%）
3	松下电器产业株式会社	日本	530	185 （34.91%）
4	奥林巴斯映像株式会社	日本	444	0 （0%）
5	日立民用电子株式会社	日本	444	0 （0%）
6	深圳光启创新技术有限公司	中国	296	3 （1.01%）
7	克拉斯特有限责任公司	美国	199	199 （100%）
8	京信通信系统（中国）有限公司	中国	172	0 （0%）
9	华为技术有限公司	中国	169	169 （100%）
10	爱立信电话股份有限公司	瑞典	142	141 （99.30%）

表 2－1－5　2015 年通信领域中国专利转让受让人排行 TOP10

排名	受让人	国别	转让次数	商业性转让次数
1	微软技术许可有限责任公司	美国	1 578	7 （0.44%）
2	奥林巴斯株式会社	日本	561	0 （0%）
3	日立麦克赛尔株式会社	日本	462	1 （0.22%）
4	深圳光启智能光子技术有限公司	中国	314	0 （0%）
5	松下知识产权经营株式会社	日本	308	1 （0.32%）
6	深圳市中兴微电子技术有限公司	中国	221	0 （0%）
7	克拉斯特有限责任公司	美国	201	201 （100%）
8	株式会社索思未来	日本	177	177 （100%）
9	京信通信系统（广州）有限公司	中国	167	0 （0%）
10	乐威指南公司	美国	163	163 （100%）

从上面的分析可以看出，非商业性专利转让无论是发生在中国公司，还是发生在外国公司，都是一个值得关注的现象。

国外公司的非商业性专利转让分为两种：一种是集团内部不同业务公司之间的转让，例如奥林巴斯映像株式会社转让给奥林巴斯株式会社，日立民用电子株式会社转让给日立麦克赛尔株式会社；另一种是集团通过建立自己的知识产权管理公司，对集团专利进行专门管理、维护和运营，集团业务公司通过专利转让的形式将专利集中到自己的知识产权管理公司手中，例如微软公司作为让与人的专利转让中 99.24% 转让给了微软技术许可有限责任公司。

而国内公司的非商业性专利转让主要为集团内部业务公司之间的转让，例如中兴通讯股份有限公司将专利转让给南京中兴新软件有限责任公司、上海中兴软件有限责任公司、深圳市中兴微电子技术有限公司等。从排名前十的让与人与受让人的专利转让情况来看，国内大型技术公司到 2015 年为止还没有成立自己集团内部专门的知识产权管理公司的案例。但是，国内目前已经存在多家独立的知识产权管理类公司或技术交易服务类公司，例如北京智谷技术服务有限公司，其作为受让人，2015 年参与了 155 次专利转让；知识产权之桥一号有限责任公司作为受让人，2015 年参与了 75 次专利转让。此外还有北京市文化科技融资租赁股份有限公司、深圳市联创知识产权服务中心、北京维本知识产权管理有限公司等多家专业从事专利运用的公司。我国在商业转让方面表现优异的华为技术有限公司的专利转让受让人一方中，就出现了北京维本知识产权管理有限公司、深圳市联创知识产权服务中心、中技通知识产权代理（北京）有限公司等多家知识产权管理类公司。

无论是像国外大型公司那样建立自己的知识产权管理公司，还是像国内这样依靠大型公司外部独立于本公司的其他知识产权管理类公司，成立专门的知识产权管理部门或公司以对企业所拥有的专利资产进行整体运营，是未来专利运营发展的趋势所在。

三、2016 年通信领域专利转让情况分析

（一）转让次数占比创新高，H04L 转让最活跃

2016 年我国共发生专利转让 15.5 万次，同比增长 32.46%，其中通信领域发生专利转让 14 446 次，同比增长 10.01%。从表 2 - 1 - 1 可以看出，2016 年专

利转让次数占专利运营总次数的 89.58%，通信领域专利转让占比 86.77%，比
2015 年分别增加了 8.62 和 6.98 个百分点。与之相对应，在总体和通信领域，许
可的占比分别为 4.12% 和 10.20%，这一方面说明受让人更倾向于对专利所有权
的完全占有，另一方面也是国家和地区相关政策引导的结果。总之，专利转让在
整体运营中的地位稳健加强，逐步占据绝对主导地位。

2016 年通信领域专利转让最为活跃的技术领域依然是 H04L、H04N 和
H04W，分别转让 3 114 次、2 135 次和 1 795 次（图 2 - 1 - 12）。

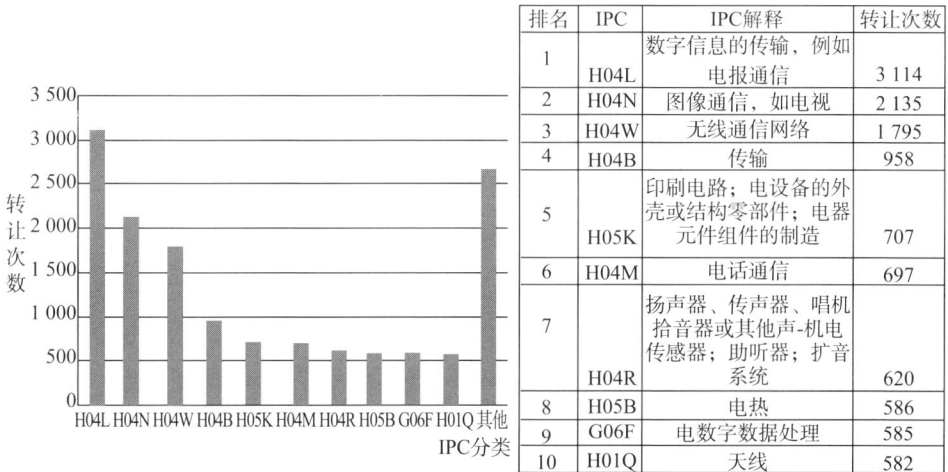

排名	IPC	IPC解释	转让次数
1	H04L	数字信息的传输，例如电报通信	3 114
2	H04N	图像通信，如电视	2 135
3	H04W	无线通信网络	1 795
4	H04B	传输	958
5	H05K	印刷电路；电设备的外壳或结构零部件；电器元件组合的制造	707
6	H04M	电话通信	697
7	H04R	扬声器、传声器、唱机拾音器或其他声-机电传感器；助听器；扩音系统	620
8	H05B	电热	586
9	G06F	电数字数据处理	585
10	H01Q	天线	582

图 2 - 1 - 12　2016 年通信领域中国专利转让涉及 IPC 排行 TOP10

（二）中国、美国和日本权利人专利转让最活跃，国内广东省表现突出，以
本国、本地区内部流动为主

从 2016 年通信领域中国专利转让让与人主要地域分布情况（图 2 - 1 - 13）
来看，中国本土让与人的转让次数最多（7 708 次），占据了半壁江山
（53.4%）。在外国让与人中，芬兰超过美国，成为转让次数最多的外国让与人。
其中，芬兰让与人的转让次数为 2 359 次，美国让与人的转让次数为 2 274 次，
二者的转让次数之和占外国让与人转让次数的 69%。日本让与人和韩国让与人
的转让次数也较多。在本土让与人中，广东省和北京市的让与人表现依然抢眼，
二者占本土让与人转让次数的 52%。其中，广东省的让与人转让次数最多，为
2 713 次，其次是北京市的让与人，参与专利转让 1 270 次。另外，江苏省和浙江
省的让与人参与专利转让次数也较多，分别转让了 662 次和 571 次。

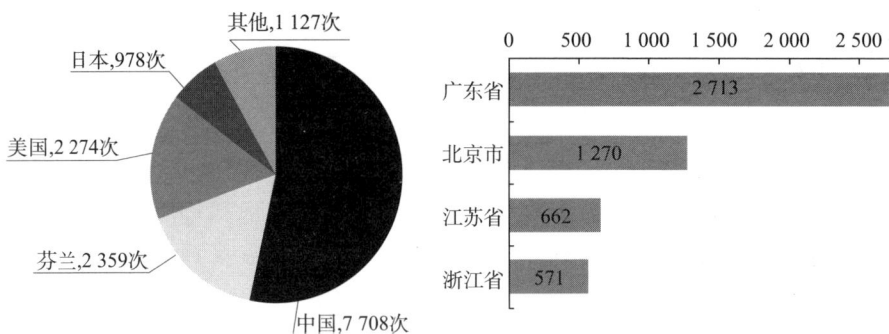

图 2-1-13 2016 年通信领域中国专利转让让与人主要地域分布情况

从 2016 年通信领域中国专利转让的流向来看（图 2-1-14），主要的受让人分布在中国（7 772 次）、美国（2 454 次）、芬兰（2 351 次）、日本（902 次）和韩国（250 次）。进一步的研究表明，在中国让与人参与的 7 708 次专利转让中，有 7 536 次转让给了本国的受让人，仅有 172 次转让给了外国（地区）的受让人，非本国受让人占比仅为 2%。其中转让给美国受让人的又占大部分，为137 次，其余的小部分流向英属维尔京群岛、日本、开曼群岛、新加坡等国家（地区）。在外国让与人排名前四的国家是芬兰、美国、日本和韩国，这一状况均得以体现。芬兰让与人参与的 2 359 次专利转让中，2 318 次转让给了本国受让人，少部分转让给了美国、新加坡、中国等国家（地区）的受让人，非本国受让人占比仅有 1%。美国让与人参与的 2 274 次专利转让中，1 977 次转让给了本国的受让人，少部分转让给了日本、中国、新加坡、卢森堡等国家（地区）的受让人，非本国受让人占比为 13%。日本的让与人转让给非本国受让人的占比为 19%，日本的让与人转让给非本国受让人的占比为 6%。可见，本国权利人之间发生的专利转让活动依然扮演着重要角色。值得注意的是，美国的受让人在专利转让活动中表现活跃，在中国、芬兰、日本和韩国的让与人参与的专利转让中，美国无一例外是专利流向最多的非本国受让人，说明美国权利人对市场的敏锐程度和对专利积累的重视程度。

对中国本土受让人的研究表明，本省、本地区内部的专利转让依然是专利转让活动的主要方面。广东省仍然是专利转让的最主要输入地区，共有 2 557 次专利转让活动流向了广东省。北京市仍为第二大输入地区，北京受让人参与专利转让活动 1 328 次，其次是江苏（758 次）、上海（630 次）、山东（332 次）和浙江（328 次）（图 2-1-15）。

让与人　　　　　　　　　　　　　　　　　　受让人

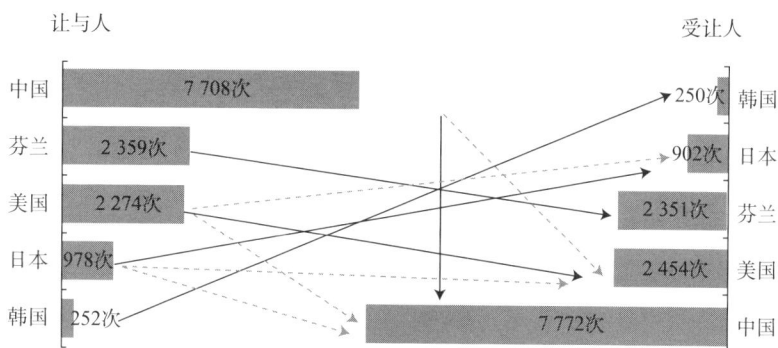

图 2 - 1 - 14　2016 年通信领域中国专利转让流向

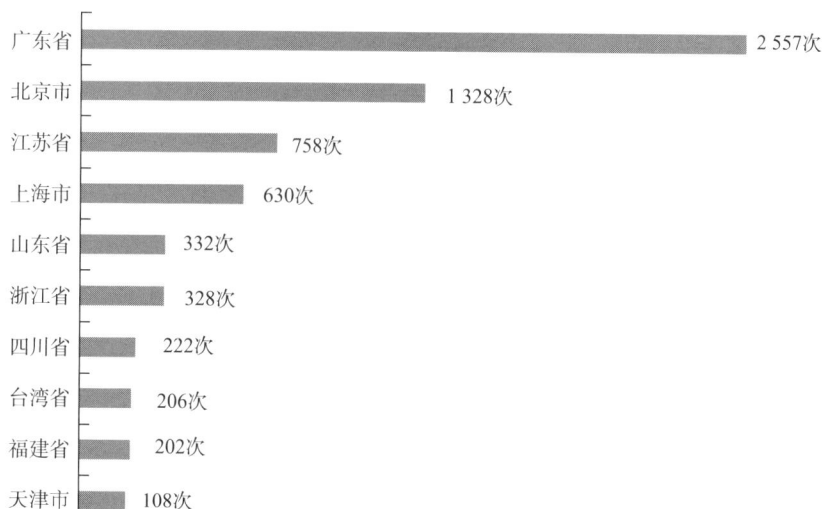

图 2 - 1 - 15　2016 年通信领域专利转让中国受让人地域分布

（三）外国企业专利转让更活跃，知识产权管理实体发挥重要作用

2016 年，通信领域专利出让次数排名在前十位的让与人和受让人如表 2 - 1 - 6 和表 2 - 1 - 7 所示。

表 2 - 1 - 6　2016 年通信领域中国专利转让让与人排行 TOP10

排名	让与人	国别/地区	转让次数	商业性转让次数
1	诺基亚公司	芬兰	2 317	2（0.1%）
2	摩托罗拉移动有限责任公司	美国	1 272	1 272（100%）

排名	让与人	国别/地区	转让次数	商业性转让次数
3	中兴通讯股份有限公司	中国	370	126（34%）
4	松下电器（美国）知识产权公司	美国	360	311（86%）
5	松下电器产业株式会社	日本	280	8（2.9%）
6	索尼公司	日本	160	1（0.6%）
7	腾讯科技（深圳）有限公司	中国	144	29（20%）
8	华为技术有限公司	中国	129	128（99%）
9	北京奇虎科技有限公司 奇智软件(北京)有限公司	中国	129	0（0%）
10	开曼群岛威睿电通股份有限公司	开曼群岛	127	127（100%）

表 2-1-7　2016 年通信领域中国专利转让受让人排行 TOP10

排名	受让人	国别	转让次数	商业性转让次数
1	诺基亚技术有限公司	芬兰	2 326	11（0.47%）
2	谷歌技术控股有限责任公司	美国	1 271	1 271（100%）
3	太阳专利托管公司	美国	287	287（100%）
4	松下知识产权经营株式会社	日本	272	0（0%）
5	英特尔公司	美国	184	184（100%）
6	索尼半导体解决方案公司	日本	155	0（0%）
7	施耐普特拉克股份有限公司	美国	137	137（100%）
8	寰发股份有限公司	中国	130	130（100%）
9	深圳市腾讯计算机系统有限公司	中国	115	0（0%）
10	北京奇安信科技有限公司	中国	113	0（0%）

其中，诺基亚系公司在让与人与受让人排名中，均占据首位。诺基亚公司在2016 年共转让专利 2 317 次，其中 2 315 次转让给了诺基亚技术有限公司，仅有2 次转让给了因温特公司。另一方面，诺基亚技术有限公司在 2016 年作为受让人参与了 2 326 次专利转让活动，其中 2 315 次来自诺基亚公司，另外有 11 次购买了阿尔卡特朗讯公司的专利。

结合让与人地区分布来看，"诺基亚系"公司异常活跃的非商业性专利转让活动，使得芬兰在外国让与人排名中占据首位。诺基亚公司转让专利 2 317 次，另一"诺基亚系"公司——诺基亚通信公司转让专利 7 次，"诺基亚系"公司在芬兰让与人的专利转让活动（2 359 次）中占比 98.5%。另一方面，芬兰的受让人在 2016 年参与专利转让活动 2 351 次，仅次于美国受让人的 2 454 次，在外国受让人中排名第二位。其中诺基亚技术有限公司作为受让人参与转让活动 2 326 次，诺基亚通信公司作为受让于参与转让活动 12 次，"诺基亚系"公司在芬兰让与人的转让活动占比 99.4%。

商业性专利转让（又称营利性专利转让）是企业集团间进行专利买卖的行为，是实现专利财产价值的重要体现。在排名前 10 位的让与人中，半数的公司有不俗表现，摩托罗拉移动有限责任公司和开曼群岛威睿电通股份有限公司的转让活动 100% 为商业性转让，松下电器（美国）知识产权公司的商业性转让活动占比 86%，中国公司华为和中兴在商业性转让方面各有特点。其中摩托罗拉移动有限责任公司参与的 1 272 次转让全部流向"谷歌系"公司——谷歌技术控股有限责任公司（1 264 次）和谷歌科技控股有限责任公司（4 次）。华为的商业性转让活动表现也尤其突出，在其作为让与人参与的 129 次转让活动中，仅有一次在转让后为北京邮电大学和华为技术有限公司联合所有，而纯商业性转让活动发生了 128 次，并且其中有 118 次流向了美国的施耐普特拉克股份有限公司，其余分别流向深圳市信方达科技发展股份有限公司（8 次）、英特托拉斯技术公司（1 次）和闪点科技公司（1 次）。中兴作为让与人参与的 370 次转让活动中，66%（244 次）为非商业性转让，流向了集团内部公司；商业性转让活动占比 34%（126 次），全部在国内发生，并且流向较为分散，专利转让给了 61 个国内的企业、科研机构和个人。在华为已经逐渐频繁地与外国企业交易专利技术面前，中兴还有一段路要走。

在排名前 10 的受让人（表 2－1－7）中，半数企业参与的专利转让活动全部为商业性转让，分别是谷歌技术控股有限责任公司、太阳专利托管公司、英特尔公司、施耐普特拉克股份有限公司和寰发股份有限公司。其中流入谷歌技术控股有限责任公司的 1 271 次专利转让均来自"摩托罗拉系"公司，流入美国太阳专利托管公司的 287 次专利转让全部来自"松下系"公司，流入英特尔公司的 184 次专利转让分别来自开曼群岛威睿电通股份有限公司、电力波技术有限公司、英属开曼群岛威睿电通股份有限公司、LSI 公司和美商威睿电通公司，流入美国施耐普特拉克股份有限公司的 137 次专利转让主要来自华为公司，流入寰发股份有限公司的 130 次专利转让来自于联发科技股份有限公司和联发科技（新加坡）私人有限公司。而中国公司深圳市腾讯计算机系统有限公司和北京奇安信科技有限公司转入的专利全部来自集团内部。

对排行前 10 的受让人（表 2 - 1 - 7）进一步研究发现，国外巨头纷纷成立了自己的知识产权管理公司，包括诺基亚集团的诺基亚技术有限公司、谷歌集团的谷歌技术控股有限责任公司、松下集团的松下知识产权经营株式会社。这些巨头或是通过集团内部专利转移的方式将旗下专利逐渐聚集到知识产权管理公司，对集团专利进行集中管理、维护和运营（例如诺基亚技术有限公司和松下知识产权经营株式会社）。以诺基亚为例，通过这种方式，诺基亚将数万项专利组合集中起来，积极采取专利许可的方式，效仿高通的业务模式，专营知识产权运营，实现企业经营模式的华丽转身；或是通过旗下的知识产权管理公司买入大量专利，实现对专利技术的积累，提高集团的竞争力（例如谷歌技术控股有限责任公司）。相对而言，并未发现中国企业建立自己的知识产权管理公司。分析其原因，一方面是由于中国企业专利运营起步较晚，另一方面或许是在集团内部进行专利转移和分散，便于各个集团公司获得税收等政策上的优惠和支持。

大企业除了成立自己的知识产权管理公司，也可以委托独立的知识产权管理类公司开展专利的授权后经营，特别是对于中小企业来说，委托专业机构开展专利、知识产权的整体外包已成为最盛行的专利经营模式。从 2016 年通信领域直接参与专利转让的知识产权管理公司（表 2 - 1 - 8）来看，36 家中国的知识产权管理公司作为让与人或受让人参与了 2016 年通信领域的专利转让活动。相信未来随着专利运营的不断深入，独立的知识产权管理公司将会发挥更加重要的作用。

表 2 - 1 - 8　2016 年通信领域中国专利转让国内知识产权管理公司列表

专利转让让与人	转让次数/次	专利转让受让人	转让次数/次
广东高航知识产权运营有限公司	74	广东高航知识产权运营有限公司	81
深圳市联创知识产权服务中心	36	中山市云创知识产权服务有限公司	36
中山市云创知识产权服务有限公司	10	青岛橡胶谷知识产权有限公司	12
苏州万类专利技术服务有限公司	1	泰州市智谷软件园有限公司	8
深圳旺科知识产权运营中心有限公司	2	广州恩智知识产权咨询有限公司	4
上海交大知识产权管理有限公司	2	上海交大知识产权管理有限公司	4
上海高航知识产权服务有限公司	2	烟台烟大众智知识产权服务有限公司	3

专利转让让与人	转让次数/次	专利转让受让人	转让次数/次
常熟紫金知识产权服务有限公司	2	广东万牛知识产权运营有限公司	3
贵州联创佳为知识产权代理有限公司	1	中知厚德知识产权运营管理（天津）有限公司	2
苏州懿源宏达知识产权代理有限公司	1	上海高航知识产权服务有限公司	2
广州恩智知识产权咨询有限公司	1	深圳智诚知识产权人才服务有限公司	1
广东高航知识产权运营有限公司；蒋雪峰	1	东莞市杰林汇森知识产权服务有限公司	1
响水县智诚知识产权信息服务有限公司	1	贵州联创佳为知识产权代理有限公司	1
广东高航知识产权运营有限公司；深圳富泰宏精密工业有限公司	1	上海科言圣德知识产权代理有限公司	1
中兴通讯股份有限公司；广东高航知识产权运营有限公司	1	株洲市智汇知识产权运营服务有限责任公司；郴州微巢商务服务有限公司	1
广东高航知识产权运营有限公司；深圳金阳海网络智能科技有限公司	1	上海科言知识产权服务有限公司	1
青岛橡胶谷知识产权有限公司	1	深圳易华知识产权有限公司	1
无锡智谷锐拓技术服务有限公司	1	泰州专利战略推进与服务中心有限公司	1

四、2014～2016 年通信领域专利转让情况小结

伴随着国家在 2013～2016 年密集出台的推动政策，特别是在 2014 年初步形成的"1＋2＋20＋N"知识产权运营服务体系的有力推动，2014～2016 年的专利转让犹如登上了快车道，如火如荼地开展着。经过三年的快速增长，2016 年我国专利转让次数超过 15 万次，是 2013 年（88 280 次）的 1.76 倍。在通信领域也呈现着快速增长态势，2016 年我国专利转让 14 446 次，是 2013 年（6 727 次）的 2.15 倍。同时，2014～2016 年通信领域的中国专利转让在专利运营整体中的主导地位也逐步加强，三年间通信领域的专利转让在运营整体中的占比分别达到了 63.54%、79.79% 和 86.77%（见表 2-1-1）。

从专利类型占比情况来看，2014～2016 年通信领域发生的专利转让中，发明专利转让次数稳定占据总量的 80% 以上，同时在通信领域的专利转让活动中

未发现外观设计专利。

从技术分支来看，2014～2016 年通信领域专利转让最为活跃的技术分支稳定在 H04L、H04N 和 H04W，这三个分类号涉及的技术分支具体分别是"数字信息的传输，例如电报通信""图像通信，如电视""无线通信网络。"

从让与人和受让人的地域分布来看（表 2-1-9），2014～2016 年通信领域本土让与人和受让人参与的转让次数均占到当年全部转让次数的半数以上，其中，美国、日本和芬兰的公司参与专利转让最为活跃。就中国本土而言，广东省在 2014～2016 年通信领域专利转让活动中无论是让与人还是受让人，三年来蝉联榜首，遥遥领先，证实了广东是我国创新资源最为集中、知识产权运营转化最为活跃的地区。

表 2-1-9　2014～2016 年通信领域中国专利让与人和受让人地域分布排名 TOP5

年份	让与人地域	转让次数/次	占比	受让人地域	转让次数/次	占比
2014 年	中国	5 587	55%	中国	6 424	63%
	日本	3 153	31%	美国	2 121	21%
	美国	485	5%	日本	841	8%
	韩国	292	3%	韩国	278	3%
	开曼群岛	126	1%	卢森堡	153	2%
2015 年	中国	7 236	55%	中国	7 236	55%
	美国	2 918	22%	美国	3 130	24%
	日本	2 146	16%	日本	2 050	16%
	瑞典	194	1%	韩国	89	1%
	韩国	110	1%	瑞士	88	1%
2016 年	中国	7 708	53%	中国	7 772	54%
	芬兰	2 359	16%	美国	2 454	17%
	美国	2 274	16%	芬兰	2 351	16%
	日本	978	7%	日本	902	6%
	韩国	252	2%	韩国	250	2%

2014～2016 年，"松下系"公司始终在通信领域专利转让舞台上占据令人瞩目的一席，转让活动非常密集。2014 年一个较为突出的现象是日本专利让与人——松下电器产业株氏会社参与的 1 425 次转让中，有 1 171 次转让给了美国

的受让人——松下电器（美国）知识产权公司。可见，国外巨头已在海外建立自己的知识产权管理实体，这值得中国企业关注。2015 年和 2016 年，松下集团旗下另一知识产权管理实体——松下知识产权经营株式会社进入我们的视线，国际巨头在本土和海外同时建立专业运营公司或许是未来的潮流。进一步研究发现，松下 2014 年通过集团内部专利转让将一部分专利集中在松下电器（美国）知识产权公司，2015 年通过集团内部转让将一部分专利集中在松下知识产权经营株式会社，从而将松下电器产业株式会社产生的专利转移到上面两个知识产权管理实体；到了 2016 年，松下电器（美国）知识产权公司出让专利 360 次，其中商业性转让占比 86%，同年，通过集团内部转让继续将一部分专利集中在松下知识产权经营株式会社。通过三年紧锣密鼓的部署，松下集团或许已完成初步的专利运营布局，实现了专利财产资源的优化重组，松下集团的案例或许可以成为我们后续深入研究的一个对象。

2015 年另一值得关注的现象是微软集团通过 1 583 次专利转让，将专利技术集中到其知识产权管理实体——微软技术许可有限责任公司。可见，国外巨头纷纷建立自己的专业运营公司，对集团专利进行集中管理、维护和运营。

2016 年，芬兰诺基亚公司或许能为我们的后续研究提供有力的素材。从数据上看，诺基亚公司通过大量的集团内部转让将专利集中到自己的知识产权管理实体——诺基亚技术有限公司。业内被诺基亚打响的专利战激动得热血沸腾。前两年，互联网上充斥着这样的新闻："你以为诺基亚黄了？可它却利用发明专利手撕了三星！""光靠专利就能吃撑！没有手机业务的这两年，诺基亚活得滋润得很""究竟有多少手机厂商败在了诺基亚的专利战中？"2014 年 4 月，微软宣布以 72 亿美元的价格收购诺基亚手机业务。当大家都以为诺基亚已经倒下、成了历史，诺基亚却凭借专利技术卷土重来。诺基亚作为通信行业的鼻祖，积累了通信领域的大量专利技术，甚至可以说没有任何一家手机公司能够躲得过诺基亚的专利技术。诺基亚的技术部门掌握着手机领域 2G、3G、4G 方面的大量专利技术。依靠专利转让和专利授权等知识产权运营方式，诺基亚在通信行业的影响力不容小觑，这就是知识产权的力量！

以松下、微软、诺基亚为例，各大通信领域巨头均建立了专门的知识产权管理公司，截至 2016 年，尚未发现中国企业建立自己的知识产权管理公司，或者进行较为活跃的运营活动。但是，有了"1 + 2 + 20 + N"知识产权运营服务体系的有力推动，各地也在着力引导和扶持一批知识产权运营机构不断发展壮大，积极创新知识产权服务模式。在 2014~2016 年的专利转让舞台上，知识产权运营机构的身影也不断地闪现在我们眼前。到了 2016 年，初步统计国内至少有 36 家知识产权运营机构作为让与人或受让人直接参与了专利转让交易。在 2014~2016 年通信领域专利转让交易的背后，必定有不少知识产权运营机构在提供服务。在未来的转让市场上，这些专业的运营机构在国家和地方政策的引导下，将会发挥更加重要的作用。

第二节　2014~2016 年专利实施许可情况分析

专利许可是指专利权人允许他人在约定的条件下实施专利申请或者专利所保护的发明创造的行为，具体包括专利独占实施许可、排他实施许可、普通实施许可、交叉实施许可和分售实施许可等。目前中国尚未实行专利实施许可强制备案制度，因此部分专利实施许可合同未在国家知识产权局进行备案，公众无法对这部分专利实施许可活动进行查询，本书中使用的数据来源基于已在国家知识产权局备案且公布的数据。

在中国专利运营总体次数呈逐年上升的情况下，中国专利实施许可并未出现逐年快速增长的局面。从近 7 年的中国专利许可转让次数数据来看，我国专利许可次数在 2010~2014 年呈波浪式发展，许可次数时高时低，许可次数自 2014 年到达顶峰后，在 2015 年和 2016 年均有所下降，且幅度较大，其中 2015 年的降幅为 32.0%，2016 年的降幅为 56.8%，超过了一半。通信领域的专利许可次数变化趋势基本与总体专利许可次数变化趋势相同。虽然在数量上有所下降，但是通信领域的专利许可次数占总体专利许可次数的比例在逐渐增大，2010~2012 年，占比均在 5% 以下，而在 2016 年占比达23.8%，可见通信领域由于技术的高速发展，在专利许可方面占据重要地位。

一、2014 年通信领域专利实施许可情况分析

（一）通信领域专利许可主要集中在信息记录领域和图像领域

2014 年通信领域专利实施许可共计 5 198 次，如图 2 - 2 - 1 所示。以国际分类号 IPC 作为技术领域的划分依据，在通信领域，2014 年专利许可实施最为活跃的技术领域是 G11B 和 H04N，分别许可了 3 582 次和 917 次，相较于其他技术领域具有数量上的绝对优势。这两个分类号涉及的技术领域分别是基于记录载体和换能器之间的相对运动而实现的信息存储和图像通信，如电视。

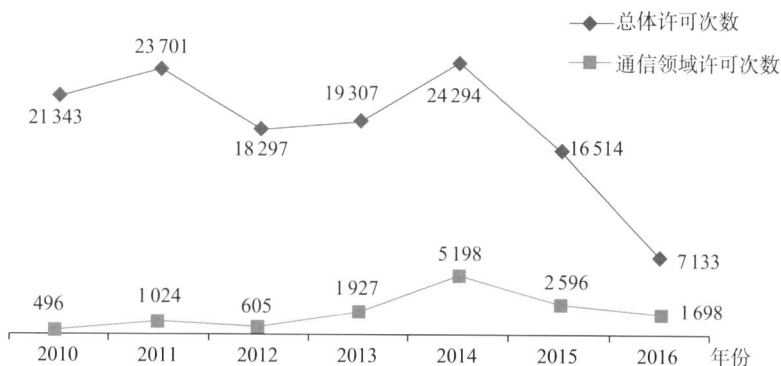

图 2 - 2 - 1　中国专利实施许可总体次数和通信领域次数变化趋势（2010 ~ 2016）

数据时间：法律状态公开（公告）日为 2010 年 1 月 1 日至 2016 年 12 月 31 日。

（二）外国许可人使用普通许可较多，而中国许可人使用独占许可较多

如图 2 - 2 - 3 所示，2014 年通信领域专利实施许可类型以普通许可为主，为 4 628 次，占比达到 89.03%；以独占许可为辅，为 552 次，占比为 10.62%，排他许可数量非常小，仅有 18 次，占比不足 1%。普通许可和独占许可的技术来源地呈现了较大的差异，普通许可中 98.2% 的技术来源地为外国，只有 1.8% 的技术来源地为中国，而独占许可恰好与普通许可的情形相反，技术来源地为中国的专利占 98.6%，而技术来源地为外国的专利占比为 1.4%。相对而言，外国许可人更喜欢采用普通许可的方式进行专利实施许可活动，而中国许可人更喜欢采用独占许可的方式进行专利实施许可活动。

排名	IPC	IPC解释	许可次数（次）
1	G11B	基于记录载体和换能器之间的相对运动而实现的信息存储	3 582
2	H04N	图像通信、如电视	917
3	H04L	数字信息的传输，例如电报通信	102
4	H05K	印刷电路；电设备的外壳或结构零部件；电器元件组件的制造	67
5	H05B	电热	64
6	G06F	电数字数据处理	55
7	H04B	传输	51
8	H04R	扬声器、传声器、唱机、拾音器或其他声-机电传感器；助听器；扩音系统	45
9	H04Q	选择	35
10	H01Q	天线	34

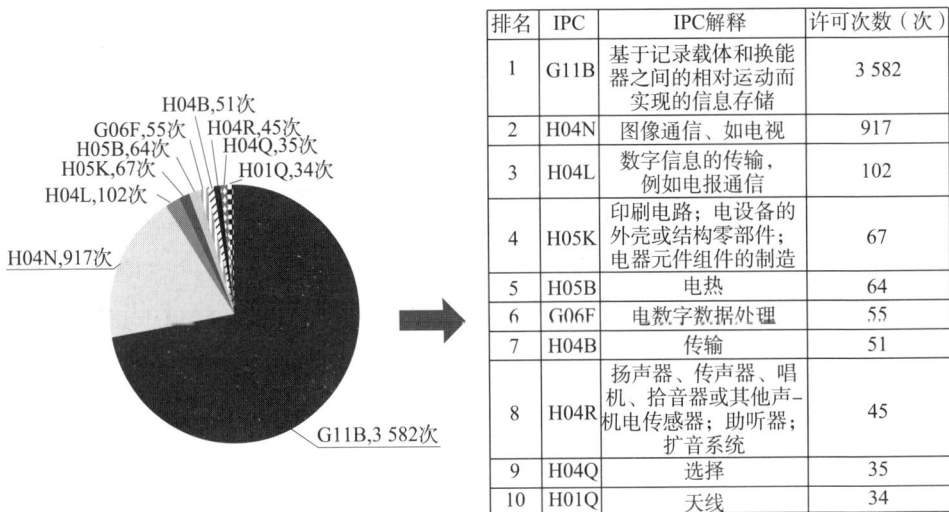

图 2 - 2 - 2　2014 年通信领域专利实施许可涉及 IPC 排行 TOP10

数据时间：法律状态公开（公告）日为 2014 年 1 月 1 日至 2014 年 12 月 31 日。

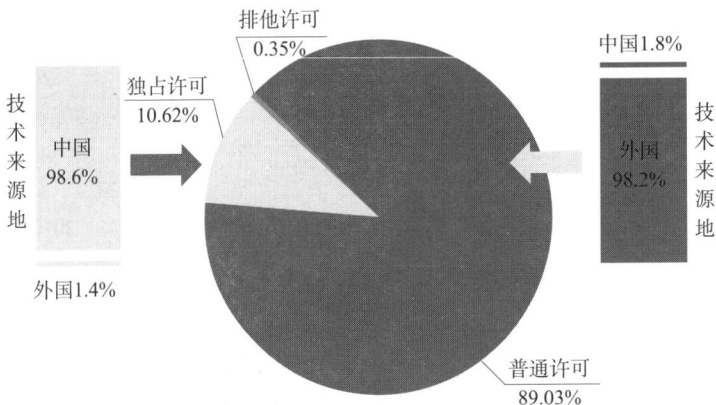

图 2 - 2 - 3　2014 年通信领域专利实施许可类型分布及部分技术来源地分析

数据时间：法律状态公开（公告）日为 2014 年 1 月 1 日至 2014 年 12 月 31 日。

（三）被许可人更愿意选择已授权专利实施许可，授权后 3 ~ 6 年为专利实施许可活跃期

2014 年通信领域专利实施许可中 99% 以上均为授权专利。虽然未授权专利同样可以进行实施许可的备案，但是从通信领域的实际情况来看，未授权就进行实施许可的专利技术比例很小，授权专利对于被许可人来说具有更高的保障，因

此大多数被许可人会选择已经授权的专利。另外，在这些授权专利中，最早授权日为 2000 年，授权日在 2008～2011 年的专利数量较多，占 56.10%，也就是说在授权后 3～6 年进行专利许可实施活动的专利数量相对较多。详见图 2-2-4。

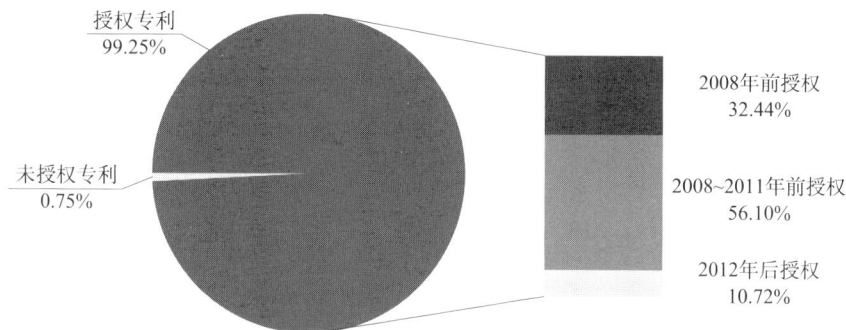

图 2-2-4　2014 年通信领域专利实施许可涉及专利授权情况

数据时间：法律状态公开（公告）日为 2014 年 1 月 1 日至 2014 年 12 月 31 日

（四）广东省、北京市和江苏省是许可活动重点地区，供需两旺

如图 2-2-5 所示，从地区分布来看，广东省、北京市和江苏省是专利实施许可活动的重点区域，具有较高的活跃度，在专利原始申请、专利实施许可次数以及被许可次数中均依次为前三名。其中，广东省表现最为突出，在专利原始申请、专利实施许可次数以及被许可次数均排名第一，且较第二名北京市优势十分明显。

图 2-2-5　2014 年通信领域专利实施许可中国地区排行 TOP10

数据时间：法律状态公开（公告）日为 2014 年 1 月 1 日至 2014 年 12 月 31 日。

从原始申请省份、专利许可次数和专利被许可次数的排名来看，广东省、北京市和江苏省是通信领域企业较为集中的省份，因此其研发活动和创新活动较为活跃，相应的专利产出也较多，并且上述地区的专利运营意识较强，专利许可次数和被许可次数两项数据同时较高，说明专利实施许可活动输入、输出都比较活跃，而不是单向的技术输入或输出。

如图2-2-6所示，2014年通信领域中国专利实施许可排名前三的省份，共专利实施许可的被许可人仍为国内。在中国境内通信领域专利实施许可的所有专利中，只有日本株式会社斯特拉阿斯将1件专利许可给加拿大一家控股有限公司，其余均流向中国。专利实施许可活动主要发生在各省内部，广东省作为许可省份的第一名，在被许可省份中表现也十分突出，广东省、北京市、江苏省在本省市内进行的专利实施许可活动对其整体专利实施许可活动的贡献率分别为76.0%、53.7%、80.0%，均超过了50%。

如图2-2-7所示，在2014年通信领域专利实施许可中许可人以机构为主，其次是大学/科研机构，个人许可人最少。

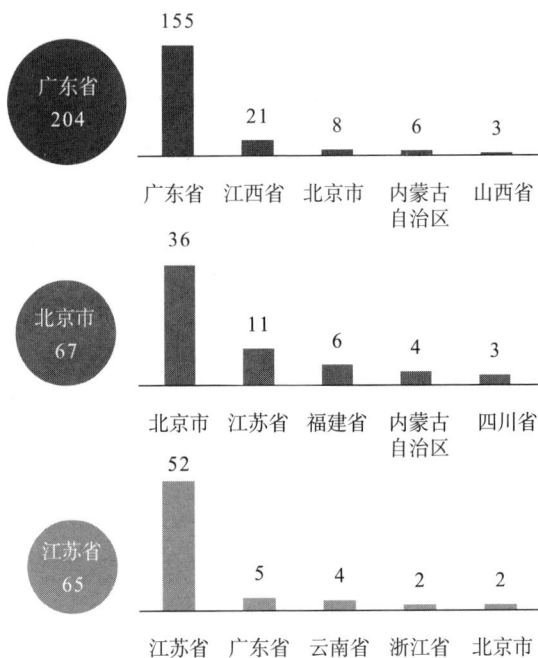

图 2-2-6　2014 年通信领域中国专利实施许可 TOP3 地域流向分析

数据时间：法律状态公开（公告）日为 2014 年 1 月 1 日至 2014 年 12 月 31 日。

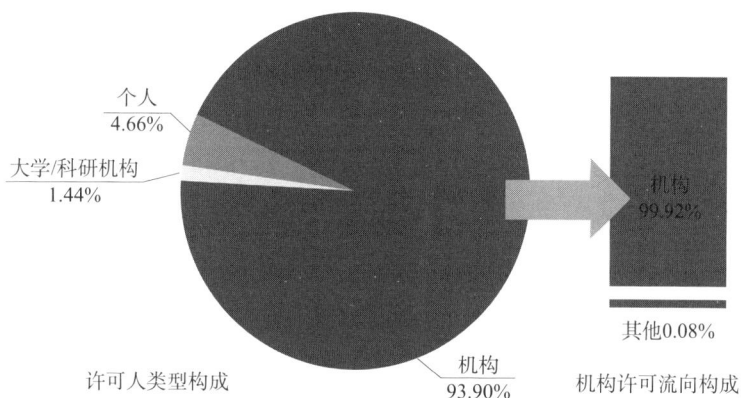

图 2－2－7　2014 年通信领域专利实施许可中许可人类型构成及机构许可流向

数据时间：法律状态公开（公告）日为 2014 年 1 月 1 日至 2014 年 12 月 31 日。

（五）蓝光联合有限责任公司向中国企业许可近 4 000 次，稳居许可人榜首

2014 年，机构是专利实施许可的主体，表现极其活跃。作为许可人，机构实施的专利实施许可占当年专利实施许可资料的 93.90%，而个人和大学/科研机构的专利实施许可次数较少，占比均在 5% 以下。在机构作为许可人的专利实施许可中，被许可人中 99.92% 为机构，个人和大学/科研机构作为被许可人占比不足 1%，可见个人和大学/科研机构参与专利实施许可的程度还不够高。

表 2－2－1　2014 年通信领域专利实施许可许可人排行前十名

排名	许可人	许可次数/次	许可人国别	许可人类型
1	蓝光联合有限责任公司	3 948	美国	企业
2	稳瑞得有限责任公司	503	美国	企业
3	诺基亚西门子通信公司	56	芬兰	企业
4	东南大学	12	中国	高校
4	广东步步高电子工业有限公司	12	中国	企业
4	松下生产科技株式会社	12	日本	企业
4	北京智谷技术服务有限公司	12	中国	企业
8	海门江涌投资开发有限公司	10	中国	企业
8	上海杰图软件技术有限公司	10	中国	企业
10	深圳 TCL 新技术有限公司	8	中国	企业

排名	许可人	许可次数/次	许可人国别	许可人类型
10	先歌国际影音有限公司	8	中国	企业
10	梅庆开	8	中国	个人

从表2-2-1中可以看出，2014年通信领域专利实施许可的许可人排名位于前三的均为外国企业，且许可的次数遥遥领先，尤其是美国蓝光联合有限责任公司实施专利许可约4 000次，占总许可次数的76%左右。蓝光联合有限责任公司向TCL通力电子（惠州）有限公司等6家中国企业专利实施许可共计3 948次，这些专利的申请人都不是蓝光联合有限责任公司，而是该公司从日本、韩国和荷兰的知名通信企业处购买的，包括LG电子株式会社、三星电子株式会社、夏普株式会社、松下电器产业株式会社、索尼公司、先锋公司、皇家飞利浦电子有限公司等。

在许可人前十名中仅有东南大学一所高校，仅有一名个人并列第十名，其余均为企业。在前十名许可人中，虽然中国许可人占有席位比外国许可人多，但是在绝对数量上较外国许可人还存在较大差异。

表2-2-2　2014年通信领域专利实施许可被许可人排行前十名

排名	被许可人	被许可次数/次	被许可人国别	被许可人类型
1	TCL通力电子（惠州）有限公司	799	中国	企业
2	广东欧珀移动通信有限公司	798	中国	企业
3	深圳市麦思美科技有限公司	797	中国	企业
4	中国华录集团有限公司	795	中国	企业
5	广州番禺巨大汽车音响设备有限公司	793	中国	企业
6	深圳市路畅科技股份有限公司	48	中国	企业
7	深圳市索菱实业股份有限公司	48	中国	企业
8	天派电子（深圳）有限公司	47	中国	企业
9	诺基亚西门子通信（上海）有限公司	28	中国	企业
10	诺基亚西门子通信网络科技服务有限公司	28	中国	企业

如表 2 - 2 - 2 所示，2014 年通信领域专利实施许可被许可人的前十名全部为来自中国的企业，没有外国企业，也没有个人和大学/科研机构。排名前五名的 TCL 通力电子（惠州）有限公司、广东欧珀移动通信有限公司、深圳市麦思美科技有限公司、中国华录集团有限公司、广州番禺巨大汽车音响设备有限公司由于同时接受来自蓝光联合有限责任公司的一组专利包的普通许可，因此数量较大，且数值非常接近。

二、2015 年通信领域专利实施许可情况分析

（一）许可活动总体分析

在中国专利运营总体呈现逐年上升的态势下，中国专利实施许可并未出现逐年增长的局面，相较于 2014 年的数据，2015 年实施许可的许可次数为 2 596 次，相比 2014 年下降达 50% 以上。这一状况或许与目前中国并未施行专利实施许可强制备案制度有较大关系，商业机构出于商业保护的目的，部分专利实施许可合同并未在国家知识产权局进行备案，使得公众无法查询获得这部分专利实施许可信息。

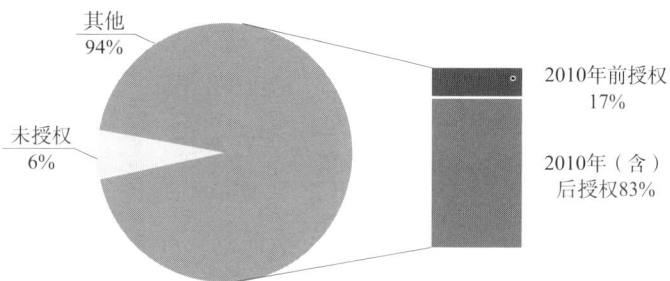

图 2 - 2 - 8　2015 年通信领域实施许可涉及专利的授权情况
数据时间：法律状态公开（公告）日为 2015 年 1 月 1 日至 2015 年 12 月 31 日。

进一步分析通信领域中许可活动中专利的授权情况发现，授权专利许可率最高。实施许可专利中，96% 的专利是授权专利，其中 2010 年后授权的专利占通信领域 2015 年度已授权的许可专利的比例为 83.8%。根据 2011 年颁布实施的《专利实施许可合同备案办法》第 20 条规定，当事人以专利申请实施许可合同申请备案的，参照该办法执行。因此，未授权专利同样可以进行实施许可的备案。

专利实施许可行为作为专利运营活动的一部分，与许可人和被许可人的经济利益密切相关，因此，实施许可的授权专利与未授权专利相比，在权益稳定角度具有更高的保障。分析实施许可的已授权专利，有83%的专利在2010年（含）后授权，这是由于近期授权专利剩余的保护期较早期授权专利要长，保障性相对较高，且技术相较于早期专利要更为先进，因此，近期授权专利相较于早期授权专利更易于实施许可。

从专利实施许可类型及构成来看，普通许可占比最多，排他许可仅占1%。对独占许可进一步探究发现，99.5%独占许可的专利技术来源地为中国。我国《企业所得税法》中明确规定：国家需要重点扶持的高新技术企业，减按15%的税率征收企业所得税。企业一旦被认定为高新技术企业，将会按照《企业所得税法》的规定享有税收方面的优惠。2008年科技部、财政部、国家税务总局联合印发的《高新技术企业认定管理办法》将"在中国境内（不含港、澳、台地区）注册的企业，近3年内通过自主研发、受让、受赠、并购等方式，或通过5年以上的独占许可方式，对其主要产品（服务）的核心技术拥有自主知识产权"列为高新技术企业认定必须同时满足的条件之一。由此可见，独占许可成为企业满足高新技术企业认定条件获得知识产权的有效方法之一，从而成为了独占许可数量活跃的一个主要原因。

进一步分析普通许可，如图2-2-9所示，2015年中国作为普通许可专利技术来源地占比为85.7%，中国本土专利普通许可较为活跃。中国本土普通专利许可的活跃可能得益于国家税收政策及地方政策的推动。另外，许可双方运营意识逐步加强也是普通专利许可活跃的一个主要原因。与企业"通过5年以上的独占许可方式"获得知识产权进而为评定为高新技术企业创造条件不同，普通许可活动更能反映出专利实施许可双方的经营目的。由于许可人可以允许多位被许可人在规定期限和地区使用其专利技术，因此，普通许可费用通常要低于独占许可和排他许可。一方面被许可人可以通过支付相对低的费用，通过普通许可的方式快速获得专利技术的使用权，进而规避侵权风险，降低研发成本，有利于生产经营活动。另一方面许可人也可以在许可他人使用专利技术的同时获得相应的报酬。随着企业经济活动的发展，中国本土许可人及被许可人的专利运营意识正在逐步增强，这也很大程度上提高了专利许可活动的活跃度。

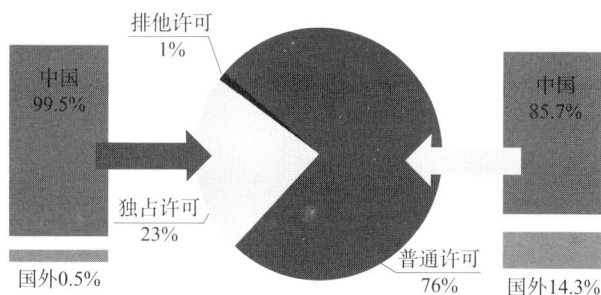

图 2 - 2 - 9　2015 年通信领域许可类型及部分许可来源地分析

数据时间：法律状态公开（公告）日为 2015 年 1 月 1 日至 2015 年 12 月 31 日。

（二）许可活动重点区域分析

从地区分布来看，福建省取代 2014 年的江苏省，成为 2015 年排名第三的许可省份，广东省、北京市和福建省是专利实施许可活动的重点区域，具有较高的活跃度。其中，广东省表现最为突出，在专利原始申请、专利许可和专利被许可次数排名都居于领先地位。

单位：次

图 2 - 2 - 10　2015 年通信领域许可中国地区排行 TOP10

数据时间：法律状态公开（公告）日为 2015 年 1 月 1 日至 2015 年 12 月 31 日。

某一省市的专利原始申请数量从一定程度上反映了该地区技术研发和科技创新情况，专利许可次数从一定程度上反映了该地区技术输出情况。从专利许可次数排名看，广东省、北京市和福建省是技术输出较多的地区。地域专利被许可次数则从一定程度上反映了该地区技术输入情况，如图2-2-10所示，广东省、北京市和福建省是技术输入较多的地区。同时，这些地区也是技术输出较多的地区。结合许可专利的原始申请省份排名、专利许可次数省份排名和专利被许可次数省份排名来看，一方面，广东省、北京市和福建省技术产出较多，为该地区进行技术输出奠定了基础；另一方面，广东省、北京市和福建省技术输出和技术输入均较多，说明了这些地区具有较强的专利运营意识，且专利质量和技术先进性较高，为成功进行专利运营奠定了基础。

从图2-2-11可以看出，通信领域专利实施许可的地域流向有以下特点：一是以流向国内为主。在广东省、北京市、福建省三地中，只有广东省有804件专利许可给美国公司。二是主要流向以本省为主，即许可活动主要发生在本省内部。广东省、北京市、福建省在本地区进行的专利实施许可活动对其整体专利实施许可活动的贡献率分别为52.1%、46.2%和87.7%。

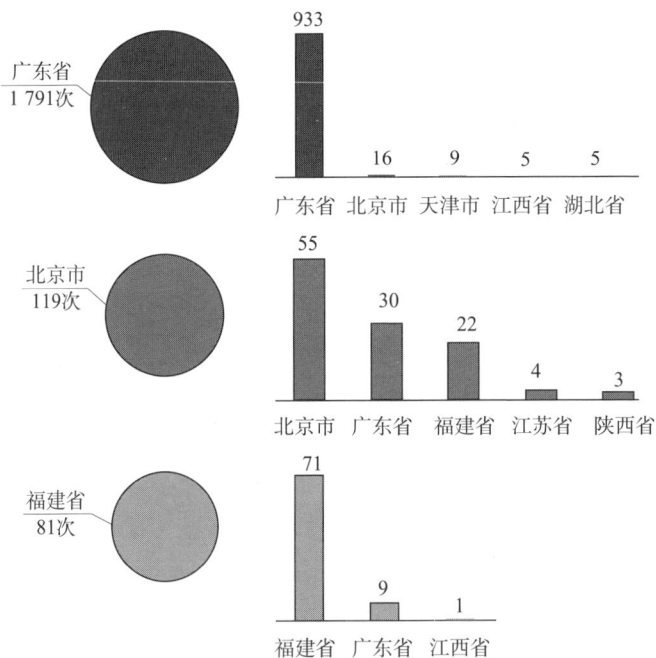

图2-2-11 2015年通信领域许可TOP3地域主要流向分析

数据时间：法律状态公开（公告）日为2015年1月1日至2015年12月31日。

（三）许可人与被许可人类型分析

如图 2 - 2 - 12 所示，2015 年，在通信领域的专利实施许可中，机构仍为许可的主体，在专利实施许可活动中表现最为活跃，实施了 86% 的专利许可。个人成为专利实施许可第二大许可人，实施了 10% 的专利许可。通过分析机构许可流向发现，绝大多数的专利许可都发生在机构之间。

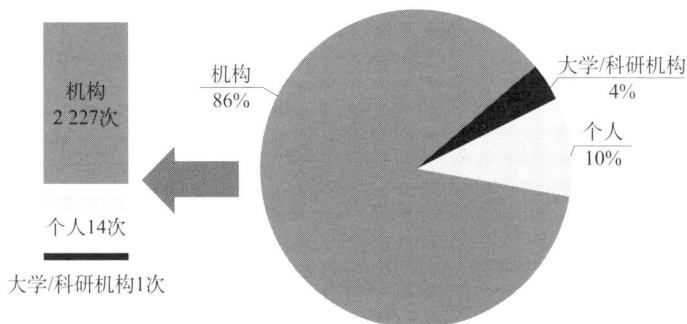

图 2 - 2 - 12　2015 年通信领域许可人类型构成及机构许可流向

数据时间：法律状态公开（公告）日为 2015 年 1 月 1 日至 2015 年 12 月 31 日。

在 2015 年通信领域专利实施许可的许可人排行前二十名榜单中，企业许可人数量最多，共计 18 家企业；其余许可人一位来自高校，一位为个人许可人。在前二十名榜单中，中国许可人 15 位，外国许可人 5 位，在 15 位中国许可人中有 9 位进行了商业许可，在 5 位外国许可人中有 4 位进行了商业许可。见表 2 - 2 - 3。

华为技术有限公司在本年度以 804 次许可位居前二十名榜单的首位，进一步分析其专利许可流向可以发现，苹果公司是其唯一的许可对象，其 804 次许可均为商业性许可；而苹果公司 47 次许可的唯一许可对象是华为技术有限公司。作为通讯电子行业的巨头，华为技术有限公司与苹果公司之间的相互许可，体现出专利在新时期企业的商业模式中起到重要作用。

表 2 - 2 - 3　2015 年通信领域中国专利实施许可之许可人排行前二十名

排名	许可人	许可人类型	商业性许可	许可人国别	许可次数/次
1	华为技术有限公司	机构	有	中国	804

排名	许可人	许可人类型	商业性许可	许可人国别	许可次数/次
2	中兴通讯股份有限公司	机构	无	中国	731
3	稳瑞得有限责任公司	机构	有	美国	80
4	皇家飞利浦电子有限公司	机构	有	荷兰	70
5	厦门厦华投资有限公司	机构	无	中国	56
6	苹果公司	机构	有	美国	47
7	北京智谷技术服务有限公司	机构	有	中国	36
8	广州华多网络科技有限公司	机构	有	中国	24
9	武汉钢铁（集团）公司	机构	无	中国	23
10	蓝光联合有限责任公司	机构	有	美国	18
11	皇家飞利浦有限公司	机构	有	荷兰	16
12	广州广晟数码技术有限公司	机构	无	中国	15
13	柯尼卡美能达光学仪器（上海）有限公司	机构	无	中国	12
14	柯尼卡美能达株式会社	机构	无	日本	12
15	深圳富泰宏精密工业有限公司	机构	无	中国	12
16	佳邦科技股份有限公司	机构	无	中国	11
17	东南大学	大学/科研机构	有	中国	10
18	上海科斗电子科技有限公司	机构	有	中国	10
19	王彤	个人	有	中国	10
20	鸿海精密工业股份有限公司；鸿富锦精密工业（深圳）有限公司	机构	无	中国	9

如表2-2-4所示，在2015年通信领域专利实施许可被许可人排行前二十名中，被许可人中除美国苹果公司外，其余均为中国企业。从非商业性许可来看，绝大多数被许可参与的许可活动都限于关联公司内部，其最大的可能性就是利用税收优惠政策进行避税。值得一提的是，苹果公司和华为技术有限公司同时出现在被许可人排行前二十名榜单中，二者相互间既是专利许可人又是专利被许可人，这说明两家公司更懂得利用专利和竞争对手建立竞争与合作的新模式。

表 2 - 2 - 4　2015 年中国专利实施许可通信领域被许可人排行前二十名

排名	被许可人	商业性许可	被许可人国别	被许可人类型	被许可次数/次
1	苹果公司	有	美国	机构	804
2	深圳市中兴微电子技术有限公司	无	中国	机构	731
3	厦门厦华科技有限公司	无	中国	机构	56
4	华为技术有限公司	有	中国	机构	47
5	佛山市南海雄奇音响器材有限公司	有	中国	机构	40
6	深圳市奥拓普科技有限公司	有	中国	机构	40
7	广州市百果园网络科技有限公司	有	中国	机构	24
8	福建星网锐捷网络有限公司	有	中国	机构	22
9	武汉钢铁工程技术集团通信有限责任公司	无	中国	机构	20
10	中国华录集团有限公司	有	中国	机构	18
11	广东欧珀移动通信有限公司	有	中国	机构	16
12	深圳广晟数码技术有限公司	无	中国	机构	15
13	中山市力泰电子工业有限公司	有	中国	机构	15
14	北京星网锐捷网络技术有限公司	有	中国	机构	14
15	茂鑫源电子（深圳）有限公司	有	中国	机构	14
16	深圳市君兰电子有限公司	有	中国	机构	14
17	深圳市能力科技有限公司	有	中国	机构	14
18	浙江圣光电器有限公司	有	中国	机构	14
19	富智康精密组件（北京）有限公司	无	中国	机构	12
20	柯尼卡美能达光学仪器（上海）有限公司	无	中国	机构	12

三、2016 年通信领域专利实施许可情况分析

（一）许可活动概要分析

相较于 2015 年，2016 通信领域的专利实施许可次数和件数均有所下降，由于专利许可并非采用强制许可制度，而一个商业机构的专利实施许可情况会体现该机构的技术扩散和转移情况、专利布局情况及知识产权战略，涉及企业的商业秘密，因此，出现此下降的原因有可能是商业机构出于商业保护的目的，部分专利实施许可合同并未在国家知识产权局进行备案。

进一步分析通信领域专利许可活动中专利授权情况，发现 2016 年通信领域授权专利的许可率仍然最高，而且 95.8% 的专利是授权专利，这可能是因为授权专利相较于未授权专利，在权益稳定角度具有更高的保障。

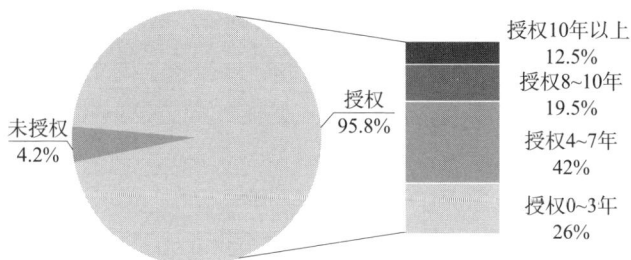

图 2－2－13　2016 年通信领域实施许可涉及专利的授权情况

数据时间：法律状态公开（公告）日为 2016 年 1 月 1 日至 2016 年 12 月 31 日。

许可行为在一定程度上代表了被许可专利的潜在市场价值，技术的市场价值呈现一定的时效性。在 2016 年通信领域的专利实施许可数据中，尽管许可备案时间均为 2016 年，但这些专利的授权时间则各不相同；近 25% 的专利在获得授权后 3 年内实施了专利许可；近 70% 的专利在获得授权后 7 年内实施了专利许可；授权 10 年以上的专利实施专利许可的比例仅为 12.5%。从一定程度上来讲，专利的寿命越接近于授权期限，它的市场价值就越小，它被市场利用的可能性就越小。

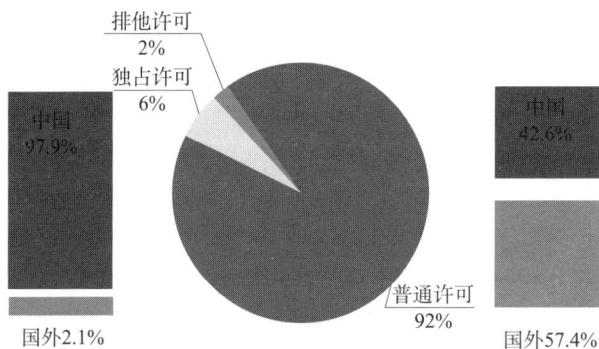

图 2－2－14　2016 年通信领域许可类型及部分许可来源地分析

数据时间：法律状态公开（公告）日为 2016 年 1 月 1 日至 2016 年 12 月 31 日。

从专利实施许可类型及构成来看，普通许可占比最多，排他许可和独占许可分占 3% 和 6%，相较于 2015 年的数据，通信领域的独占许可比例下降，普通许可的比例上升。进一步分析普通许可可知，在 2016 年普通许可专利技术来源地上，来源于中国的专利占比为 42.6%，来源于国外的专利占比 57.4%，这说明国外专利普通许可较为活跃。事实上，普通许可方式在发达国家的许可市场上更受欢迎，这是因其许可方式灵活，许可费用低廉。

（二）许可活动重点区域分析

从地区分布来看，2016 年江苏省一跃成为专利许可最多的省份，江苏省、北京市和广东省是专利实施许可活动的重点区域，具有较高的活跃度。这三个地区在专利原始申请、专利许可和专利被许可次数三个方面均位列前三名。

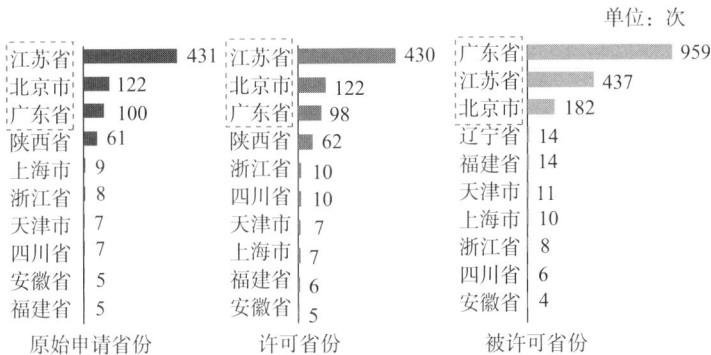

单位：次

原始申请省份		许可省份		被许可省份	
江苏省	431	江苏省	430	广东省	959
北京市	122	北京市	122	江苏省	437
广东省	100	广东省	98	北京市	182
陕西省	61	陕西省	62	辽宁省	14
上海市	9	浙江省	10	福建省	14
浙江省	8	四川省	10	天津市	11
天津市	7	天津市	7	上海市	10
四川省	7	上海市	7	浙江省	8
安徽省	5	福建省	6	四川省	6
福建省	5	安徽省	5	安徽省	4

图 2 - 2 - 15　2016 年通信领域许可中国地区排行 TOP10

数据时间：法律状态公开（公告）日为 2016 年 1 月 1 日至 2016 年 12 月 31 日。

整体来讲，经济发达的地区技术输出能力较高，这表明技术扩散能力和经济发展水平之间也存在一定的相关性。而就各个地区的具体排名情况而言，技术扩散能力与经济发展水平排名并不完全一致，较高经济发展水平并非必然导致较高的技术扩散水平，比如河南省，其地区生产总值位列第五，但技术输入能力和技术输出能力都排在十名以后。

虽然广东省在许可省份中 2016 年跌至第三，但在被许可省份中仍位列第一，其主要原因是蓝光联合有限责任公司、稳瑞得有限责任公司和皇家飞利浦有限公司等 6 家国外公司向广东省各实施了许可，总计 877 次。

2016 年通信领域专利实施许可 TOP3 地域主要流向有以下特点：一是许可全部流入国内各地区，未许可给国外公司。二是主要流向以本省为主，即许可活动主要发生在各省内部。江苏省、北京市、福建省在本地区进行的专利实施许可活动对其整体专利实施许可活动的贡献率分别为 99.5%、73.0% 和 55.1%。

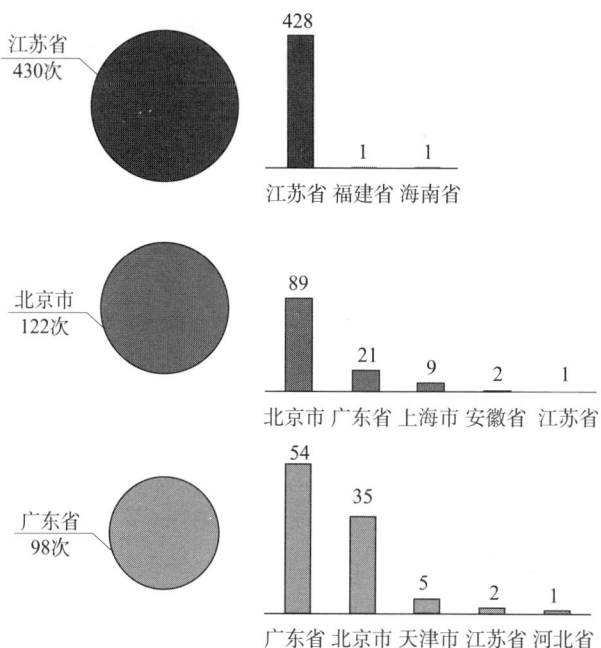

图 2 - 2 - 16　2016 年通信领域许可 TOP3 地域主要流向分析

数据时间：法律状态公开（公告）日为 2016 年 1 月 1 日至 2016 年 12 月 31 日。

（三）许可人与被许可人类型分析

如图 2 - 2 - 17 所示，2016 年，在通信领域的专利许可中，机构仍为许可主体，在专利实施许可活动中表现也最为活跃。大学/科研机构成为专利实施许可第二大许可人类型，占比为 29%。据不完全统计，我国科研院所 9% 的科研成果得到了应用，而其中只有 3% 获得了经济效益。科研机构和高校不直接面对市场，研究前也未对市场做过充分了解，以至于许多科研成果与市场需求不符。即使有少数科研成果符合市场的需求，但是由于生产条件和生产成本过高，难以使其产业化，这直接导致了技术输出难以实现。

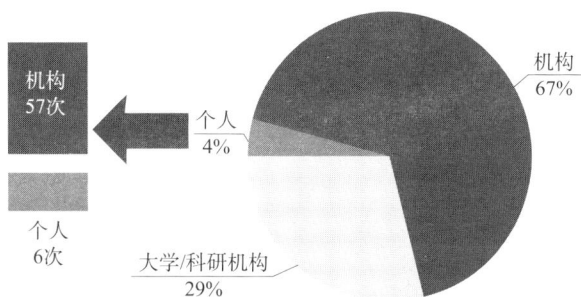

图 2 - 2 - 17　2016 年通信领域许可人类型构成及机构许可流向

数据时间：法律状态公开（公告）日为 2016 年 1 月 1 日至 2016 年 12 月 31 日。

在 2016 年通信领域专利实施的许可许可人排行 TOP20 榜单中，机构（企业）许可人数量最多，共 14 位，其余许可人 4 位来自大学/科研机构，2 位为个人许可人。在排行前二十名榜单中，中国许可人 15 位，外国许可人 5 位，其中 15 位中国许可人中有 9 位进行了商业许可，而 5 位外国许可人中有 4 位进行了商业许可。详见表 2 - 2 - 5。

在排行前二十名榜单中，2 位个人许可人冯山泉和邓伟廷分别是其被许可机构的股东和 CEO，上述许可人与被许可人之间的关系也代表着大多数个人许可与被许可人之间的关系。在个人许可中，多数均为企业的股东、法人，这种许可没有实现商业性许可，仅为了协调利益的分配，减少在企业经营过程中的纠纷与冲突。

在排行前二十名榜单中，还存在母公司与子公司，企业及其所属的研究机构，高校及其校办企业之间形成的技术输出形式，如大唐微电子技术有限公司与北京大唐智能卡技术有限公司实施的许可。这种技术输出形式在科学研究和技术创新领域是必然存在的，它拥有其独特的优势。许可双方有着深厚的社会关系，存在着密切的沟通与交流，这种关系使得他们很容易跨越组织或地区形成专利许可关系；他们之间有着共同的目标，追逐共同的利益，能够合理地进行资源配置，以及协调利益的分配，能够减少合作过程中的纠纷和冲突。但是这种扩散形式会使许可双方形成一个封闭的小圈子，技术只在圈子内传播，这不利于技术的交流和共享，同时也无法获得外界的资源。总体来说，在专利许可形成的初期，这种模式发挥着至关重要的作用，但是随着网络的发展，这种模式的缺陷逐渐呈现出来，甚至可能成为制约技术扩散的桎梏。

表 2-2-5 2016 年中国专利实施许可通信领域许可人排行前二十名

许可人	许可次数	许可人类型	许可人国别	商业性许可
蓝光联合有限责任公司	772	机构	美国	有
南京邮电大学	409	大学/科研机构	中国	有
稳瑞得有限责任公司	83	机构	美国	有
西安西电捷通无线网络通信股份有限公司	52	机构	中国	有
大唐微电子技术有限公司	43	机构	中国	无
北京交通大学	36	大学/科研机构	中国	有
腾讯科技（深圳）有限公司	34	机构	中国	有
皇家飞利浦有限公司	28	机构	荷兰	有
深圳市南和通讯实业有限公司	17	机构	中国	无
冯山泉	11	个人	中国	有
韩国电子通信研究院	10	大学/科研机构	韩国	有
中国电信股份有限公司	9	机构	中国	有
天津市优耐特汽车电控技术服务有限公司	7	机构	中国	有
深圳市双林宏电子有限公司	6	机构	中国	无
松下电器产业株式会社	5	机构	日本	无
西安电子科技大学	5	大学/科研机构	中国	有
北京旅信顺捷软件科技有限公司	5	机构	中国	有
中兴通讯股份有限公司	5	机构	中国	无
张家港市江南汽车制造有限公司	4	机构	中国	有
邓伟廷	4	个人	中国	有

2015 年通信领域专利实施许可被许可人排行前二十名中，均为中国企业，详见表 2-2-6。而专利被许可次数从一定程度上反映了技术输入情况。从被许可人排名来看可知，越来越多的中国企业已经有了较强的专利运营意识，懂得通过专利许可方式来引进先进的技术，积累科技创新和生产制造经验，从而获得经济利益。

表 2-2-6 2016 年中国专利实施许可通信领域被许可人排行前二十名

被许可人	被许可人类型	被许可人国家	商业行许可	被许可次数
东莞市德吉特影音技术有限公司	机构	中国	有	788
江苏南邮物联网科技园有限公司	机构	中国	有	408
北京智享科技有限公司	机构	中国	有	52

被许可人	被许可人类型	被许可人国家	商业行许可	被许可次数
北京大唐智能卡技术有限公司	机构	中国	无	43
海洋互动（北京）信息技术有限公司	机构	中国	有	35
铿富佳电子（深圳）有限公司	机构	中国	有	28
惠州市欣蒙电子有限公司	机构	中国	有	28
东莞市源康电子有限公司	机构	中国	有	27
英迪股份有限公司	机构	韩国	有	22
神州高铁技术股份有限公司	机构	中国	有	21
深圳市南和移动通信科技股份有限公司	机构	中国	无	17
北京新联铁科技股份有限公司	机构	中国	有	15
中国华录集团有限公司	机构	中国	有	12
北斗卫星数字新媒体（北京）有限公司	机构	中国	有	11
上海奕行信息科技有限公司	机构	中国	有	9
深圳市双林科技有限公司	机构	中国	无	6
天津中兴智联科技有限公司	机构	中国	无	5
厦门建松电器有限公司	机构	中国	无	5
北京号码生活网络科技有限公司	机构	中国	有	5
雅迪莱特医疗科技（北京）有限责任公司	机构	中国	有	4

四、2014～2016 年通信领域专利实施许可情况小结

（一）通信领域专利实施许可主要以普通许可类型为主

综合 2014～2016 年 3 年的数据来看，通信领域专利实施许可次数逐年下降。近三年的专利实施许可涉及的专利中，许可类型以普通许可为主，占比连续三年均在 75% 以上，独占许可次之，其他类型的许可占比非常小，均在 2% 以下。在独占许可的案件中，技术来源地来自中国的占比连续三年达到 98% 以上，独占许可占许可总数的比例由 2015 年的 23% 锐减至 2016 年的 6%，这与科技部、财政部、国家税务总局在 2016 年 1 月修订印发的《高新技术企业认定管理办法》中取消了"通过 5 年以上的独占许可方式"获得知识产权的方式有较大关系。技术来源地来自外国的许可以普通许可为主，也就是说，外国许可人在中国更倾向

于使用普通许可的方式对专利进行运营，形式较为灵活。专利实施许可的案件绝大部分为已授权案件，少量为未授权案件。

（二）中国专利实施许可主要在省内进行

广东省、江苏省和北京市是专利实施许可活动的重点地区，具有较高的活跃度，这些地区通信领域的技术水平发展较快，为技术输出奠定了基础，并且这些地区的专利运营意识较强。从北京市、广东省和江苏省为代表的中国专利许可活跃省份的专利实施许可地域流向中可以看出，中国的专利实施许可行为主要发生在省内，跨省进行的专利实施许可数量较少。究其原因，主要是省内各专利运营主体联系较为密切，彼此之间较为熟悉，基于各省的相关扶持政策，相较于外省的专利运营主体，省内的各专利运营主体更容易达成专利实施许可的协定。而为了技术的发展及均衡，在未来应当鼓励各专利运营主体拓宽眼界，不再将专利实施许可的对方局限于省内。

（三）外国来华进行专利实施许可较多，但是外国被许可人较少

虽然近三年通信领域专利实施许可的数量有所下降，但是其中涌现了一些活跃的外国许可人和被许可人。例如美国的蓝光联合有限责任公司在 2014 年和 2016 年均为专利许可次数最多的许可人，许可次数分别为 3 948 次和 772 次，分别占当年通信领域专利许可次数的 76% 和 45.5%。美国稳瑞得有限责任公司在 2014 年位居通信领域许可人排名第二，进行专利许可 503 次，在 2016 年位居通信领域许可人排名第三，进行专利许可 83 次。可见，美国公司在我国进行专利许可的活跃度相当高。

而在 2015 年，最引人注目的是华为技术有限公司与苹果公司之间的交叉许可，华为技术有限公司向苹果公司许可专利 804 件，苹果公司向华为技术有限公司许可专利 47 件，技术领域主要集中在 H04W（无线通信网络）和 H04L（数字信息的传输），并且华为技术有限公司因为这 804 件专利实施许可在 2015 年许可人排名中名列第一。

在 2014～2016 年中，被许可人排名进入前十的外国被许可人仅有两名，除了 2015 年位居通信领域被许可人排名第一的苹果公司之外，2016 年韩国的英迪股份有限公司以被许可 22 次位居通信领域被许可人排名第十，2014～2016 年被

许可人排名前十的其余所有被许可人的国别均为中国。

（四）大学和科研机构在专利实施许可中占据越来越重要的地位

大学和科研机构作为许可人在通信领域专利许可总数中的比例逐年提高，由2014年的1.44%，经过2015年的4%，逐步提高至2016年的23%。值得一提的是南京邮电大学在2016年作为许可人共实施了409次专利许可，位居通信领域总许可人第二，这也是大学和科研机构首次跻身许可人排名前三，展现了大学和科研机构技术水平的提升以及近年对专利运营的重视。

第三节 2014～2016年质押情况分析

专利权质押是指专利权人以合法拥有的专利权中的财产权为质押标的物出质，经评估作价后向银行等融资机构获取资金，并按期偿还资金本息的一种融资行为。专利权质押是打破传统实物资产抵押进行融资的创新方式，为中小型科技企业提供了一种新的融资途径。

针对科技型企业因实物资产缺乏导致的融资困难，2007年2月银监会发布了《关于商业银行改善和加强对高新技术企业金融服务的指导意见》，规定对拥有自主知识产权并经国家有关部门评估的高新技术企业，可以试办知识产权质押贷款。自2008年起国家知识产权局开展知识产权质押融资试点以来，全国专利权质押合同登记量一直保持高速增长。国家知识产权局数据显示，截至2015年年底，全国专利权质押总额已达约1 700亿元，2009～2015年，质押金额年增长92.9%，仅2015年全年新增专利权质押金额就达到了560亿元，惠及2 000余家企业。

虽然相对于近年来动辄十几万件的总体专利运营数据来看，专利权质押的比例仍很低，仅占全部运营次数的2%～6%，这当然与专利权作为无形财产难以评估，作为质权人的银行因担忧存在一定贷款风险，而没有大规模铺开专利权质押业务有一定关系。但从图2-3-1的专利权质押次数来看，近年来，专利权质押融资次数已突破万次大关，全国专利权质押融资工作将向常态化、规模化跃进。尤其随着2017年3月份，国家知识产权局进一步发出通知，在专利质押融资中引入以"政银保"为主要模式的专利质押融资保证保险，以保险公司更强的财务实力和信用评级作为企业贷款的担保，此举将进一步降低放贷银行贷款风险，为中小微企业进行信用增级，促进专利权质押融资工作的进一步开展。

从图2-3-1还可看出，相对于专利转让和许可而言，通信领域的专利权质押占全部专利权质押的比例较低，2010~2016年，通信领域的专利权质押占全部专利权质押的比例仅在3%~8%的区间范围内波动，占比不足10%。这或许和大企业相比，中小企业从正规金融部门进行融资受到了多方面的限制，因此，相较于大企业，中小企业更愿意参与专利权质押融资项目，而通信企业中大企业占比较高，并且通信领域的中小企业也较受风投青睐，相对于其他领域，通信领域可以更为容易地获得天使资金有一定关系。

图2-3-1 中国专利质押次数变化趋势（2010~2016）

下面将分别按年份对2014~2016年通信领域的质押融资情况加以说明。

一、2014年通信领域专利质押分析

（一）质押合同的地区分布

从表2-3-1中2014年度通信领域专利质押合同登记数量排行来看，2014年通信领域专利权质押次数呈现出了明显的地区差异；前十位省市的专利权质押合同占全部质押合同数的84%左右，除中西部省份四川省和陕西省外，其余八省市都是东部沿海省市。表2-3-1展示的专利权质押融资的排名情况基本上与表2-3-2所示的我国各省市的有效发明排名情况相当。由于专利数量在一定程度上反映了该省市的科技发展水平，进一步表明，科技发展差异是造成各省市专利质押融资发展不平衡的重要原因①。

从各省份的每份质押合同的平均专利数可以看出，各个省份之间相对不平衡：最多的是山东省，平均每份质押合同涉及4件专利；而最少的浙江省，平均每份质押合同所涉及的专利数是1.17件。通常来说，单件专利，尤其是实用新型的稳定性要弱于打包专利的稳定性，并且质押合同的额度与打包专利的数量之间具有一定的正相关性，所以可以看出每个省份的质押标的具有一定的差异性。同时，上述质押合同的份数与每份质押合同涉及的专利量从整体上可以反映该地区专利质押的活跃度。

从表2-3-1可以看出，2014年，北京市和广东省是全国专利质押活动最活跃的两个区域。事实也确实如此，据报道，2014年，普天信息技术研究院曾以其甄选的79件专利打包，以无形资产形式向银行申请抵押贷款，获得北京银行2亿元专利质押贷款和四五家银行的免担保贷款，由于普天信息技术研究院的主要技术集中于公网、政务网、企业网、移动互联网和信息安全等领域，因此，普天信息技术研究院以73件发明专利和1件实用新型专利打包，与北京银行股份有限公司世纪城支行签订的涉及74件专利的质押合同，直接反映在北京市通信领域的质押合同总量中。

此外，从各省市的对比来看，北京市通信领域专利权质押合同中发明专利占70%左右，大大高于全部领域的37%，由于通常来说，发明专利的创新程度和专利价值要高于实用新型，因此，可以看出北京市专利权质押合同的质押物的质量要大大高于全国平均水平。

与此相对，在广东省生效的专利权质押合同中，实用新型占70%左右，发明占30%。相对来说，中小型公司申请实用新型的比例更高些，因此，可以看出广东省签订专利权质押合同的主体大多为中小企业，并且这些中小企业中有八

---

① 方厚政. 我国专利质押融资发展区域差异和影响因素的实证分析［J］. 武汉金融, 2014（9）: 48-50.

成集中在深圳市的辖区范围内，因此也可以从中进一步得出结论：深圳市的中小型通信企业较为活跃，当然这与深圳市坐拥国内两大通信公司——华为技术有限公司、中兴通信有限公司有很大关系。

表 2-3-1 2014 年度通信领域专利质押合同登记数量排行

序号	省份	合同份数	专利数	每份质押合同平均专利数
1	北京市	51	184	3.61
2	广东省	50	140	2.80
3	江苏省	21	72	3.43
4	上海市	20	25	1.25
5	四川省	12	39	3.25
6	浙江省	12	14	1.17
7	陕西省	12	27	2.25
8	湖北省	9	19	2.11
9	山东省	7	28	4.00
10	福建省	6	19	3.17

表 2-3-2 2014 年各省市有效发明专利数量

序号	省份	专利数量/件
1	广东省	111 878
2	北京市	103 638
3	江苏省	81 114
4	上海市	56 515
5	浙江省	52 418
6	山东省	34 775
7	四川省	21 209
8	湖北省	18 825
9	辽宁省	18 417
10	陕西省	17 575

（二）排名前二十名出质人情况

在排名前二十的出质人中，除前面提到的普天信息技术研究院有限公司以 74 件专利的绝对优势位于首位之外，排名第二位是青岛百灵信息科技有限公司，四川新力光源股份有限公司和北京汇福康医疗技术有限公司并列第三。详见表2-2-3。

青岛百灵信息科技有限公司是中外合资股份有限公司，该企业是中小科技型企业的代表。为了解决在传统的金融质押中，会更多考虑享有抵押权的有形不动产和能够切实实现占有的有形动产，而科技型中小企业在上述两方面都不占有优势的问题，专利质押才应运而生。青岛市在这方面走在了前列，从该市发布的《2014年青岛市知识产权保护状况》白皮书就可看出，该市正在积极鼓励企业开展专利质押贷款，解决融资瓶颈问题。2014年青岛市已经帮助87家企业实现了知识产权质押组合贷款12.26亿元，并以此拉动银行知识产权质押组合贷款10亿元。青岛百灵信息科技有限公司无疑是上述政策的受益者。

表2-3-3 2014通信领域专利质押出质人排行前二十名

排名	出质人	质押件数/件	对应出质人
1	普天信息技术研究院有限公司	74	北京银行股份有限公司世纪城支行
2	青岛百灵信息科技有限公司	20	青岛高创科技融资担保有限公司、青岛华商汇通融资担保有限公司
3	四川新力光源股份有限公司	15	四川省经济技术融资担保中心、中国农业银行股份有限公司成都蜀都支行
4	北京汇福康医疗技术有限公司	15	杭州银行股份有限公司北京分行
5	江苏集云信息科技有限公司	13	中国农业银行股份有限公司无锡科技支行
6	常州联力自动化科技有限公司	13	江苏江南农村商业银行股份有限公司
7	北京美尔斯通科技发展股份有限公司；北京老村科技发展有限公司	12	北京海淀科技企业融资担保有限公司
8	咸阳广通电子科技有限公司	12	长安银行股份有限公司咸阳中华路支行
9	深圳市鑫金浪电子有限公司	11	深圳市兴业融资担保有限公司
10	深圳雅图数字视频技术有限公司	11	兴业银行股份有限公司深圳分行
11	叶友练	10	中国建设银行股份有限公司深圳南山支行
12	科立讯通信股份有限公司	10	深圳市高新投融资担保有限公司
13	广州奥迪通用照明有限公司	9	广东南普融资租赁有限公司
14	华移联科（沈阳）技术有限公司	8	沈阳融信达中小企业担保有限公司

排名	出质人	质押件数（件）	对应出质人
15	深圳市金宏威技术股份有限公司	8	深圳市中小企业信用融资担保集团有限公司
16	福建金钱猫电子科技有限公司	7	中国银行股份有限公司福州市晋安支行
17	常州市泛亚微透科技有限公司	7	中国工商银行股份有限公司常州分行
18	福建升龙数码通信技术有限公司	7	中国银行股份有限公司福州市市中支行
19	四川慧龙科技有限责任公司	6	成都高投融资担保有限公司
20	湖北牧马人网络技术股份有限公司	6	武汉农村商业银行股份有限公司光谷支行

（三）质权人情况

专利权质押根据是否需要第三方担保，可以将专利权质押贷款模式分为直接质押模式和间接质押模式。直接质押模式不需要第三方担保，通常以银行和小额贷款公司等债权人作为质权人；而间接质押模式需要第三方担保，因此通常以担保公司或债务人母公司等非银行机构作为质权人。

在2014年通信领域所涉及的134家质权人中，银行有91家，担保公司33家，小额贷款公司4家，基金管理公司1家，公司4家。总的来说，2014年通信领域的质押贷款模式以直接质押为主，间接质押为辅。详见表2-3-4、图2-3-2。

表2-3-4 2014年度通信领域质权人类型分布

质权人类型	专利数		合同数	
	数量/件	占比	数量/份	占比
银行	388	63.50%	121	55.50%
担保	202	33.06%	83	38.07%
公司	11	1.80%	7	3.21%
小额贷款	7	1.15%	5	2.29%

质权人类型	专利数		合同数	
	数量/件	占比	数量/份	占比
基金管理公司	2	0.33%	1	0.46%
个人	1	0.16%	1	0.46%

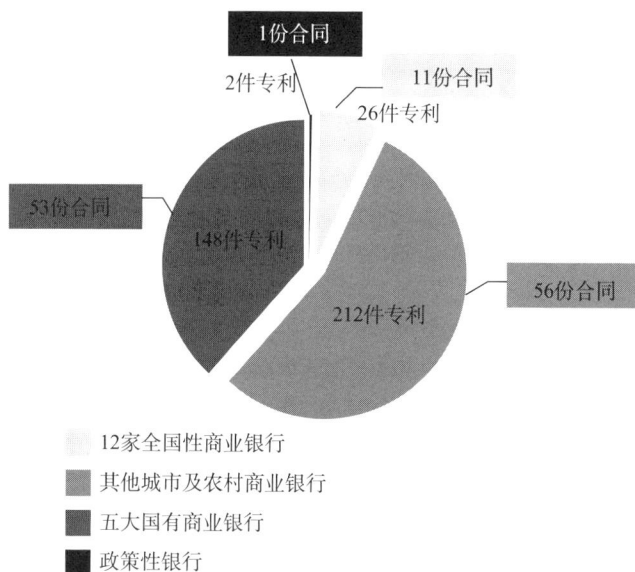

图2-3-2　2014年度通信领域银行类质权人类型分布

数据时间：法律状态公开（公告）日为2014年1月1日至2014年12月31日。

在上述银行类质权人中，国内广泛存在的政策性银行、商业银行、城市银行以及农村合作信用社等都参与了专利权质押贷款。其中，2014年，城市及农村商业银行共质押了212件通信领域的专利，占全部银行质押专利数量388件的55%，比五大国有商业银行所占的38%还多了17个百分点，由此可以看出，我国的城市及农村商业银行在专利权质押中发挥了极大的作用，当然这也与城市及农村商业银行的创建目的——为辖区内的企业和个体提供金融服务有很大关系。

（四）出质申请涉及的领域

纵观2014年通信领域的出质申请可以看出，通信领域进行专利权质押专利的申请处于前三位的领域分别是网络领域 H04L、移动领域 H04W 和图像领域 H04N，上述领域的专利分别占 2014 年出质申请的 19%、13% 和 10%。上述数据与通信领域各子领域的专利申请的总量相对应，两者之间呈正相关关系。详见图 2-3-3。

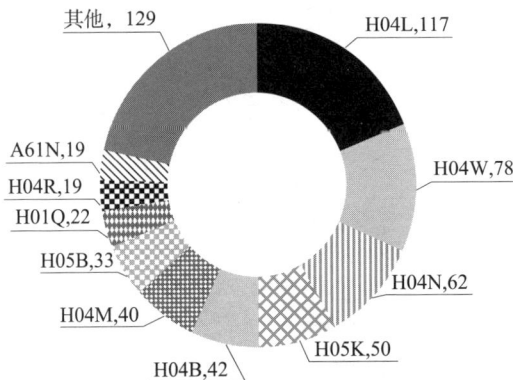

图 2-3-3　2014 年度通信领域出质专利领域

数据时间：法律状态公开（公告）日为 2014 年 1 月 1 日至 2014 年 12 月 31 日。

二、2015 年通信领域专利质押情况分析

2015 年，中国专利运营呈现出蓬勃发展的态势，无论是运营平台的数量，还是机构和基金的建立，还是专利运营活动的次数以及涉及的专利件数，均较前几年都有了较大的增长。2015 年通信领域的专利权质押涉及专利权项数 730 件，质押占通信领域专利运营整体的 4.44%。本节将对 2015 年通信领域的中国专利质押总体情况进行分析。

（一）2015 年通信领域专利质押次数和质押合同数量分析

如图 2-3-4 所示，从地区分布看，2015 年通信领域的专利质押次数最多的省份为北京市，共有 50 笔专利权质押合同登记生效，专利权项数为 181 件，占全年质押总数的 24.8%，其中登记号为 2015990000948 的专利权质押合同的专利权项数为 69 件，占北京市 2015 年通信领域专利权质押总件数的 25.9%，该专利权质押合同的出质人为普天信息技术有限公司，质权人为北京银行股份有限公司

世纪城支行。广东省和重庆市分别有 47 笔和 6 笔专利权质押合同登记生效，专利权项数分别为 127 件和 81 件，位居通信领域专利质押第二、第三位，其中值得注意是，重庆市的 81 件专利权项高度集中在 6 笔专利权质押合同中。北京市和广东省的专利权质押件数显著领先于其他省市，TOP3 的省市在通信领域的专利质押件数占全年总件数的 52.3%，而 TOP10 合计占中国全年总件数的 89.2%。与 2014 年相比，北京市和广东省两省市的排名未发生变化，保持第一、第二位；重庆上升 9 位，但是与 2014 年的 85 件相比，其专利质押件数不增反降；湖北省和福建省的排名略有上升，江苏省和四川省的排名略有下降，山东省的排名由 2014 年的第五位降至 2015 年的第九位。此外，2014 年位居第七位的上海市在 2015 年未进入 TOP10 名单，降至第十二位。

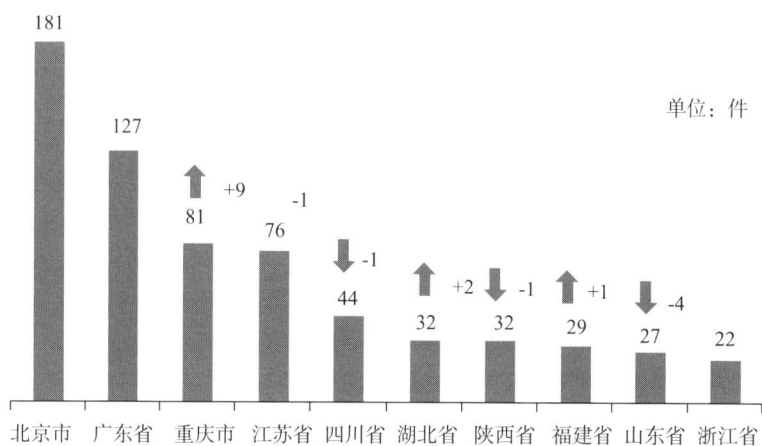

图 2-3-4　2015 年通信领域专利质押中国省市排行前十名

数据时间：法律状态公开（公告）日为 2015 年 1 月 1 日至 2015 年 12 月 31 日。

注：地域分布统计以质权人所在地为准。

如表 2-3-5 所示，从专利权质押合同登记数量来看，2015 年全国通信领域质押合同总数为 266 件，北京市以 50 件居全国第一，约占全国质押合同总数的 18.8%；广东省以 47 件紧随其后，江苏省和湖北省的登记合同数量分别为 22 件和 20 件，TOP5 的质押合同登记总数为 157 件，占全国质押合同总数的 59.0%；排行前十名中北京市的专利权项数为 181 件，所涉及的专利数最多，在排行前十名中平均一笔质押合同所包含的专利数也最多（3.6 件），广东省和江苏省两省所涉及的专利数仅次于北京市，平均一笔质押合同所包含的专利数分别达到 2.7

件和3.5件。此外，2015年通信领域平均一笔质押合同所包含的专利数最多的为重庆市（13.5件），但是其质押合同总数较低（6件）。相对来说，北京市、江苏省和广东省三地的专利质押合同倾向于"打包质押"，获得了较高的质押金额，尤其是出质人为普天信息技术有限公司，登记号为2015990000948的专利权质押合同，其专利权项数高达69件，是2015年通信领域涉专利权项数最多的专利质押合同。

表2-3-5 2015年通信领域专利质押登记合同省市排行前十名

排名	省（市）	涉及质押登记合同数量/份	涉及专利数/件
1	北京市	50	181
2	广东省	47	127
3	江苏省	22	76
4	湖北省	20	32
5	陕西省	18	32
6	山东省	16	27
7	福建省	16	29
8	浙江省	14	22
9	四川省	14	44
10	上海市	8	11

（二）2015年通信领域专利质押的出质人情况分析

与2014年的611件相比，2015年出质人质押的专利权件数增加了119件，普天信息技术有限公司、重庆重邮信科通信技术有限公司质押的专利权项数是分别位居第一、第二位，遥遥领先于其他出质人质押的专利权项数。如表2-3-6所示。排行前二十的出质人质押的专利权总和为334件，占全部质押专利权项数总和的45.8%。2015年通信领域的出质人排名前13位的出质人质押的专利权项数均大于10件，相对而言，该领域的出质人较多为中小型科技企业。2014年排行前二十出质人中有8家企业仍然出现在2015年排行前二十榜单中，这说明专利权质押融资持续开展；而2014年排名第二位的青岛百灵信息科技有限公司在2015年未进行专利权质押。这种排名上发生的较大变动可能与通信领域技术更新速度快、企业生存周期较短有一定关系。

表 2 - 3 - 6　2015 年通信领域专利质押出质人排行前二十名

排名	出质人	质押件数	对应质权人
1	普天信息技术有限公司	69	北京银行股份有限公司世纪城支行
2	重庆重邮信科通信技术有限公司	57	重庆重邮信科（集团）股份有限公司
3	重庆大唐科技股份有限公司； 重庆大唐测控技术有限公司	19	重庆三峡银行股份有限公司北部新区支行
4	四川新力光源股份有限公司	17	中国农业银行股份有限公司成都蜀都支行； 四川省金玉融资担保有限公司； 成都市高新区金坤小额贷款有限公司
5	南京紫米网络科技有限公司	16	南京银行股份有限公司珠江支行
6	广州桑瑞通信设备有限公司	16	招商银行股份有限公司广州远洋大厦支行
7	成都凯智科技有限公司	14	四川成都蒲江民富村镇银行有限责任公司； 贵阳银行股份有限公司成都分行
8	常州联力自动化科技有限公司	13	江苏江南农村商业银行股份有限公司
9	北京汇福康医疗技术有限公司	13	杭州银行股份有限公司北京分行
10	北京美尔斯通科技发展股份有限公司； 北京老村科技发展有限公司	12	北京海淀科技企业融资担保有限公司
11	深圳市鑫金浪电子有限公司	11	深圳市兴业融资担保有限公司
12	华移联科（沈阳）技术有限公司	11	北京传送科技有限公司； 沈阳融信达中小企业担保有限公司
13	盛科网络（苏州）有限公司	10	振华集团财务有限责任公司
14	天脉聚源（北京）传媒科技有限公司	9	北京中关村科技融资担保有限公司； 北京国华文创融资担保有限公司
15	西安海数多媒体技术有限公司	8	陕西省信用再担保有限责任公司
16	深圳市金宏威技术股份有限公司	8	深圳市中小企业融资担保有限公司
17	北京锐安科技有限公司	8	北京银行股份有限公司双秀支行； 中国建设银行股份有限公司北京中关村分行
18	南京中网卫星通信股份有限公司	8	南京银行股份有限公司珠江支行
19	中山市甘田电子机械设备有限公司	8	中山中盈产业投资有限公司
20	金钱猫科技股份有限公司	7	中国银行股份有限公司福州市晋安支行

（三）2015年通信领域专利质押的质权人情况分析

如图2-3-5所示，北京银行股份有限公司世纪城支行位列2015年通信领域专利权质押质权人排名第一位，涉及69件发明专利权质押，为普天信息技术有限公司提供专利权质押贷款。重庆重邮信科（集团）股份有限公司居第二位，涉及57件专利权质押，为重庆重邮信科通信技术有限公司提供专利权质押贷款。南京银行股份有限公司珠江支行居第三位，涉及28件专利权质押，为南京紫米网络科技有限公司等5家南京本地公司提供专利权质押贷款。

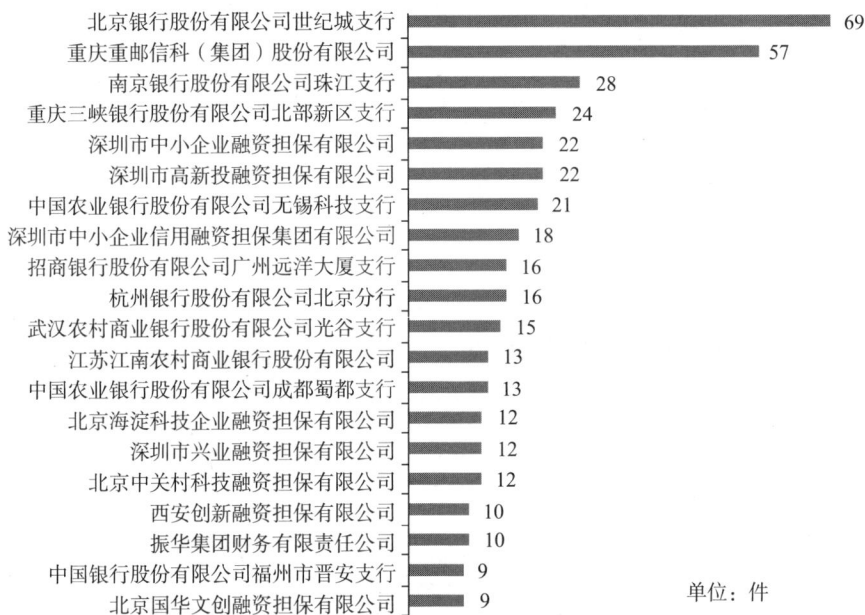

北京银行股份有限公司世纪城支行 69
重庆重邮信科（集团）股份有限公司 57
南京银行股份有限公司珠江支行 28
重庆三峡银行股份有限公司北部新区支行 24
深圳市中小企业融资担保有限公司 22
深圳市高新投融资担保有限公司 22
中国农业银行股份有限公司无锡科技支行 21
深圳市中小企业信用融资担保集团有限公司 18
招商银行股份有限公司广州远洋大厦支行 16
杭州银行股份有限公司北京分行 16
武汉农村商业银行股份有限公司光谷支行 15
江苏江南农村商业银行股份有限公司 13
中国农业银行股份有限公司成都蜀都支行 13
北京海淀科技企业融资担保有限公司 12
深圳市兴业融资担保有限公司 12
北京中关村科技融资担保有限公司 12
西安创新融资担保有限公司 10
振华集团财务有限责任公司 10
中国银行股份有限公司福州市晋安支行 9
北京国华文创融资担保有限公司 9

单位：件

图2-3-5 2015年专利权质押质权人排名前二十名

数据时间：法律状态公开（公告）日为2015年1月1日至2015年12月31日。

如图2-3-6所示，在2015年通信领域专利权质押的质权人分类中，银行位居第一，其中北京银行在各银行中参与专利权质押件数最多，共计87件，占全年质押总数的13.7%；其次为农业银行，参与专利权质押件数49件；南京银行为28件。这三家银行占全年质押专利总件数的22.5%；此外各类担保公司占26.0%，重庆重邮信科占7.8%。

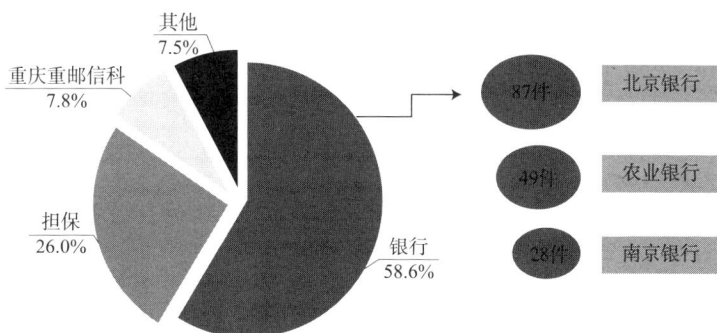

图 2－3－6　2015 年通信领域专利质押质权人类型分布

数据时间：法律状态公开（公告）日为 2015 年 1 月 1 日至 2015 年 12 月 31 日。

（四）2015 年通信领域专利质押各技术分支分析

2015 年通信领域专利质押分支领域中，IPC 大类为 H04L（纠错、加密、调制及交换网络）的技术分支以 153 件排名第一，占全年专利质押总量的 21.0%；H04W（无线通信网络）位列第二，涉及专利权共 96 件，占全年质押总量的 13.2%；H04N（图像编码、广播扫描、电视本身）、H04B（无线收发、卫星通信）、H05K（散热、电设备壳体）分列第三到第五位。排行前五位的分支领域共涉及专利权项数 311 件，占全年质押总量的 60.1%。详见图 2－3－7。

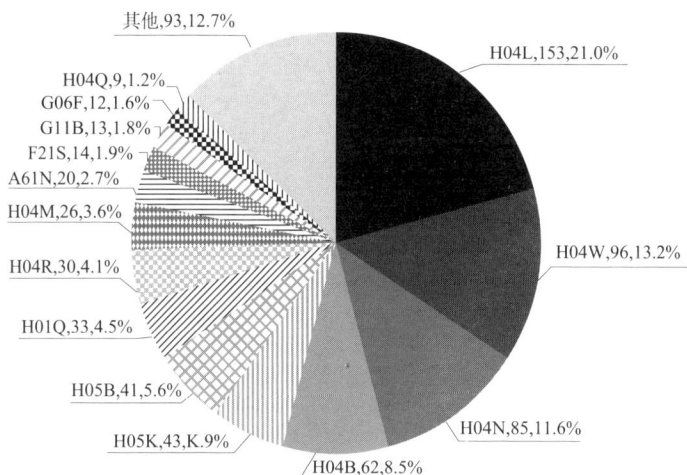

图 2－3－7　2015 年通信领域专利质押的分支领域占比情况

数据时间：法律状态公开（公告）日为 2015 年 1 月 1 日至 2015 年 12 月 31 日。

三、2016 年通信领域专利质押情况分析

2016 年，中国知识产权各项发展指标量质齐升，国内有效发明专利拥有量突破 100 万件，知识产权的"含金量"也明显提升，专利质押融资额达 436 亿元。在通信领域，2016 年专利权质押涉及专利权项数 504 件，占运营专利总数的 3.49%。本节将对 2016 年通信领域的中国专利质押总体情况进行分析。

（一）2016 年通信领域专利质押次数和质押合同数量分析

2016 年通信领域专利质押次数最多的省份为北京市，共有 43 份专利权质押合同登记生效，专利权项数为 150 件，占全年质押总数的 29.8%，其中登记号为 2016990000859 的专利权质押合同涉及专利权项数为 69 件，占当年该领域质押专利总数的 46%，出质人为普天信息技术有限公司，质权人为北京银行股份有限公司世纪城支行。广东省和江苏省分别有 37 份和 14 份专利权质押合同登记生效，涉及的专利权项数分别为 84 件和 42 件，位居通信领域专利质押第二、第三位。北京市和广东省的专利权质押件数显著领先于其他省市，TOP3 省市的质押专利件数占中国全年总件数的 54.8%，而 TOP10 质押专利件数之和占中国全年总件数的 89.7%。与 2015 年相比，北京市和广东省的排名未发生变化，保持第一、第二位；江苏省、四川省、山西省、山东省、福建省的排名分别上升一位，安徽省由 2015 年排名第十五位上升到 2016 年的第十位，湖北省则下降了三位。此外，2015 年位居第三位的重庆市在 2016 年未进入 TOP10 名单，其在通信领域的专利质押件数由 81 件下降至 8 件。详见图 2-3-8。

如表 2-3-7 所示，从专利权质押合同登记数量来看，2016 年全国通信领域质押合同总数为 231 份，北京市以 43 份居全国第一，占全国质押合同总数的 18.6%，广东省以 37 份紧随其后，陕西省和山东省的登记合同数量均为 20 份，表 2-3-7 中排行前五名的质押合同登记数量总数为 138 份，占全国质押合同总数的 59.7%；北京市质押专利 150 件，位居首位。在排行前二十中平均一份质押合同所包含的专利件数也最多（3.5 件），广东和江苏两省所涉及的专利件数仅次于北京，平均一笔质押合同所包含的专利数分别为 2.3 件和 3 件。此外，在各省市中，2016 年通信领域平均一份质押合同所包含的专利件数最多的为重庆市

（4 件），但是其质押合同总数较低，仅为 2 份。相对来说，北京市、广东省和江苏省三地的专利质押合同倾向于"打包质押"，获得了较高的质押金额，尤其是出质人为普天信息技术有限公司，登记号为 2016990000859 的专利权质押合同的专利权项数高达 69 件，是 2016 年通信领域所涉专利权项数最多的专利质押合同。

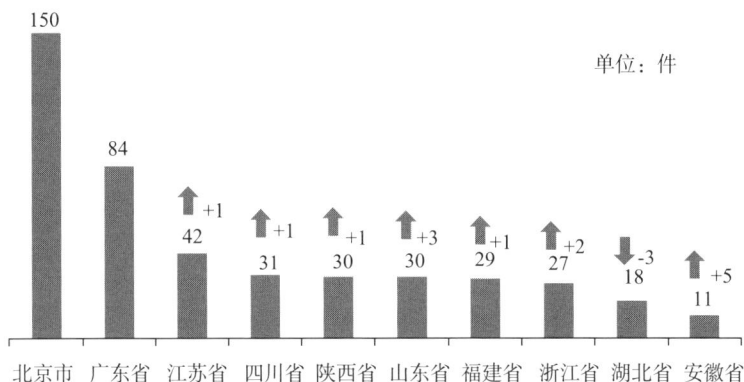

图 2 - 3 - 8　2016 年通信领域专利质押中国省市排行前十名

数据时间：法律状态公开（公告）日为 2016 年 1 月 1 日至 2016 年 12 月 31 日。

注：地域分布统计以质权人所在地为准。

表 2 - 3 - 7　2016 年通信领域专利质押登记合同省市排行前十名

排名	省（市）	涉及质押登记合同数量/份	涉及专利数/件
1	北京市	43	150
2	广东省	37	84
3	陕西省	20	30
4	山东省	20	30
5	浙江省	18	27
6	江苏省	14	42
7	湖北省	14	18
8	福建省	12	29
9	四川省	11	31
10	上海市	8	8

（二）2016 年通信领域专利质押的出质人情况分析

2016 年出质人质押的专利权件数与 2015 年相比没有明显增加，排名第一位的普天信息技术有限公司质押的专利权项数是位居第二位的广州市晶华精密光学股份有限公司的 2.5 倍，其质押专利数量与 2015 年持平，并遥遥领先于其他出质人质押的专利权项数。排名前二十名的出质人质押的专利权总和为 215 件，占全部质押专利权项数总和的 42.6%。2016 年，只有排名前六位的普天信息技术有限公司，广州市晶华精密光学股份有限公司，北京汇福康医疗技术股份有限公司，北京美尔斯通科技发展股份有限公司、北京老村科技发展有限公司，成都九华圆通科技发展有限公司，盛科网络（苏州）有限公司，其余出质人质押的专利权项数均小于 10 件，详见表 2－3－8。相对而言，该领域的出质人较多为中小型科技企业。

表 2－3－8　2016 年通信领域专利质押出质人排行前二十名

排名	出质人	质押件数	对应质权人
1	普天信息技术有限公司	69	北京银行股份有限公司世纪城支行
2	广州市晶华精密光学股份有限公司	28	中国建设银行股份有限公司； 广州经济技术开发区支行
3	北京汇福康医疗技术股份有限公司	15	杭州银行股份有限公司北京分行
4	北京美尔斯通科技发展股份有限公司； 北京老村科技发展有限公司	12	北京海淀科技企业融资担保有限公司
5	成都九华圆通科技发展有限公司	11	中国农业银行股份有限公司成都西区支行
6	盛科网络（苏州）有限公司	10	振华集团财务有限责任公司
7	西安海数多媒体技术有限公司	8	陕西省信用再担保有限责任公司
8	重庆金山科技（集团）有限公司	7	重庆三峡银行股份有限公司江北支行
9	金钱猫科技股份有限公司	7	中国银行股份有限公司福州市晋安支行
10	成都三泰控股集团股份有限公司	5	中国农业银行股份有限公司成都总府支行
11	无锡芯奥微传感技术有限公司	5	无锡产业发展集团有限公司
12	吉林中软吉大信息技术有限公司	5	交通银行股份有限公司吉林省分行
13	无锡乐可视智能科技有限公司	5	江苏银行股份有限公司无锡惠山支行
14	东莞市诺丽电子科技有限公司	4	东莞银行股份有限公司松山湖科技支行
15	福州宙斯盾信息技术有限公司	4	福建福州农村商业银行股份有限公司

排名	出质人	质押件数	对应质权人
16	青岛科恩锐通信息技术股份有限公司	4	青岛高创科技融资担保有限公司
17	四川立道通信技术有限公司	4	成都高投融资担保有限公司
18	山东启航电器有限公司	4	山东禹城农村商业银行股份有限公司
19	佛山市科瑞德电气科技有限公司	4	中国建设银行股份有限公司佛山市分行
20	安徽卓越电气有限公司	4	合肥高新融资担保有限公司

（三）2016 年通信领域专利质押的质权人情况分析

从图 2 - 3 - 9 中可以看出，北京银行股份有限公司世纪城支行在 2016 年通信领域专利权质押质权人排名中位居首位，涉及 69 件质押发明专利权，为普天信息技术有限公司提供专利权质押贷款。中国建设银行股份有限公司广州经济技术开发区支行居第二位，涉及 28 件专利权质押（发明专利 4 件，实用新型 24 件），为广州市晶华精密光学股份有限公司提供专利权质押贷款。深圳市高新投融资担保有限公司居第三位，涉及 23 件专利权质押（发明专利 14 件，实用新型 9 件），为深圳东微智能科技有限公司等 18 家公司提供专利权质押贷款。

如图 2 - 3 - 10 所示，2016 年，在通信领域的专利权质押中，五大国有银行涉及的质押专利件数最多，共计 232 件，占专利质押总件数的 46%。其中农业银行参与专利权质押件数 90 件，在各银行中排名第一，建设银行和北京银行分别为 74 件和 73 件，在各银行中位居第二、第三位，这三家银行占银行业全年质押专利总数的 47%。

（四）2016 年通信领域专利质押的各技术分支领域情况分析

如图 2 - 3 - 11 所示，2016 年在通信领域专利质押的分支领域中，IPC 大类为 H04L（纠错、加密、调制及交换网络）的技术分支以 96 件排名第一，占全年质押总量的 22.5%；H04N（图像编码、广播扫描、电视本身）领域位列第二，共涉及专利 77 件，占全年质押总量的 18.1%；H04B（无线收发、卫星通信）、H04W（无线通信网络）、H05K（散热、电设备壳体）分列第三到第五位。排行前五位的分支领域共涉及专利权项数 311 件，占全年质押总量的 61.7%。

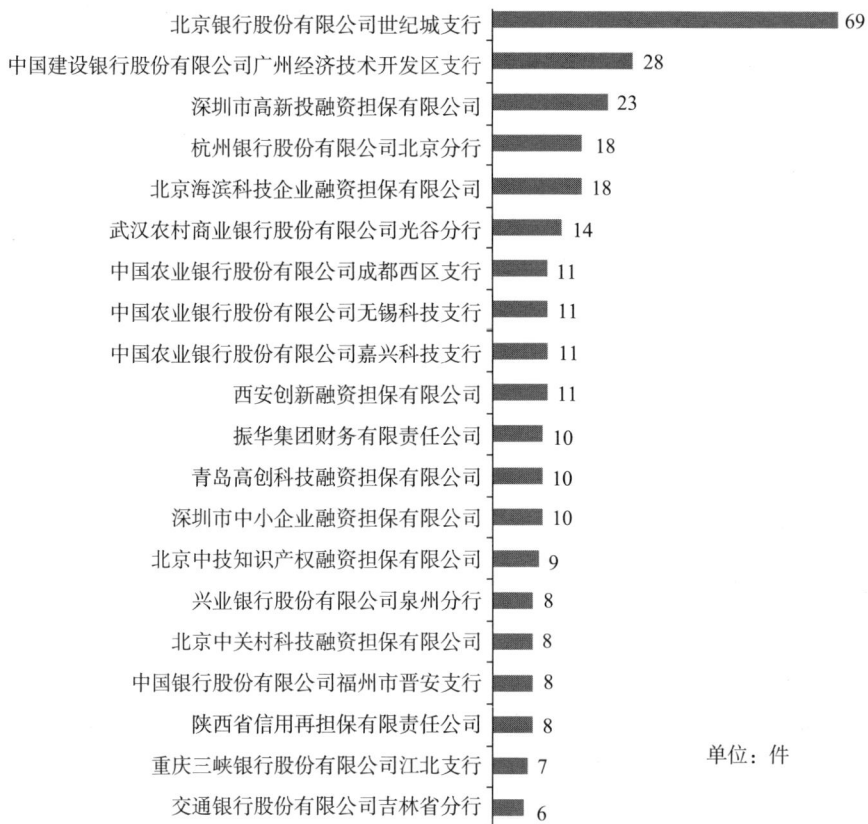

图 2－3－9　2016 年专利权质押质权人排名前二十名

数据时间：法律状态公开（公告）日为 2015 年 1 月 1 日至 2015 年 12 月 31 日。

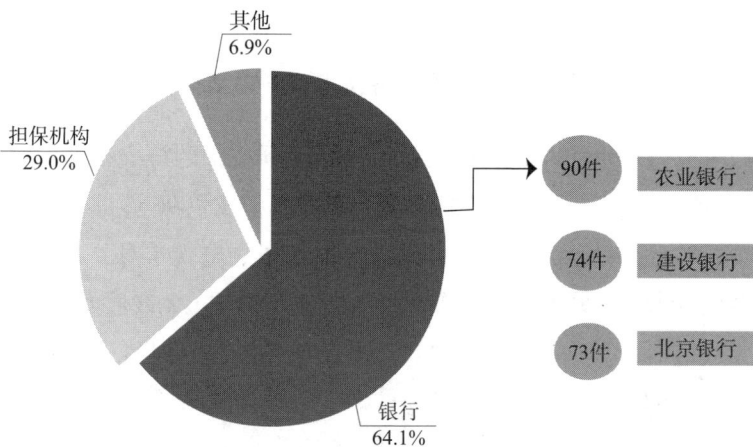

图 2－3－10　2016 年通信领域专利质押质权人类型分布

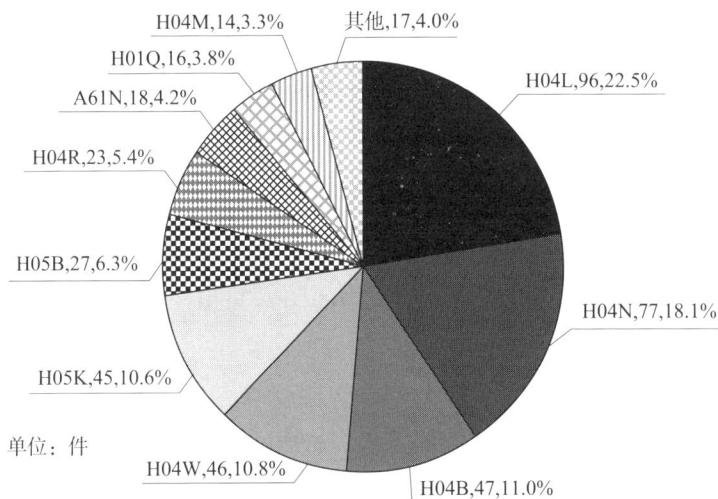

H04M,14,3.3%
其他,17,4.0%
H01Q,16,3.8%
A61N,18,4.2%
H04R,23,5.4%
H05B,27,6.3%
H05K,45,10.6%
单位：件
H04W,46,10.8%
H04B,47,11.0%
H04N,77,18.1%
H04L,96,22.5%

图 2 – 3 – 11　2016 年通信领域专利质押的分支领域占比情况

四、2014～2016 年通信领域专利质押情况小结

综合 2014～2016 年的专利质押数据来看，可以发现其专利质押情况具有如下特点。

1. 北京市、广东省的质押合同数量以及专利质押件数与其他省份的差距明显

寻求专利质押以获得融资的通常都是国内的中小企业，因此，在本节绘制的各项表单中未看到国外企业的身影，但从国内分布来看，北京市和广东省的专利质押合同数和质押专利的数量都要远远超过其他省市，而且与其他省市之间的差距明显，这当然与上述两省市具有较为开放、健全的质押贷款政策有一定关系；但是另一方面，从各省质押专利的数量与其有效发明数量的对比关系来看，发现二者呈正比关系，这说明专利质押合同还与各省的科技水平直接相关。

广东省 2016 年专利质押件数仅为 84 件，同时，江苏省、湖北省和四川省的专利质押件数相比 2015 年也有一定幅度的缩减。因此，2016 年通信领域的整体专利质押件数较 2015 年和 2014 年所有下降，上述情形或许与我国专利质押中因长期缺乏有效的评估机构，各银行和担保公司有所担心有关。据业内推测，2016年每件专利的质押贷款额度高达 174 万元，而根据 2014 年广东省多个国家级专利交易中心交易的专利价格，每件专利售价 2.34 万元，专利市场价和专利质押

价格相差近五六十倍，也使一些银行对专利权质押更加谨慎，审核更加严格。

对美国质押专利进行检索后发现，2015 年美国专利申请量为约 59 万件，专利质押数量约 8 万件，2016 专利质押量上升至 16 万件。相比之下，2014～2016 年我国专利的年均申请量达到了百万件，但同期质押专利量仅约 1 万件，毋庸置疑，我国的专利质押数量及质量较发达国家还有较大差距。相信随着国家知识产权局进一步推出相关政策，以保险公司的方式为专利质押融资提供更强担保，以及作为首个国家级知识产权评估认证机构的国专知识产权评估中心正式投入运营，各省市的专利质押融资工作将得到进一步发展。

2. 专利质押的出质人相对稳定，并有小幅变化

对比 2014～2016 年三年的数据发现，出质人在连续三年排名均位于 TOP20 的有 4 四家公司，它们分别是普天信息技术有限公司、北京汇福康医疗技术有限公司、北京美尔斯通科技发展股份有限公司及北京老村科技发展有限公司；出质人在 2014～2016 年中有两年位于出质人 TOP20 的有 7 家。该现象表明正是由于企业有较多的专利储备，该企业可以连续地运用其申请的专利进行专利质押，另一方面也表明相较于其他中小企业对专利权质押的陌生，这些企业已经可以熟练地运用相关专利质押政策来为自身融资。

3. 银行仍是较为主要的质权人

银行仍是专利质权的主体，2014～2016 年银行作为质权人接受质押的专利质量分别占通信领域 2014～2016 年质押专利总数的 63.5%、58.6% 和 64.1%，其中北京银行股份有限公司世纪城支行作为质权人由于对接了出质人普天信息技术有限公司，因此，三年来该支行质押的专利数量一直名列各大银行支行的首位。该行这三年的质押数据也显示，虽然该支行接受的质押专利量较多，但这三年专利质押仅规定在一份合同中，即 2014～2016 年，该支行仅为普天信息技术有限公司以六七十件专利打包的方式提供了质押贷款。从上述出质人相对固定的情形来看，各大银行还是较为习惯向熟悉的客户提供质押融资服务。

2014～2016 虽然城市及农村商业银行提供专利质押在总体质押中占比较五大国有商业银行要高，但从这三年的数据来看，五大国有商业银行中的农业银行和建设银行在不断破解专利评估不准确、处置难以及企业融资成本高三大困局，积极开拓质押融资业务。

4. 网络、移动、图像和无线领域是主要的出质领域

从 2014～2016 年的数据来看，网络领域的出质专利约占全部通信领域出质

专利的 20%，而且呈缓慢增长趋势。移动、图像和无线领域的专利质押在第二、第三位波动，这说明这几个领域是通信领域中较为活跃的领域，当然该占比关系也与通信领域的整体专利的数量大致相当。图像领域质押专利的比例在 2016 年增势明显，较 2015 年增长 6 个百分点左右，并在 2016 年跃至第二位，这说明图像领域在 2016 年成为企业融资较为集中的领域。

第四节　小　结

在通信领域的专利运营活动中，不同的 IPC 分类其活跃度也不同，最活跃的 IPC 领域是 H04L、H04N、H04W 和 H04B 领域，其专利运营量约占通信领域全部专利运营量的 70%。

一般而言，专利运营热度与技术活跃度之间呈正相关关系，同时也应该看到，技术活跃度虽在一定时间范围内具有持续性，但有时也会因某一项技术的突破而带来热度的急剧转换。如从 2014 年和 2016 年的许可数据中蓝光联合有限责任公司向中国 6 家企业分别许可近 4 700 次，但从领域热度来看，信息记录领域的总体专利申请量具有连年下降的趋势，因此，这也提醒本书在考虑领域活跃度时要综合领域的总体专利申请量来进行考察。

从交易主体看，无论是从转让人还是从许可人来看，虽然华为技术有限公司在 2015 年向苹果公司许可专利 804 件，打了一个漂亮的翻身仗，但总体来说，知识产权的转让和许可的总体流向还是从国外公司向国内公司流转，尤其是从美、日、芬兰三国向中国流入。通常来说，知识产权的技术流向总是从技术先进的国家流向技术相对落后的国家，所以这也说明，我国的通信技术较国外还有差距，但华为技术有限公司的许可事例也说明我国正在争夺通信领域技术上的主导权。

同时，从 2014～2016 年的专利运营情况来看，国外巨头纷纷建立自己的专业公司，对集团专利进行集中管理、维护和运营。这也反映了当前对企业的价值评价已经越来越从有形财产评价向无形财产评价过渡。

第三章 | **2014～2016 年通信领域运营专利的技术分析**

第一节　转让专利的技术分析

2014～2016 年，通信领域的专利转让共 37 700 次，涉及网络无线领域、图像传输领域、手机终端领域、声电领域、微波天线领域、电设备结构零部件领域、信息记录领域、医疗器械领域、电热照明领域及其他技术领域。如表 3－1－1 所示，网络无线领域转让次数最多，高达 16 413 次，占总量的 40% 以上。本节即对上述领域的专利转让情形展开分析。

表 3－1－1　2014～2016 年通信领域各技术分支领域转让数据

技术领域	分类号	转让次数/次
网络无线领域	H04L、H04W、H04B、H04Q、H04J	16 413
图像传输领域	H04N	6 513
手机终端领域	H04M	1 701
声电领域	H04R	1 286
微波天线领域	H01Q、H01P	1 874
电设备结构零部件领域	H05K	1 732
信息记录领域	G11B	1 121
医疗器械领域	A61N	252
电热照明领域	H05B	1 341
其他技术领域	G06F 等	5 467
总计		37 700

一、网络无线领域

网络天线领域主要包括网络领域、无线通信领域、信号传输领域、选择通信领域、多路复用通信领域，下述对上述领域的专利转让情况展开分析。

（一）网络领域（H04L）

1. 网络领域的专利转让数据

2014～2016 年，网络领域，即 IPC 分类号为 H04L（数字信息的传输，如电报通信）的专利转让次数共计 8 235 次。

如图 3－1－1 所示，网络领域中，发明专利转让 7 754 次，约占总量的 94%；实用新型专利转让 481 次，约占总量的 6%。

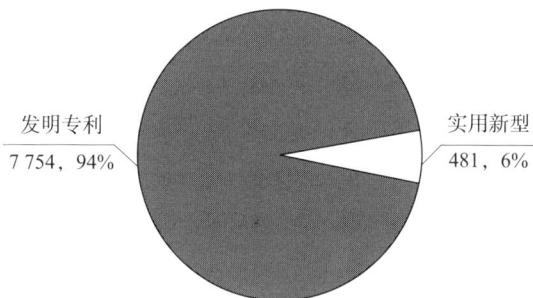

发明专利
7 754，94%

实用新型
481，6%

图 3－1－1　2014～2016 年网络领域专利转让涉及专利类型分布

2. 网络领域的专利转让相关技术

根据 IPC 分类号的大组来进行进一步的细分，如图 3－1－2 所示，可见在网络领域的转让数据呈四级阶梯状，其中 H04L 29/00（H04L 1/00 至 H04L 27/00 单个组中不包含的装置、设备、电路和系统）和 H04L 12/00（数据交换网络）大组下的转让次数分别为 2 853 次和 2 704 次，构成第一梯队；H04L 1/00（检测或防止收到信息中的差错的装置）、H04L 9/00（保密或安全通信装置）和 H04L 27/00（调制载波系统）大组下的转让次数分别为 784 次、741 次和 610 次，构成第二梯队；H04L 25/00（基带系统）、H04L 5/00（为传输通道提供多用途的装置）和 H04L 7/00（使接收机与发射机同步的装置）大组下的转让次数分别为

271 次、154 次和 112 次，构成第三梯队；H04L 15/00（发送或接收"点划电码"的设备或局部电路，例如莫尔斯电码）和 H04L 17/00（用于发送或接收电码的设备或局部电路，其中每个字符用相同数目的等长码元表示，例如波特码）大组下的转让次数分别为 4 次和 2 次，数量非常少，构成第四梯队。此外，H04L 13/00（由 H04L 15/00 或 H04L 17/00 组所包含的设备或电路的零部件）、H04L 19/00（用于步进制系统的设备或局部电路）、H04L 21/00（用于镶嵌式打印机电报系统的设备或局部电路）、H04L 23/00（H04L 15/00 至 H04L 21/00 各组未包括的电信系统的设备或局部电路）这四个大组没有专利发生转让。可见上述涉及数据交换网络、通信控制和处理的相关技术的第一梯队活跃度最高，涉及电码收发的设备或局部电路的相关技术的第四梯度活跃度较低，而上述没有专利发生转让的四个大组涉及的收发电码、步进制系统、电报系统的设备或局部电路的技术，由于技术相对落后，申请量较小，活跃度非常低。

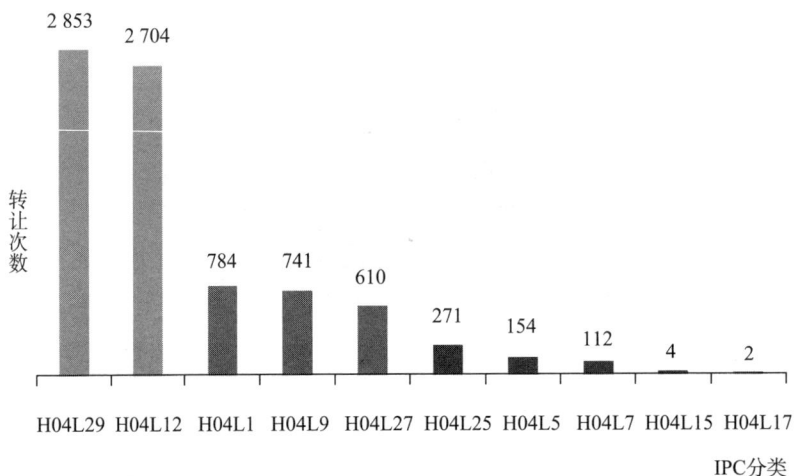

图 3-1-2　2014～2016 年网络领域各技术分支转让数量统计

（二）无线通信领域（H04W）

1. 无线通信领域的专利转让数据

2014～2016 年，无线通信领域，即 IPC 分类号主分类号的小类为 H04W（无线通信网络）的专利转让次数共计 4 130 次。

如图 3-1-3 所示，在无线通信领域中，发明专利发生 3 939 次，约占总量的 95%；实用新型专利转让 191 次，约占总量的 5%。与网络领域占比情况类似。

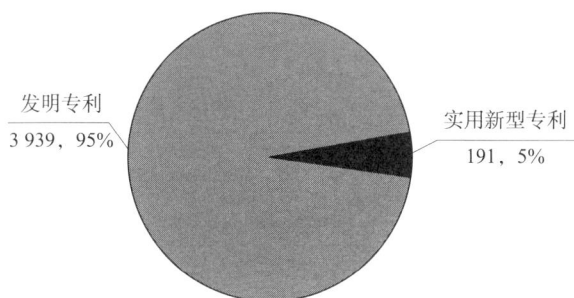

图 3－1－3 2014～2016 年无线通信领域专利转让

涉及专利类型分布

2. 无线通信领域的专利转让相关技术

H04W 这一小类是 2009 年由 H04Q7/00 这个大组进一步细分后形成的。由于生成时间较新，对于技术的划分更为细致、合理，因此在 H04W 小类下，除了 H04W99/00（本小类其他各组中不包括的技术主题）之外，其余 21 个大组均有专利转让数据，各个大组对应的技术分支内容参见表 3－1－2。

表 3－1－2 无线通信领域各 IPC 分类号大组对应的技术分支内容

排名	IPC 分类号大组	对应的技术分支内容
1	H04W4/00	专门适用于无线通信网络的业务或设施
2	H04W72/00	本地资源管理，例如，无线资源的选择或分配或无线业务量调度
3	H04W88/00	专门适用于无线通信网络的设备，例如，终端、基站或接入点设备
4	H04W24/00	监督，监控或测试装置
5	H04W36/00	切换或重选装置
6	H04W28/00	网络业务量或资源管理
7	H04W52/00	功率管理，例如，TPC［传输功率控制］，功率节省或功率分级
8	H04W16/00	网络规划，例如覆盖或业务量规划工具；网络配置，例如资源划分或小区结构
9	H04W8/00	网络数据管理
10	H04W48/00	接入限制；网络选择；接入点选择

排名	IPC 分类号大组	对应的技术分支内容
11	H04W12/00	安全装置，如接入安全或欺诈检测；鉴权，如检验用户身份或权限；保密或匿名
12	H04W76/00	连接管理，如连接建立，操作或释放
13	H04W64/00	为了网络管理的目的，如移动性管理，定位用户或终端
14	H04W84/00	网络拓扑
15	H04W56/00	同步装置
16	H04W74/00	无线信道接入，如调度接入或随机接入
17	H04W40/00	通信路由或通信路径查找
18	H04W68/00	通知用户，例如提醒通信到来或业务改变
19	H04W60/00	注册，如加入网络；撤消注册，如终止加入
20	H04W80/00	无线网络协议或对于无线操作的协议适应，例如，WAP［无线应用协议］
21	H04W92/00	网络互连装置

其中以 H04W4/00（专门适用于无线通信网络的业务或设施）这一技术分支表现最为突出，该大组下转让专利达 638 次，位居榜首，该大组中包含多个当前较热门的小组，例如 H04W4/12（消息传送，例如 SMS［短消息业务］；邮箱；通告，例如，通知用户通信请求的状态或进展）、H04W4/18（信息格式或内容转换，例如，为了向用户或终端无线传送的目的，由网络对发送或接收的信息进行适应修改）、H04W 4/24（计费或收费）等；大组 H04W72/00（本地资源管理，例如，无线资源的选择或分配或无线业务量调度）、H04W88/00（专门适用于无线通信网络的设备，例如，终端、基站或接入点设备）、H04W 24/00（监督，监控或测试装置）和 H04W 36/00（切换或重选装置）分别位列第二至第五位，转让次数均大于 300 次。详见图 3 − 1 − 4。

（三）信号传输领域（H04B）

1. 信号传输领域的专利转让数据

2014 ~ 2016 年，信号传输领域，即 IPC 分类号的主分类号的小类为 H04B（传输）的专利转让次数共计 2 525 次。

如图 3 − 1 − 5 所示，信号传输领域中，发明专利转让 2 122 次，约占总量的 84%；实用新型专利转让 403 次，约占总量的 16%。

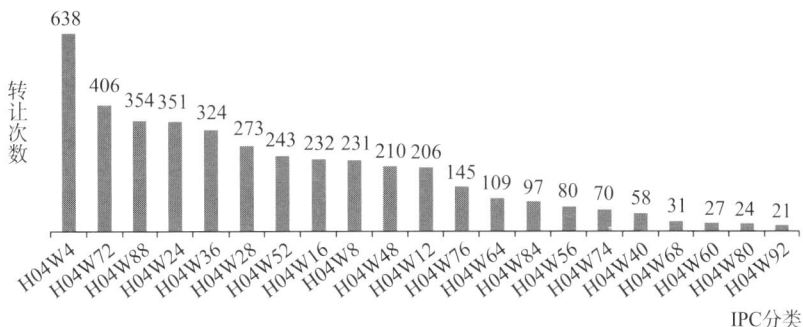

图 3-1-4　2014～2016 年无线通信领域各技术分支转让数量统计

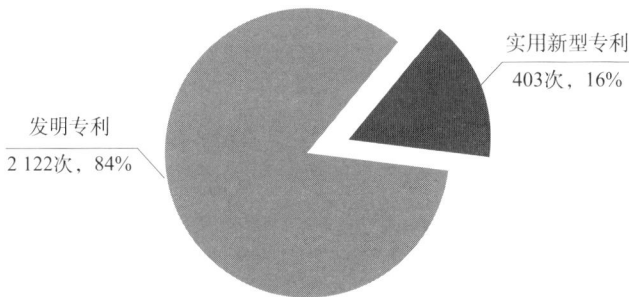

图 3-1-5　2014～2016 年信号传输领域专利转让涉及专利类型分布

2. 信号传输领域的专利转让相关技术

在 H04B 小类下，所有 10 个大组均有专利转让数据，如图 3-1-6 所示。与网络领域的情况较为类似，根据 IPC 分类号的大组来进行进一步的细分，信号传输领域的转让数据同样呈四级阶梯状，其中 H04B1/00（不包含在 H04B3/00 至 H04B13/00 单个组中的传输系统的部件；不以所使用的传输媒介为特征区分的传输系统的部件）和 H04B7/00（无线电传输系统，即使用辐射场的）大组下的转让次数分别为 859 次和 810 次，构成第一梯队；H04B 10/00［利用无线电波以外的电磁波（如红外线、可见光或紫外线）或利用微粒辐射（如量子通信）的传输系统］大组下的转让次数分别为 401 次，构成第二梯队；H04B 17/00（监控；测试）、H04B 3/00（有线传输系统）和 H04B 5/00（近场传输系统，如感应环型的）大组下的转让次数分别为 151 次、135 次和 115 次，构成第三梯队；H04B15/00（噪声或干扰的抑制或限制）、H04B11/00（使用超声波、声波或次

声波的传输系统）、H04B 14/00（不以传输媒介为特征区分的传输系统）和
H04B 13/00（不包含在 H04B 3/00 至 H04B 11/00 各组中的，以传输媒介为特征
区分的传输系统）大组下的转让次数分别为 28 次、13 次、7 次和 6 次，数量非
常少，构成第四梯队。

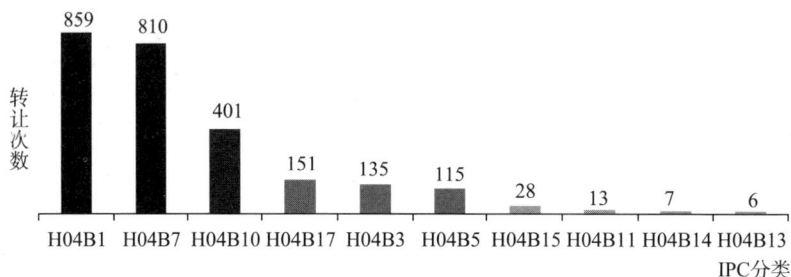

图 3 - 1 - 6　2014～2016 年信号传输领域各技术分支转让数量统计

（四）选择通信领域（H04Q）

1. 选择通信领域的专利转让数据

2014～2016 年，选择通信领域，即 IPC 分类号的主分类号的小类为 H04Q
（选择）的专利转让次数共计 1 086 次。

如图 3 - 1 - 7 所示，选择通信领域中，发明专利转让 1 041 次，约占总量的
96%；实用新型专利转让 45 次，约占总量的 4%。与网络领域、无线通信领域占
比情况类似。

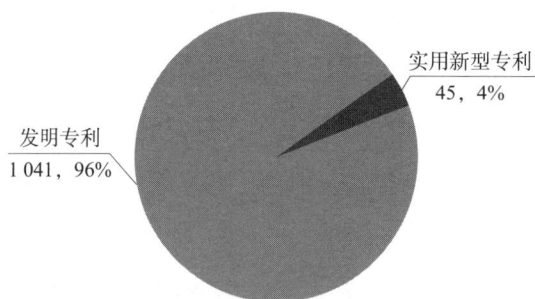

图 3 - 1 - 7　2014～2016 年选择通信领域专利转让涉及专利类型分布

2. 选择通信领域的专利转让相关技术

在 2009 年发布的 IPC 分列表中，H04Q7/00 大组全部转入 H04W4/00 至

H04W99/00，但是由于转让登记日期在 2014～2016 年的专利，其授权日可能在 2009 年之前，因此 H04Q7/00 大组下仍有相当数量的转让数据。在 H04B 小类下，所有 6 个大组均有专利转让数据，如图 3－1－8 所示。其中 H04Q 7/00（通过无线电链路或感应链路连接用户的选择装置）大组下转让次数最多，为 867 次，以较大优势位居榜首；其次是 H04Q 11/00（多路复用系统的选择装置）大组，转让次数为 104 次；H04Q 1/00（选择设备或装置的零部件）、H04Q 9/00（用于从主局选择地呼叫一个分局的遥控或遥测系统的装置，在主局选出分局所需的设备是为了向它发出控制信号或从它获得测量值）、H04Q 5/00（两个或两个以上用户站由同一线路连接到交换机的选择装置）和 H04Q 3/00（选择装置）大组下的转让次数相差不多，分别为 31 次、29 次、29 次和 26 次。

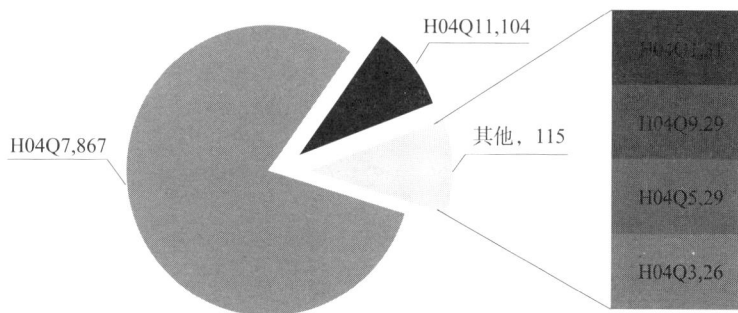

图 3－1－8　2014～2016 年选择通信领域各技术分支转让数量统计

（五）多路复用通信领域（H04J）

1. 多路复用通信领域的专利转让数据

2014～2016 年，多路复用通信领域，即 IPC 分类号的主分类号的小类为 H04J（多路复用通信）的专利转让次数共计 437 次。

如图 3－1－9 所示，多路复用通信领域中，发明专利转让 431 次，约占总量的 99%；实用新型专利转让 6 次，约占总量的 1%。可见，在多路复用通信领域的专利转让中，发明专利的占比远大于实用新型。

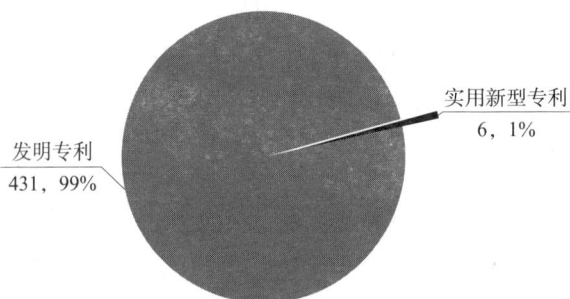

实用新型专利
6，1%

发明专利
431，99%

图 3 - 1 - 9　2014～2016 年多路复用通信领域专利转让涉及专利类型分布图

2. 多路复用领域的专利转让相关技术

在 2009 年发布的 IPC 分列表中，H04J 15/00 大组全部转入 H04J 99/00，但是由于转让登记日期在 2014～2016 年间的专利，其授权日可能在 2009 年之前，因此 H04J 15/00 大组下仍有部分转让数据。在 H04J 小类下，所有 10 个大组均有专利转让数据，如图 3 - 1 - 10 所示。其中转让次数最多的三个大组为 H04J 11/00（正交多路复用系统）、H04J 13/00（码分多路复用系统）和 H04J 3/00（时分多路复用系统），转让次数分别为 123 次、112 次和 97 次；其次是 H04J 99/00（本小类其他各组中不包括的技术主题）和 H04J 14/00（光多路复用系统），转让次数分别为 47 次和 44 次；H04J 1/00（频分多路复用系统）、H04J 4/00（时分和频分相结合的多路复用系统）、H04J 9/00（以载波的不同调制类型代表各信道的多路复用系统）、H04J 7/00（以各信道信号的幅度或持续时间为这些信道特征的多路复用系统）和 H04J 15/00（其他类目不包含的多路复用系统）这 5 个大组涉及的转让次数均在 10 次以内，数量较少。

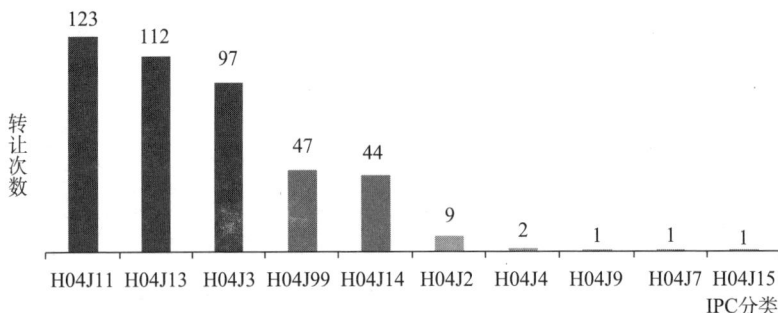

图 3 - 1 - 10　2014～2016 年多路复用通信领域各技术分支转让数量统计

二、图像传输领域

1. 图像传输领域的专利转让数据

2014～2016 年，图像传输领域，即 IPC 分类号的主分类号的小类为 H04N（图像通信，如电视）的专利转让共计 6 513 次。

如图 3-1-11 所示，图像传输领域中，发明专利转让 5 607 次，约占总量的86%；实用新型专利转让 906 次，约占总量的 14%。

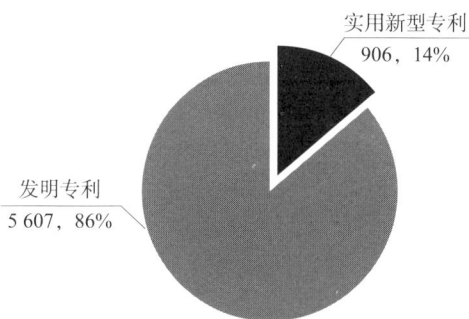

图 3-1-11 2014～2016 年图像传输领域专利
转让涉及专利类型分布

2. 图像传输领域的专利转让相关技术

在 H04N 小类下，所有 11 个大组均有专利转让数据，如图 3-1-12 所示。

其中以 H04N 5/00（电视系统的零部件）这一技术分支表现最为突出，该大组下专利转让达 2 266 次，位居榜首；大组 H04N 7/00（电视系统）和H04N 21/00〔可选的内容分发，如交互式电视，或视频点播〔VOD〕〕分列第二和第三位，专利转让均超过 1 000 次；随后是 H04N19/00（用于数字视频信号编码，解码，压缩或解压缩的方法或装置）、H04N 13/00（立体电视系统；其零部件）、H04N 1/00（文件或类似物的扫描、传输或重现，如传真传输；其零部件）、H04N 9/00（彩色电视系统的零部件）、H04N 17/00（电视系统或其部件的故障诊断、测试或测量），专利转让次数分别为 432 次、296 次、283 次、163 次和 84 次；最后是 H04N 11/00（彩色电视系统）、H04N 3/00（电视系统的扫描部件；其与供电电压产生的组合）和 H04N 15/00（立体彩色

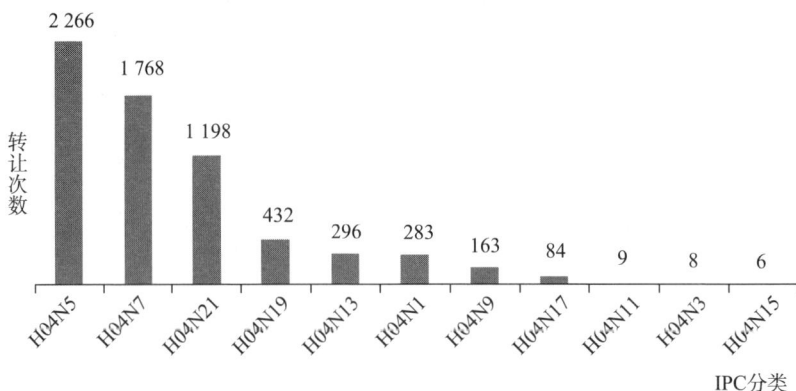

图 3 - 1 - 12 2014～2016 年图像传输领域各技术分支转让数量统计

电视系统；其零部件），转让次数均只有个位数，相对数量较少。可见，涉及电视系统以及交互式电视的相关技术活跃度较高，视频信号编解码、文件重现、故障诊断等相关技术活跃度中等，而涉及彩色电视、扫描部件的相关技术活跃度较低。

三、手机终端领域

1. 手机终端领域的专利转让数据

2014～2016 年，手机终端领域，即 IPC 分类号的主分类号的小类为 H04M（电话通信）的专利转让共计 1 701 次。其中，发明专利转让 1 131 次，约占总量的 66%；实用新型专利转让 570 次，约占总量的 34%。详见图 3 - 1 - 13。

2. 手机终端领域的专利转让相关技术

在 H04M 小类下，除了 H04M 5/00（人工交换台）和 H04M 99/00（本小类其他组不包含的技术主题）大组下无转让数据，其余 9 个大组均有专利转让数据，如图 3 - 1 - 14 所示。其中 H04M 1/00（分局设备，如用户使用的）大组下专利转让高达 1 358 次，占手机终端领域转让次数总量的 80%，位居第一；H04M 3/00（自动或半自动交换局）和 H04M 11/00（专门适用于与其他电系统组合的电话通信系统）大组下的转让次数分别为 151 次和 99 次，分别位列第二和第三位；H04M 7/00（交换中心之间的互连装置）、H04M 9/00（不包括集中交换的互连装置）、H04M 15/00（计量时间控制或

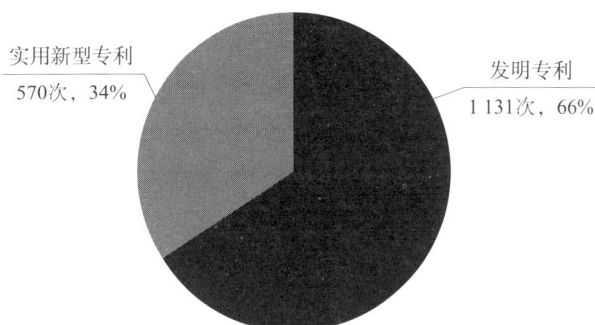

**图 3－1－13 2014～2016 年手机终端领域专利
转让涉及专利类型分布**

时间指示装置）、H04M 19/00（电话系统的电流供给装置）、H04M17/00
（预付费电话系统）以及 H04M 13/00（同线电话系统）大组下的转让次数
较少，均低于 30 次。可见，手机终端领域最热门的技术分支是对于终端设
备本身的改进，例如小组 H04M 1/725（无绳电话机）；而涉及人工交换台相
关的技术，随着技术的发展几乎很少采用了，因此没有涉及人工交换台技术
分支的转让数据。

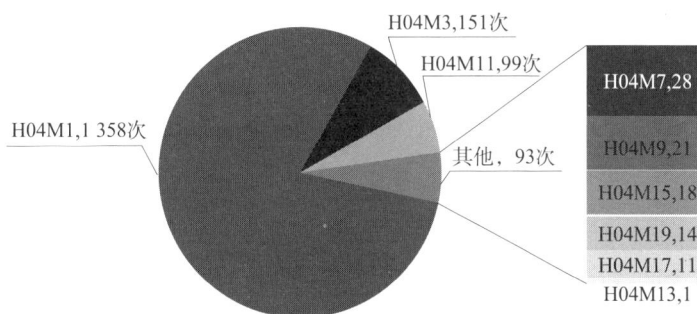

图 3－1－14 2014～2016 年手机终端领域各技术分支转让数量统计

四、声电领域

1. 声电领域的专利转让数据

2014～2016 年，声电领域，即 IPC 分类号的主分类号的小类为 H04R（扬声

器、传声器、唱机拾音器或其他声—机电传感器；助听器；扩音系统）专利转让次数共计 1 286 次。其中，发明专利与使用新型专利转让次数相当，发明专利转让 602 次，占总量的 47%；实用新型专利发生转让 684 次，占总量的 53%。详见图 3 - 1 - 15。

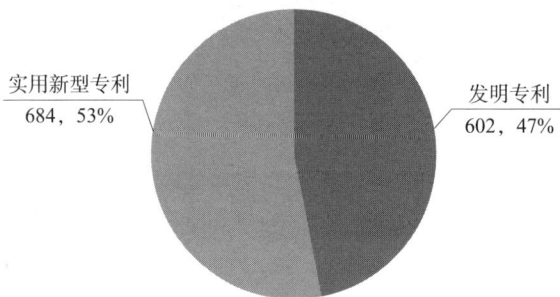

图 3 - 1 - 15　2014 ~ 2016 年声电领域专利
转让涉及专利类型分布

2. 声电领域的专利转让相关技术

在 H04R 小类下，除了 H04R 21/00（可变电阻传感器）大组下无转让数据，其余 9 个大组均有专利转让数据，如图 3 - 1 - 16 所示。其中 H04R 1/00（传感器的零部件）大组下专利转让高达 654 次，约占声电领域转让次数总量的 50%，位居第一；H04R3/00（用于传感器的电路）和 H04R9/00（动圈、动片或动线型传感器）大组下的专利转让次数分别为 188 次和 120 次，位列第二和第三；H04R 7/00（机电传感器的振膜）、H04R 5/00（立体声装置）、H04R 19/00（静电传感器）、H04R 25/00（助听器）以及 H04R17/00（压电传感器；电致伸缩传感器）大组下的转让次数在 30 ~ 60 次，其余 H04R 31/00（专用于制造传感器或其所用振膜的设备或方法）、H04R 29/00（监控设备；测试设备）、H04R 27/00（扩音系统）、H04R 11/00（运动衔铁或运动铁芯型传感器）、H04R 23/00（H04R 9/00 - H04R 21/00 各组不包含的传感器）、H04R 13/00（具有直接与电磁铁共同动作的可磁化材料的声学振膜的传感器）、H04R 15/00（磁致伸缩传感器）大组下的转让次数均低于 30 次。可见，声电领域最热门的技术分支是对于传统声电器件结构上的改进，从而适应于手机等电子器件的发展。

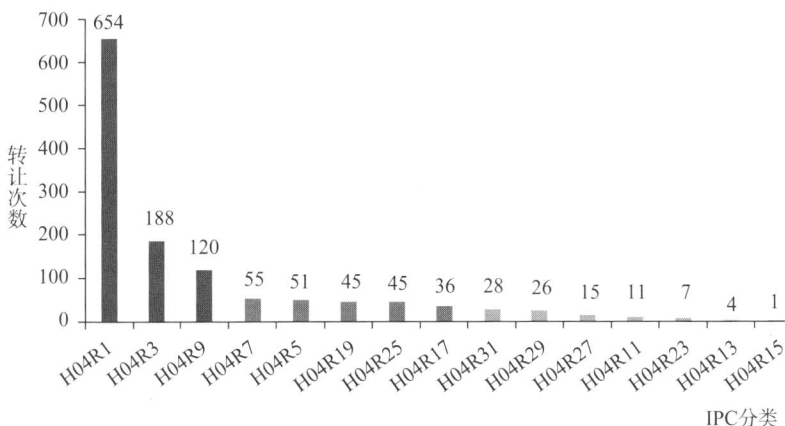

图 3 - 1 - 16　2014～2016 年声电领域各技术分支转让数量统计

五、微波天线领域

微波天线领域主要分为天线领域，即 IPC 分类的主分类号的小类为 H01Q（天线）及微波领域，即 IPC 分类的主分类号的小类为 H01P（波导；谐振器、传输线或其他波导型器件）两部分，2014～2016 年，微波天线领域专利转让数据共计 1 874 次，天线领域占据了总量的 81%。详见图 3 - 1 - 17。

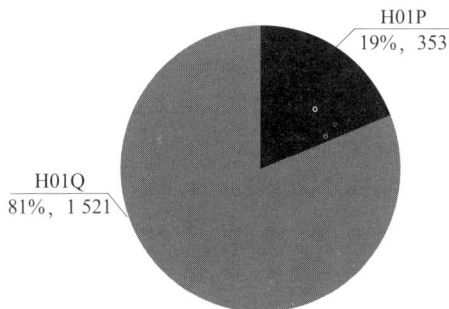

图 3 - 1 - 17　2014～2016 年微波天线领域

各技术分支转让数量统计

（一）天线领域（H01Q）

1. 天线领域的专利转让数据

2014～2016 年，天线领域专利转让共计 1 521 次。其中，发明专利转让 953 次，约占总量的 63%；实用新型专利转让 568 次，约占总量的 37%。详见图3 - 1 - 18。

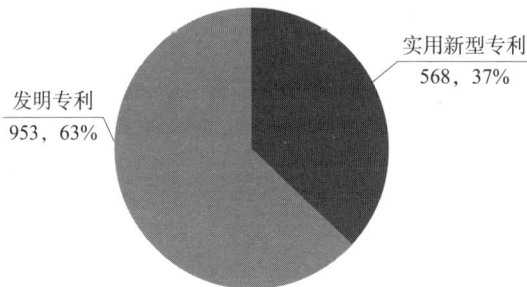

图 3 - 1 - 18 2014～2016 年网络领域专利转让

涉及专利类型分布

2. 天线领域的专利转让相关技术

根据 IPC 分类号大组来进行细分，如图 3 - 1 - 19 所示，在天线领域的专利转让数据中，H01Q 1/00（天线零部件或与天线结合的装置）占比最高，其转让次数为 951 次，占天线领域转让数据总量的 60% 以上；H01Q 15/00（用于对天线辐射波进行反射、折射、绕射或极化的装置，例如准光学装置）、H01Q 21/00（天线阵或系统）和 H01Q 3/00（改变天线或天线系统辐射波的指向或方向图形的装置）大组下的转让次数分别为 150 次、107 次和 84 次，分别位居第二、第三、第四位；其余各大组下的相关技术活跃度较低，H01Q 19/00（一次有源天线单元和部件与二次装置的组合，例如与准光学装置的组合，使天线具有所需的方向特性）、H01Q13/00（波导型喇叭或开口；隙缝天线；漏波导天线；沿着导引波传输的途径辐射的等效结构）、H01Q 5/00（使天线同时工作在两个或两个以上不同波段的装置）、H01Q 9/00（尺寸不大于工作波长两倍并由到点有源辐射单元组成的电气短天线）、H01Q 7/00（环形天线）、H01Q 23/00（具有有源电路或电路元件的天线，该电路或元件整合在天线内或附装在天线上）、H01Q17/00（吸收天线辐射波的装置；这种装置与有源天线单元或系统的组合）、H01Q11/00

（具有大于最短工作波长两倍的由导电有源辐射单元组成的电气长天线）及 H01Q25/00（至少有两个辐射图形的天线或天线系统）大组下的转让次数均低于 60 次，其中 H01Q 17/00、H01Q 11/00 与 H01Q 25/00 大组下的转让次数仅为个位数。由此可见，天线领域涉及天线零部件或天线组合的装置的技术最为活跃。

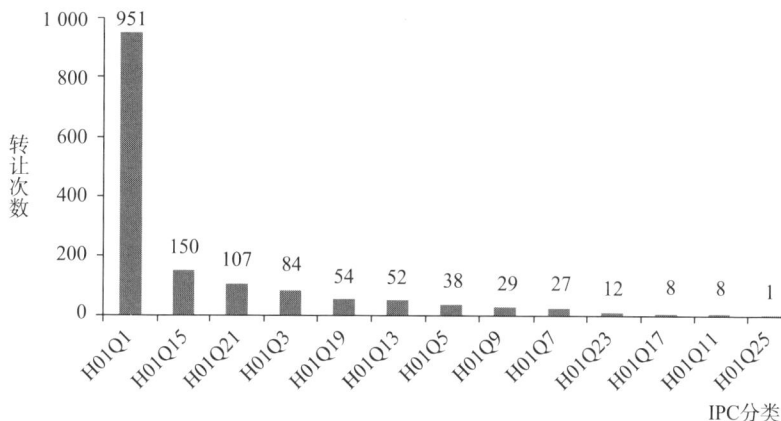

图 3-1-19 2014~2016 年天线领域各技术分支转让数量统计

（二）微波领域（H01P）

1. 微波领域的专利转让数据

2014~2016 年，微波领域专利转让共计 353 次，其中发明专利转让 254 次，约占总量的 72%；实用新型专利转让 99 次，约占总量的 28%。详见图3-1-20。

2. 微波领域的专利转让相关技术

在微波领域的专利转让数据中，以 H01P1/00（辅助器件）这一技术分支表现最为突出，该大组下专利转让 158 次，位居榜首；其次是 H01P 5/00（波导型耦合器件），该大组下转让 99 次；H01P 7/00（波导型谐振器）大组下专利转让 52 次，位居第三位；H01P 3/00（波导；波导型传输线）、H01P 11/00（专用于制造波导或谐振器、传输线或其他波导型器件的设备或方法）及 H01P 9/00（波导型延迟线）大组下涉及的技术活跃度较低，专利转让均低于 30 次。详见图3-1-21。

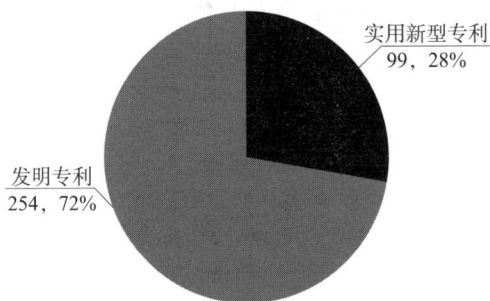

图 3 - 1 - 20　2014～2016 年微波领域专利转让
涉及专利类型分布

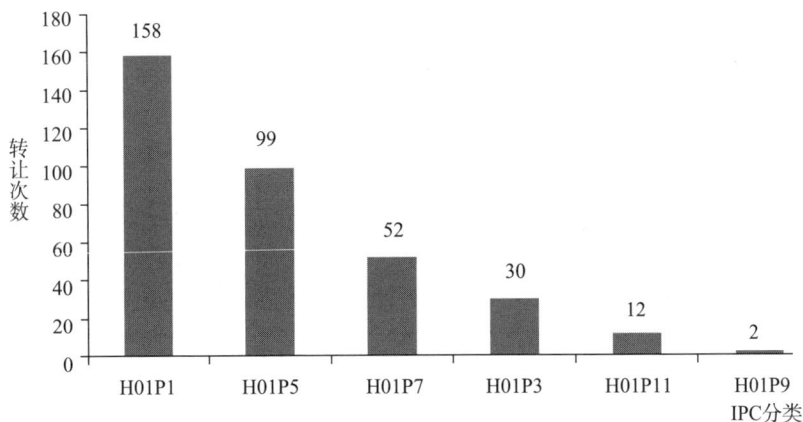

图 3 - 1 - 21　2014～2016 年微波领域各技术分支转让数量统计

六、电设备结构零部件领域

1. 电设备结构零部件领域的专利转让数据

2014～2016 年，电设备结构零部件领域，即 IPC 分类号的主分类号的小类为 H05K（印刷电路；电设备的外壳或结构零部件；电气元件组件的制造）的专利转让共计 1 732 次。

如图 3 - 1 - 22 所示，图像传输领域中，发明专利转让 973 次，约占总量的 56%；实用新型专利转让 759 次，约占总量的 44%。该领域多为在现有技术条件下对电设备的零部件结构的细微改进，因此，微小的实用新型改进数量也较多。

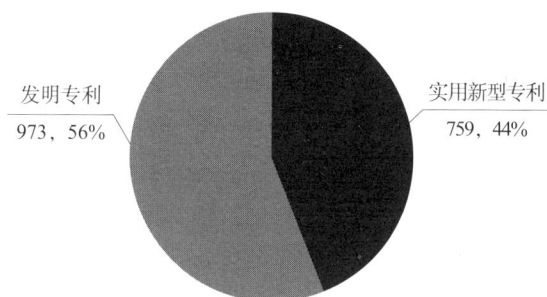

图 3 - 1 - 22　2014～2016 年电设备结构零部件领域
专利转让涉及专利类型分布

2. 电设备结构零部件领域的专利转让相关技术

在 H05K 小类下，H05K 7/00（对各种不同类型电设备通用的结构零部件）大组下专利转让 675 次，占电设备结构零部件领域专利转让总量的 1/3 以上，位居第一位，在该大组下包含热门小组 H05K 7/20（便于冷却、通风或加热的改进），主要涉及电设备的散热及加热技术；H05K 5/00（用于电设备的机壳、箱柜或拉屉）大组下的转让次数为 594 次，位列第二位，该大组下的技术主要涉及电设备的零部件、金属外壳及密封外壳；H05K13/00（专门适用于制造或调节电元件组装件的设备或方法）和 H05K9/00（设备或元件对电场或磁场的屏蔽）大组下的专利转让次数分别为 288 次和 105 次；而 H05K1/00（印刷电路）、H05K3/00（用于制造印刷电路的设备或方法）及 H05K 11/00（无线电接收机或电视接收机与具有不同主要功能的设备的组合）大组下的转让次数均少于 50 次。可见，电设备结构零部件领域中较为活跃的技术为电设备的机壳、箱柜或拉屉以及电设备的散热及加热技术，原因可能是目前电设备领域的改进偏重于设备的可靠性、稳定性、易用性的提高。详见图 3 - 1 - 23。

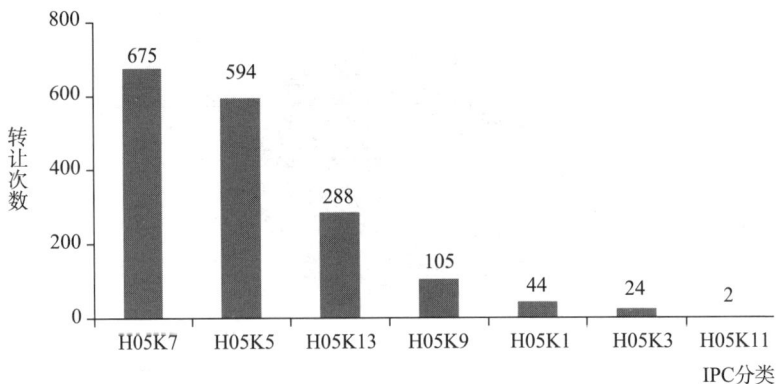

图 3 - 1 - 23   2014 ~ 2016 年电设备结构零部件领域各技术分支转让数量统计

七、信息记录领域

1. 信息记录领域的专利转让数据

2014 ~ 2016 年，信息记录领域，即 IPC 分类号的主分类号的小类为 G11B（基于记录载体和换能器之间的相对运动而实现的信息存储）的专利转让共计 1 121 次，其中，发明专利转让 1 015 次，约占总量的 91%；实用新型专利转让 106 次，仅占总量的 9%。该领域多涉及磁记录、光记录等记录方法与记录介质等，因此发明专利占比较高。详见图 3 - 1 - 24。

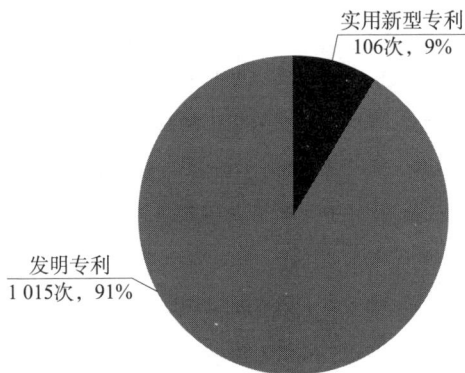

图 3 - 1 - 24   2014 ~ 2016 年信息记录领域专利

转让涉及专利类型分布

2. 信息记录领域的专利转让相关技术

在 G11B 小类下，G11B 7/00（用光学方法，例如，用光辐射的热射束记录用低功率光束重现的；为此所用的记录载体）大组下专利转让 371 次，约占信息记录领域专利转让总次数的 1/3，位居第一；G11B20/00（并非专指记录或重现方法的信号处理；为此所用的电路）大组下的专利转让 242 次，位列第二位；G11B33/00（本小类其他各组中不包含的结构部件、零部件或附件）、G11B19/00（并非专用于细丝或薄片形记录载体或具有支承物的记录载体的驱动、起动、停动；它们的控制；操作功能的控制）、G11B 27/00（编辑；索引；寻址；定时或同步；监控；磁带行程的测量）、G11B17/00（并非专用于细丝或薄片形记录载体或具有支承物的记录载体的制导）大组下的转让次数分别为 118 次、105 次、81 次和 77 次；而 G11B31/00（用于记录或重现设备与有关设备的协同作业的装置）、G11B 21/00（并非专指记录或重现方法的换能头装置）、G11B 5/00（借助于记录载体的激磁或退磁进行记录的；用磁性方法进行重现的；为此所用的记录载体）、G11B23/00（并非专指记录或重现方法的记录载体；附件，如容器）、G11B15/00（细丝或薄片记录载体的驱动、起动或止动；这种记录载体和换能头二者的同时驱动；这种记录载体或放置这种记录载体的容器）、G11B 3/00（应用机械切割、变形或加压产生的记录，例如，凹坑或凹槽；通过机械传感重现的；它们的记录载体）、G11B25/00（按所使用的记录载体的形状为特征区分的，但并非专指记录或重现方法的设备）和 G11B 11/00（利用包括在 G11B3/00 至 G11B7/00 的不同大组的或 G11B9/00 中的不同小组的方法或装置在同一记录载体上进行记录或重现的；为此所用的记录载）大组下的转让次数均少于 50 次。可见，信息记录领域中较为活跃的技术为光记录技术，涉及该技术的转让数据较为活跃，可能与近年来来蓝光技术的兴起与发展有关。详见图 3－1－25。

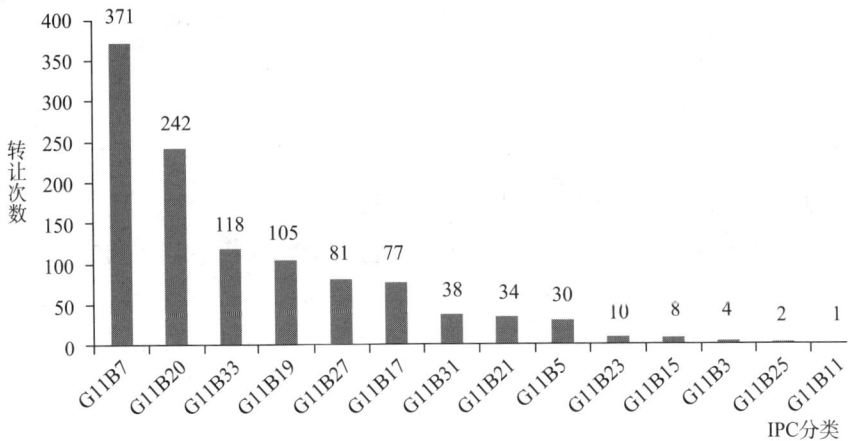

图 3 - 1 - 25　2014~2016 年信息记录领域各技术分支转让数量统计

八、医疗器械领域

1. 医疗器械领域的专利转让数据

2014~2016 年，医疗器械领域，即 IPC 分类号的主分类号的小类为 A61N（电疗；磁疗；放射疗；超声波疗）领域的专利转让共计 252 次，其中，发明专利转让 96 次，约占总量的 38%；实用新型专利转让 156 次，占总量的 62%。详见图 3 - 1 - 26。

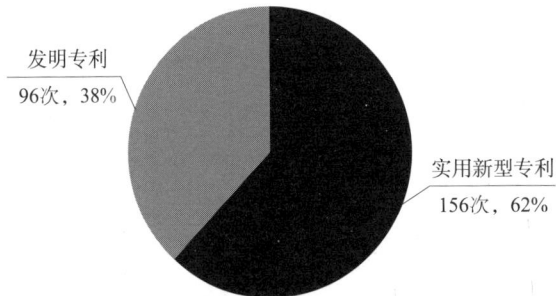

图 3 - 1 - 26　2014~2016 年医疗器械领域专利转让涉及专利类型分布

2. 医疗器械领域的专利转让相关技术

如图 3 - 1 - 27 所示，在 A61N 小类下，A61N 5/00（放射疗）大组下转让次数最多，为221次；A61N 7/00（超声波疗法）和 A61N（电疗法；其所用的线路）大组下的转让次数均低于30次；而 A61N 3/00（磁疗法）大组下未发生转让。可见，医疗器械领域中转让活动较为活跃的技术为放射疗技术；其他技术均不活跃。医疗器械领域的专利转让整体偏少，这可能与目前我国医疗器械生产企业规模偏小、创新能力薄弱、高端医疗器械由国际知名生产厂商主导有关。

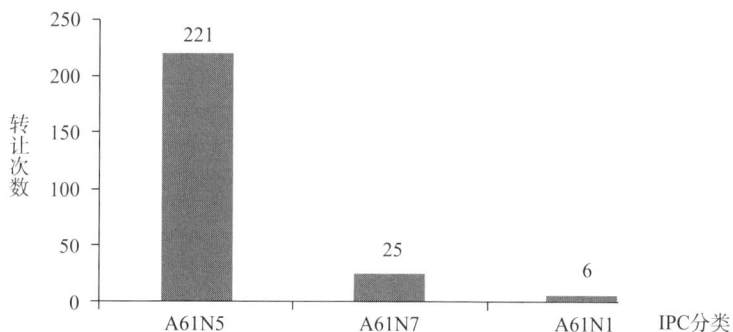

图 3-1-27 2014~2016 年医疗器械领域各技术分支转让数量统计

九、电热照明领域

1. 电热照明领域的专利转让数据

如图 3-1-28 所示，2014~2016 年，电热照明领域，即 IPC 分类号的主分类号的小类为 H05B（电热；其他类目不包含的电技术）领域的专利转让共计1 341次，其中，发明专利转让 612 次，约占总量的 46%；实用新型专利转让 729次，占总量的 54%。

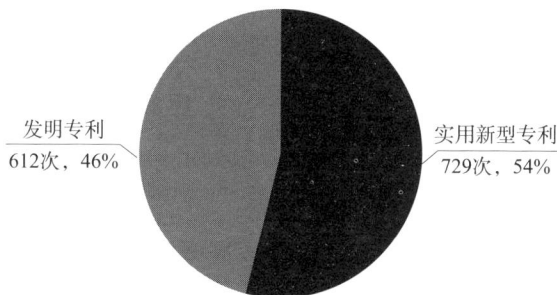

图 3-1-28 2014~2016 年医疗器械领域专利转让涉及专利类型分布

2. 电热照明领域的专利转让相关技术

如图 3-1-29 所示，在 H05B 小类下，H05B37/00（用于一般电光源的电路装置）大组下专利转让次数最多，为 1 200 次，约占该领域专利转让总量的90%；H05B41/00（用于放电灯点火或控制的电路装置或设备）大组下的专利转让 121 次，位列第二；H05B6/00（通过电场、磁场或电磁场加热的）、H05B33/00（电致发光光源）、H05B 3/00（欧姆电阻加热的）及 H05B39/00（用于操纵白炽光源的，但并非用于一种特殊用途的电路装置或设备）大组下的转计数据均低于 10 次。可见，电热照明领域中转让活动较为活跃的技术为一般电光源的电路装置，其涉及电光源的控制及故障检测等技术。

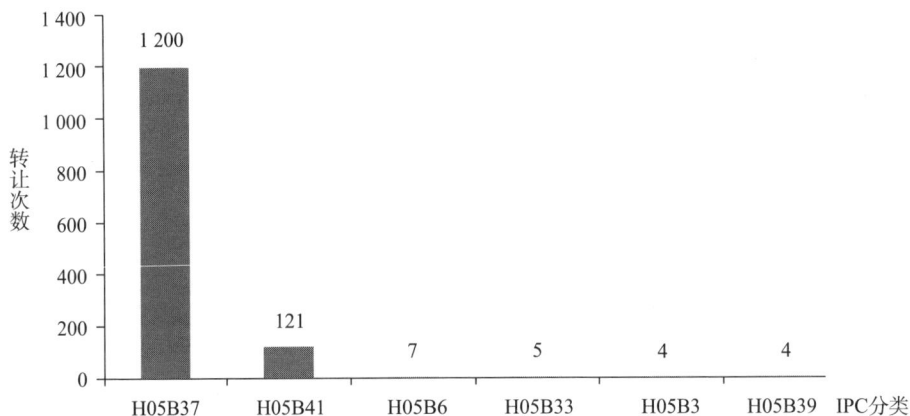

图 3-1-29 2014～2016 年医疗器械领域各技术分支转让数量统计

十、其他技术领域

2014～2016 年，通信领域中除上述九个领域外，其他技术领域的专利转让 5 467 次，其中 G06F（电数字数据处理）领域中专利转让次数最多，为1 358次，较为活跃的为 G06F 1/00（不包括在 G06F 3/00～G06F 13/00 和G06F 21/00 各组的数据处理设备的零部件）、G06F3/00（用于将所要处理的数据转变成为计算机能够处理的形式的输入装置；用于将数据从处理机传送到输出设备的输出装置，例如，接口装置）、G06F17/00（特别适用于特定功能的数字计算设备或数据处理设备或数据处理方法）、G06F9/00（程序控制装置，如控制器）和 G11B21/00（防止未授权行为的保护计算机或计算机系统的安全装置）大组下涉及的专利技术。表 3 - 1 - 3 为其他技术领域中排名前 15 的技术领域。

表 3 - 1 - 3　其他技术领域各 IPC 小类对应的技术分支内容

分类号	技术领域	转让次数/次
G06F	电数字数据处理	1 358
G02B	光学元件、系统或仪器	297
G03B	摄影、放映或观看用的装置或设备；利用了光波以外其他波的类似技术的装置或设备；以及有关的附件	287
F21S	非便携式照明装置或其系统	212
G06Q	专门适用于行政、商业、金融、管理、监督或预测目的的数据处理系统或方法；其他类目不包含的专门适用于行政、商业、金融、管理、监督或预测目的的处理系统或方法	200
H01L	半导体器件；其他类目未包含的电固体器件	196
G06K	数据识别；数据表示；记录载体；记录载体的处理	181
A61B	诊断；外科；鉴定	133
G06T	一般的图像数据处理或产生	127
G09F	显示；广告；标记；标签或铭牌；印鉴	124
G08B	信号装置或呼叫装置；指令发信装置；报警装置	120
G05B	一般的控制或调节系统；这种系统的功能单元；用于这种系统或单元的监视或测试装置	117
G08C	测量值、控制信号或类似信号的传输系统	110
G09G	对用静态方法显示可变信息的指示装置进行控制的装置或电路	110
H02J	供电或配电的电路装置或系统；电能存储系统	105

第二节　许可专利的技术分析

2014～2016 年，通信领域专利许可数据涉及的专利技术分支如表 3 - 2 - 1 所示，其中信息记录领域（IPC 主分类号为 G11B）专利许可高达 4 369 次，占通信领域专利许可总次数 9 492 次的 46.03%。网络无线领域专利许可 2 542 次，占比

26.78%；图像通信领域专利许可 1 370 次，占比 14.43%；电热照明领域专利许可 157 次，占比 1.65%；电设备结构零部件领域专利许可 150 次，占比 1.58%；此外，微波天线领域、电数字数据处理领域、声电领域、电话通信领域等也实施了专利许可。下面就各个具体技术领域进行分析。

表 3－2－1　2014～2016 年通信领域各技术分支许可数据

分类号	技术领域	许可次数	占比
G11B	信息记录领域	4 369	46.03%
H04L、H04W、H04B、H04Q	网络无线领域	2 542	26.78%
H04N	图像通信领域	1 370	14.43%
H05B	电热照明领域	157	1.65%
H05K	电设备结构零部件领域	150	1.58%
H01Q/H01P	微波天线领域	121	1.27%
G06F	电数字数据处理领域	116	1.22%
H04R	声电领域	107	1.13%
H04M	电话通信领域	82	0.86%
H03M	一般编码、译码或代码转换领域	50	0.53%
H04J	多路复用通信领域	49	0.52%
A61N 等	其他领域	379	3.99%

一、信息记录领域

（一）信息记录领域的许可数据

如图 3－2－1 所示，2014～2016 年，信息记录领域（IPC 主分类号为 G11B）专利许可 4 369 次，占通信领域专利许可总次数 9 492 次的 46%。该领域具体涉及基于记录载体和换能器之间的相对运动而实现的信息存储，具体包括：通过在记录轨迹和换能器之间的相对运动来记录或重放信息；换能器直接在记录轨迹中或在重放轨迹中产生调制；或者通过此调制直接激励换能器，并且其调制的程度与被记录或重放的信号相对应；用于记录或重放信息的设备、机器及其零部件，如磁头；这种设备、机器所使用的记录载体；与这种设备、机器协同作业的其他设备。其中，记录载体指的是诸如磁柱面、磁盘面、卡片、磁带或磁环线之类的能够永久保持信息的物体，而且通过相对于记录载体可移动的敏感元件可以将此信息读出；换能头包括将正弦波或非正弦波转换成为接近于记录载体表面物理条件的各种变量的任何装置，或者反之转换的任何装置。

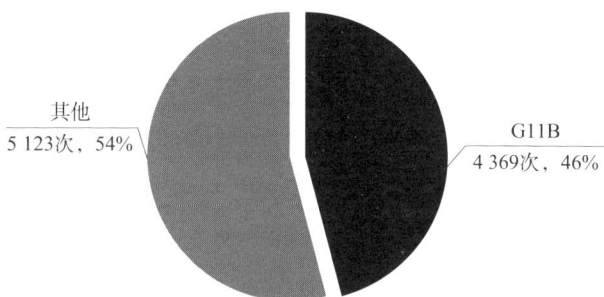

图 3 - 2 - 1　2014～2016 年信息记录领域专利
许可在通信领域中的占比

如表 3 - 2 - 2 所示，信息记录领域的 4 369 次专利许可中，4 354 次为发明专利许可，占比 99.66%，而实用新型专利许可仅占 0.34%。可见该领域发明专利是许可的主力军。

表 3 - 2 - 2　2014～2016 年信息记录领域专利许可类型

专利类型	许可次数	占比/%
发明专利	4 354	99.66
实用新型专利	15	0.34

如图 3 - 2 - 2 所示，在信息记录领域的 4 369 次专利许可中，有 3 750 次专利许可的许可人是蓝光联合有限责任公司，该公司专利许可量占信息记录领域专利许可总量的 85.8%，后续会对该公司进行详细分析。

在信息记录领域的 4 369 次专利许可中，各被许可人实力相对均衡：如图 3 - 2 - 3所示，中国华录集团有限公司、广东欧珀移动通信有限公司、TCL 通力电子（惠州）有限公司、深圳市麦思美科技有限公司、广州番禺巨大汽车音响设备有限公司和东莞市德吉特影音技术有限公司的被许可次数分别占比范围在13% ~ 15%。

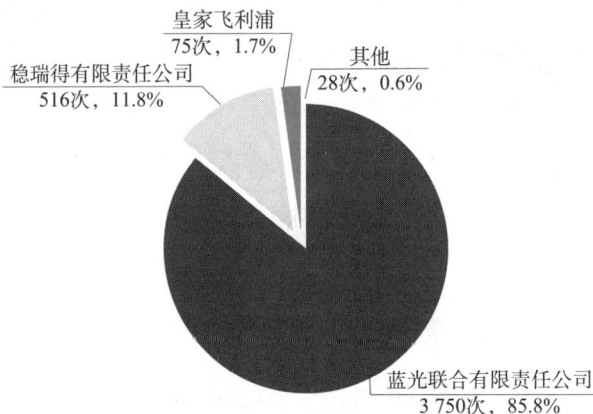

图 3 - 2 - 2　2014 ~ 2016 年信息记录领域专利许可主要许可人

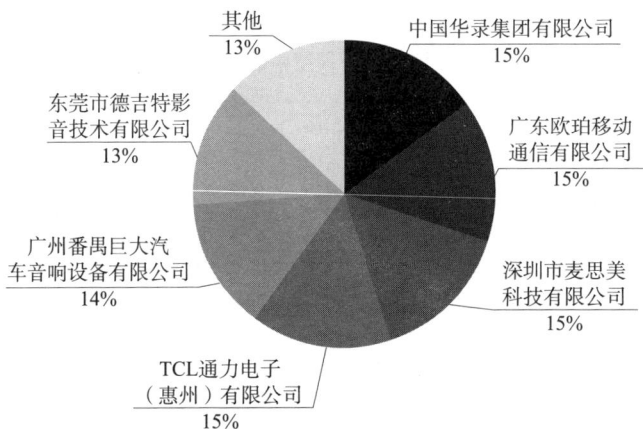

图 3 - 2 - 3　2014 ~ 2016 年信息记录领域专利许可主要被许可人

（二）信息记录领域的许可相关技术

在信录记录领域的 4 369 次专利许可中，G11B20/大组（并非专指记录或重现方法的信号处理；为此所用的电路）专利许可 2 385 次，占该领域的 55%；G11B7/大组（用光学方法，例如，用光辐射的热射束记录用低功率光束重现的；为此所用的记录载体）专利许可 1 372 次，占该领域的 31%；G11B27/大组（编辑；索引；寻址；定时或同步；监控；磁带行程的测量）专利许可 513 次，占该领域的 12%；其他领域包括 G11B19/大组（并非专用于细丝或薄片形记录载体或具有支承物的记录载体的驱动、起动、停动；它们的控制；操作功能的控制），G11B15/大组（细丝或薄片记录载体的驱动、起动或停动；这种记录载体和换能头的驱动；这种记录载体或放置这种记录载体的容器的制导；它们的控制；操作功能的控制），G11B5/大组（借助于记录载体的激磁或退磁进行记录的；用磁性方法进行重现的；为此所用的记录载体），G11B33/大组（本小类其他各组中不包含的结构部件、零部件或附件），G11B23/大组（并非专指记录或重现方法的记录载体；专用于和记录或重现设备协同作业的诸如容器之类的附件），G11B31/大组（用于记录或重现设备与有关设备协同作业的装置）和 G11B17/大组（并非专用于细丝或薄片形记录载体或具有支承物的记录载体的制导），如图 3－2－4 所示。

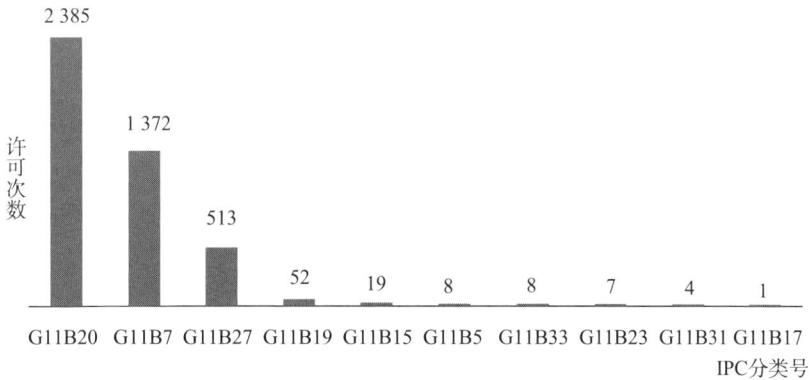

图 3－2－4　信息记录领域专利许可涉及的技术分支

二、网络无线通信领域

（一）网络无线通信领域的许可数据

2014～2016 年，网络无线通信领域专利实施许可共 2 542 次。网络无线通信领域涵盖了 IPC 主分类号为 H04L、H04W、H04B 和 H04Q 的专利。H04L 的专利涉及数字信息的传输，如电报通信，具体包含传输以数字形式提供的信号，并包括数据传输、电报通信以及监控的方法和设备。H04W 的专利涉及无线通信网络，具体包含：在期望数量的用户之间或在用户与网络设备之间选择性地建立一个或多个无线通信链路以便经由这些通信链路传输信息的通信网络；配置了用于与之连接的无线用户移动性管理的基础设施的网络，例如，蜂窝网络、WLAN〔无线局域网〕、无线接入网，例如WLL〔无线本地环路〕或自组织无线通信网络，例如ad-hoc网络；专门适用于上述无线网络的规划或配置、业务或设施以及专门适用于上述无线网络操作的装置或技术。H04B的专利涉及传输，具体包含载有信息信号的传输，其传输与信息的特性无关，并包括监控和测试设备，以及噪声和干扰的抑制和限制。H04Q的专利涉及选择，具体包含用于在所需数量的站（通常两站）之间或在主站与所需数量的分站（通常为两站）之间选择地建立连接的方法、电路或设备，以便在连接点之后通过它传送信息；通过已建立的连接进行选择呼叫的设备。

在网络无线通信领域的2 542次专利许可中，H04L领域专利许可次数最多，为1 077次；H04W领域次之，为1 055次；H04B和H04Q领域的专利许可分别为250次和160次，如图3-2-5所示。

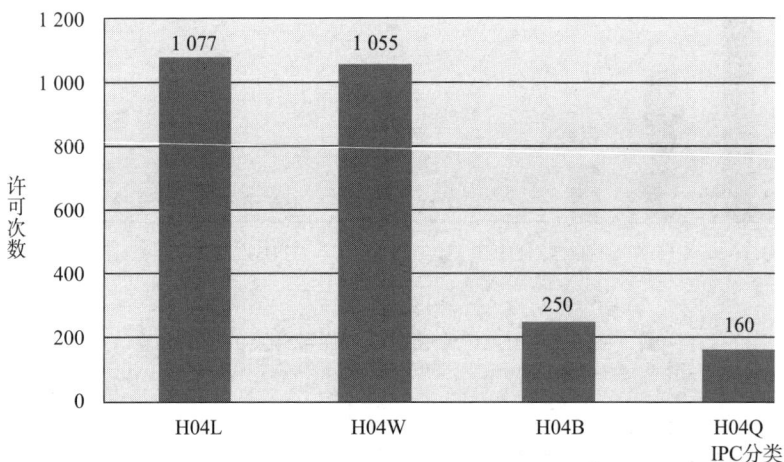

图3-2-5 2014~2016年网络无线通信领域专利许可占比情况

如图3-2-6所示，在网络无线通信领域2 542次专利许可中，发明专利许可2 391次，占专利94%；而实用新型专利许可仅151次，仅占6%。进一步观察H04L、H04W、H04B和H04Q各个领域的许可数据可知，发明专利的许可次数均远远大于实用新型专利的许可次数。这是由于该领域的创造性和技术水平较高，而且发明专利的权利更为稳定，在许可市场上也更受青睐。

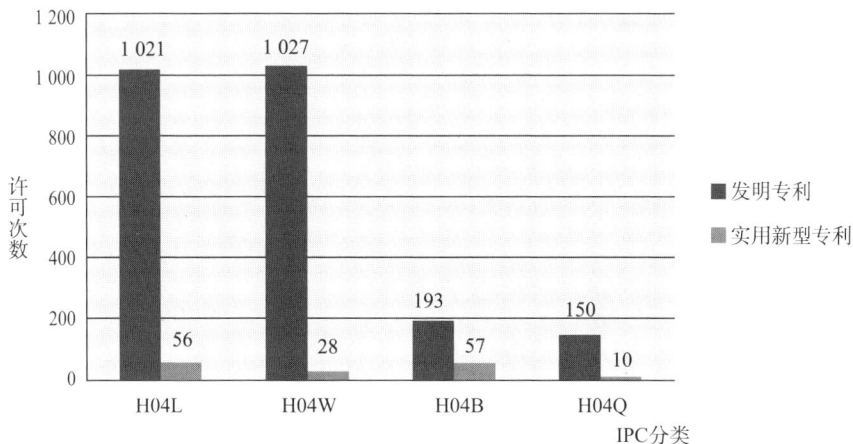

图 3 - 2 - 6　2014～2016 年网络无线通信领域专利许可涉及的专利类型

（二）网络无线通信领域的许可相关技术

如图 3 - 2 - 7 所示，2014～2016 年，网络无线通信领域专利实施许可（总数为 2 542 次）排在前十位的技术分支（IPC 分类号的大组）的许可次数均超过了百次，专利许可总次数为 1 591 次，占网络无线通信领域专利许可总次数的 63%。其中 H04L12 大组专利许可次数最多（348 次），H04L29 大组专利许可次数次之（274 次），之后依次为 H04L1（189 次）、H04W4（135 次）、H04Q7（129 次）、H04W36（104 次）、H04W72（104 次）、H04W28（103 次）、H04W24（103 次）、H04B7（102 次）。由于 H04Q7 大组的 IPC 已全部转入 H04W，因此在前十位中，属于 H04W 领域的技术分支占了 6 席，H04L 领域的技术分支占了 3 席，H04B 占据 1 席。

如图 3 - 2 - 8 所示，在 H04L 领域的 1 077 次专利许可中，排在前五位的技术分支依次为 H04L12、H04L29、H04L1、H04L27、H04L9，排名前五位的专利许可总次数为 981 次，占 H04L 专利许可总次数的 91%。其中涉及 H04L12 大组（数据交换网络）的专利许可为 348 次，涉及 H04L29 大组（H04L 1/00 至 H04L 27/00 单个组中不包含的装置、设备、电路和系统）的专利许可为 274 次，涉及 H04L1 大组（检测或防止收到信息中的差错的装置）的专利许可为 189 次，涉及 H04L27 大组（调制载波系统）的专利许可为 94 次，涉及 H04L9 大组（保密或安全通信装置）的专利许可为 76 次。

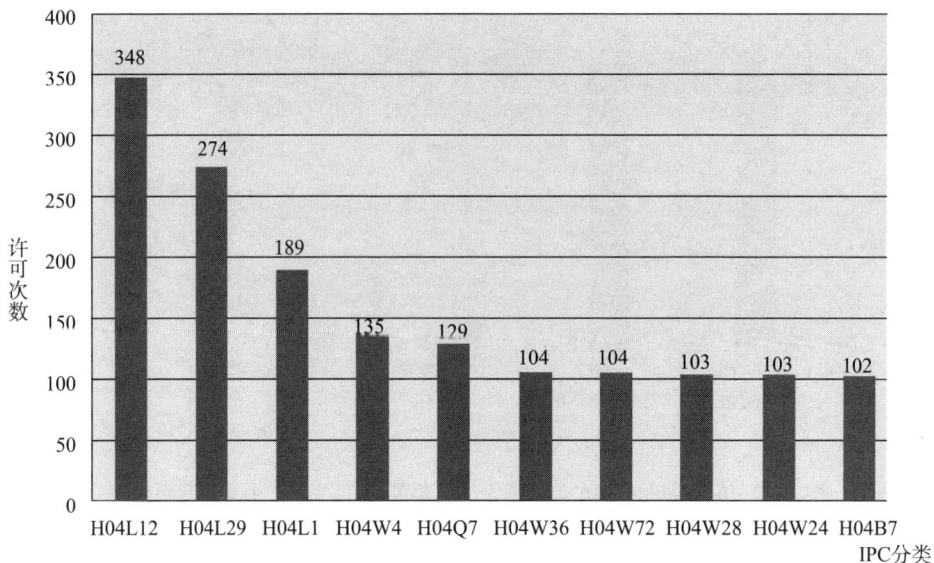

图 3－2－7　2014～2016 年网络无线通信领域专利许可涉及的技术分支

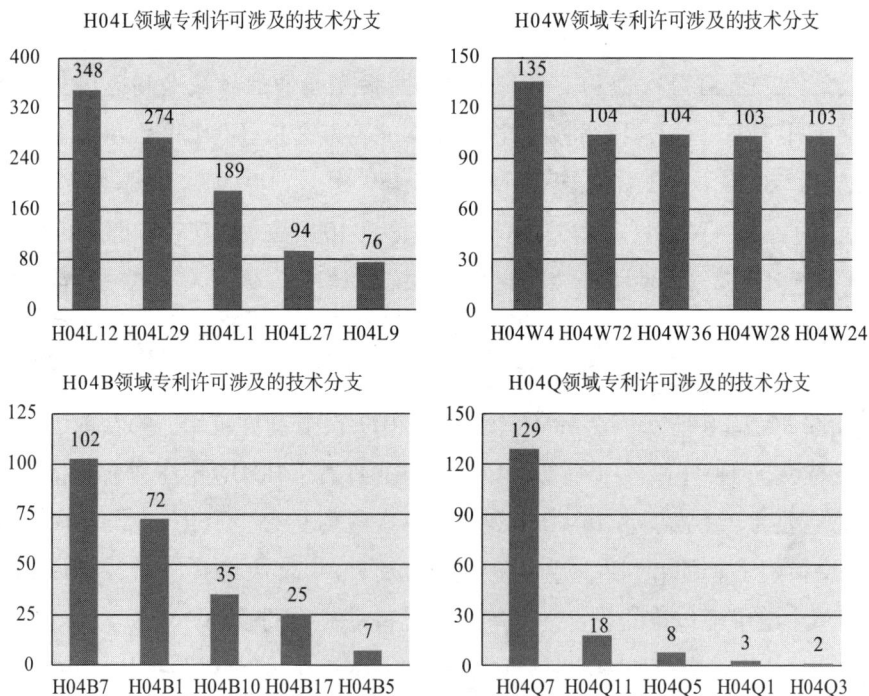

图 3－2－8　网络无线通信领域各 IPC 小类涉及的技术分支

在 H04W 领域的 1 055 次专利许可中，排在前五位的技术分支依次为 H04W4、H04W72、H04W36、H04W28、H04W24，排在前五位的专利许可总次数为 549 次。H04W 小类的 IPC 分类比较细，其下的大组数量较多，排在前五位的专利许可占 H04W 专利许可总次数的 52%。其中涉及 H04W4 大组（专门适用于无线通信网络的业务或设施）的专利许可为 135 次，涉及 H04W72 大组（本地资源管理，例如，无线资源的选择或分配或无线业务量调度）的专利许可为 104 次，涉及 H04W36 大组（切换或重选装置）的专利许可 104 次，涉及 H04W28 大组（网络业务量或资源管理）的专利许可 103 次、涉及 H04W24 大组（监督，监控或测试装置）的专利许可 103 次。

在 H04B 领域的 250 次专利许可中，排在前五位的技术分支依次为 H04B7、H04B1、H04B10、H04B17、H04B5，排在前五位的专利许可总次数为 241 次，占 H04B 专利许可总次数的 96%。其中涉及 H04B7 大组（无线电传输系统，即使用辐射场的）的专利许可 102 次、涉及 H04B1 大组（不包含在 H04B 3/00 至 H04B 13/00 单个组中的传输系统的部件；不以所使用的传输媒介为特征区分的传输系统的部件）的专利许可 72 次，涉及 H04B10 大组〔利用无线电波以外的电磁波（例如红外线、可见光或紫外线）或利用微粒辐射（如量子通信）的传输系统〕的专利许可 35 次，涉及 H04B17 大组（监控；测试）的专利许可为 25 次，涉及 H04B5 大组（近场传输系统，如感应环型的）的专利许可 7 次。

在 H04Q 领域的 160 次专利许可中，涉及五个技术分支（IPC 大组），H04Q 小类下共设置了 6 个大组，2014～2016 年的专利许可不涉及的大组为 H04Q 9/（用于从主局选择地呼叫一个分局的遥控或遥测系统的装置，在主局选出分局所需的设备是为了向它发出控制信号或从它获得测量值）。涉及的五个大组依次为：H04Q7 大组（通过无线电链路或感应链路连接用户的选择装置）的专利许可 129 次，涉及 H04Q11 大组（多路复用系统的选择装置）的专利许可 18 次，涉及 H04Q5 大组（2 个或 2 个以上用户站由同一线路连接到交换机的选择装置）或利用微粒辐射（如量子通信）的传输系统）的专利许可 8 次，涉及 H04Q1 大组（选择设备或装置的零部件）的专利许可 3 次，涉及 H04Q3 大组（选择装置）的专利许可 2 次。

三、图像传输领域

（一）图像传输领域的许可数据

2014～2016 年，图像传输领域（IPC 主分类号为 H04N）专利许可共 1 370 次。该领域具体涉及图像通信，如电视，具体包含近距离或远距离的图像传输，及它们永久性或非永久性的重现，其方法包括如下 2 个步骤：（a）：图像的扫描，即将整个图像画面分解成个别像素，并同时或顺序地产生代表相应图像的电信号；（b）：用恢复个别像素的方法来重现整个图像画面，这些像素是用同时或顺序地从图像得到代表图像电信号的方法把图像分解而成的；（在小组 H04N 1/00 中）用于传输或重现任意组成的图像或图形的系统，其中组成图像的局部亮度不随时间而变化，如文件（手写和打印的）、图、表格、照片（电影胶片除外）；专用于处理图像通信信号，例如电视信号的电路，以区别于仅仅是特定频率范围的信号。

在 1 370 次专利许可中，发明专利许可 1 230 次，约占 90%；实用新型许可 140 次，仅占约 10%。如图 3－2－9 所示。

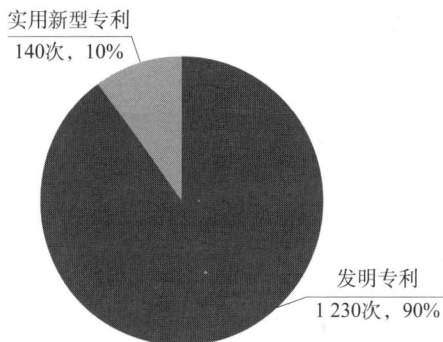

图 3－2－9　2014～2016 年图像传输领域专利许可涉及的专利类型

（二）图像传输领域的许可相关技术

在图像传输领域的 1 370 次专利许可中，877 次涉及 H04N5/大组（电视系统的零部件），占比 64%；245 次涉及 H04N7/大组（电视系统），占比

18%；107 次涉及 H04N9／大组（彩色电视系统的零部件），占比 8%；67 次涉及 H04N21／大组［可选的内容分发，例如交互式电视，或视频点播（VOD）］，占比 5%；34 次涉及 H04N1／大组（文件或类似物的扫描、传输或重现，如传真传输；其零部件），占比 2%；18 次涉及 H04N19／大组（用于数字视频信号编码，解码，压缩或解压缩的方法或装置），占比 1%；12 次涉及 H04N17／大组（电视系统或其部件的故障诊断、测试或测量），占比 0.9%；9 次涉及 H04N13／大组（立体电视系统；其零部件），占比 0.7%；1 次涉及 H04N15／大组（立体彩色电视系统；其零部件），占比 0.1%。详见图 3 - 2 - 10。

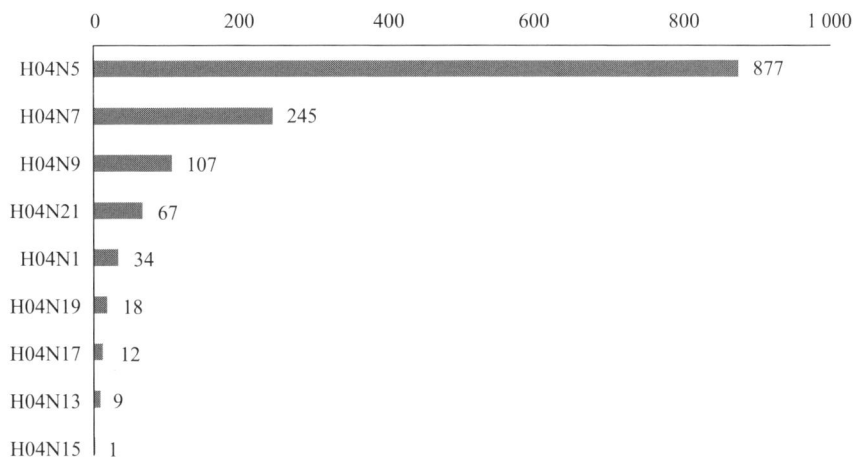

图 3 - 2 - 10　2014～2016 年图像传输领域专利许可涉及的技术分支

四、电热照明领域

（一）电热照明领域的许可数据

2014～2016 年，电热照明领域（IPC 主分类号为 H05B）专利许可 157 次。H05B 领域具体涉及电热；其他类目不包含的电照明。其中电热包括通过电阻；电场，磁场，或电磁场；放电产生的；组合型的；以及零部件。电照明包括光源：弧光；场致发光的；组合型的；电路装置：通用的；用于白炽灯的；用于放电灯的；其他 43/00。

如图 3 - 2 - 11 所示，在电热照明领域 157 次专利许可中，发明专利许可 30 次，占 19%；实用新型专利许可 127 次，占 81%。

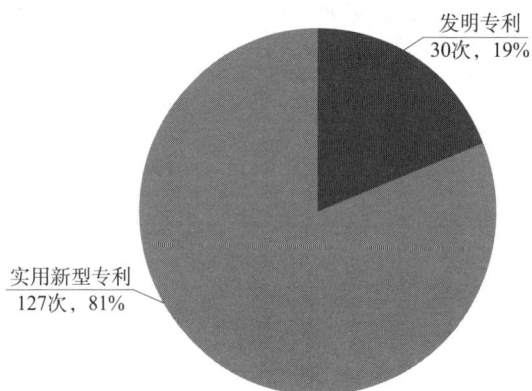

发明专利
30次，19%

实用新型专利
127次，81%

图 3 - 2 - 11　2014～2016 年电热照明领域专利许可涉及的专利类型

（二）电热照明领域的许可相关技术

如图 3 - 2 - 12 所示，在电热照明领域的 157 次专利许可中，仅涉及 4 个大组，其中 144 次涉及 H05B37/大组（用于一般电光源的电路装置），占比 92%；11 次涉及 H05B41/大组（用于放电灯点火或控制的电路装置或设备），占比 7%；1 次涉及 H05B6/大组（通过电场、磁场或电磁场加热的），占比 1%；1 次涉及 H05B33/大组（电致发光光源），占比 1%。

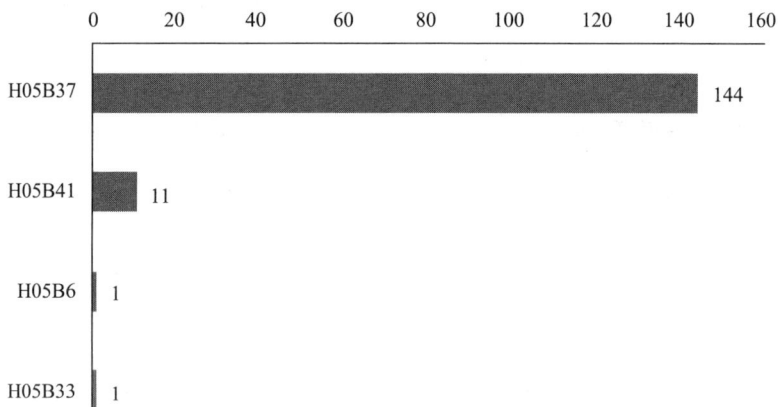

| | 0 | 20 | 40 | 60 | 80 | 100 | 120 | 140 | 160 |

H05B37　144

H05B41　11

H05B6　1

H05B33　1

图 3 - 2 - 12　2014～2016 年电热照明领域专利许可技术分支

五、电设备结构零部件领域

1. 电设备结构零部件领域的许可数据

如图 3 - 2 - 13 所示，2014～2016 年，电设备结构零部件领域（IPC 主分类号为 H05K）专利许可 150 次。该领域具体涉及印刷电路、电设备的外壳或结构零部件和电气元件组件的制造，具体包括：无线电接收机或电视接收机与具有不同主要功能的设备的组合；与非印制电组件在结构上相联的印刷电路。其中，印刷电路包括各种机械结构的电路，这种电路有载有导体的绝缘基座或绝缘支承板，基座或支承板在结构上特别是在二维平面内与导体的全长相组合，导体以不可拆卸方式安全固定于基座或支承板上；还包括制造这种结构的方法或设备，例如，用机械处理或化学处理将导电箔、胶糊或薄膜在绝缘支承板上形成电路。

在该领域的 150 次专利许可中，涉及发明专利的许可次数仅为 44 次，占 29%，而涉及实用新型专利的许可次数较多，为 106 次，占 71%。可见该领域实用新型专利的许可相对活跃。

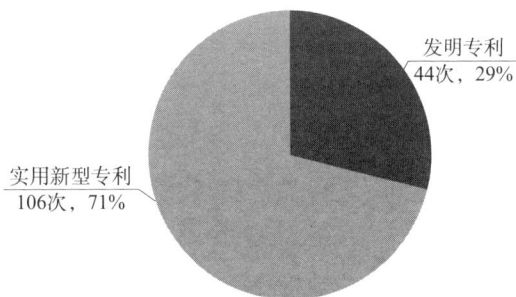

图 3 - 2 - 13　电设备结构零部件领域专利许可涉及的专利类型

2. 电设备结构零部件领域的许可相关技术

如图 3 - 2 - 14 所示，在该领域的 150 次专利许可中，55 次涉及 H05K7/大组（对各种不同类型电设备通用的结构零部件），占比 37%；52 次涉及 H05K5/大组（用于电设备的机壳、箱柜或拉屉），占比 35%；14 次涉及 H05K13/大组（专门适用于制造或调节电元件组装件的设备或方法），占比 9%；13 次涉及 H05K1/大组（印刷电路），占比 9%；8 次涉及 H05K3/大组（用于制造印刷电路的设备或方法），占比5%；7次涉及H05K9/大组（设备或元件对电场或磁场的屏蔽），占比5%；1次涉及H05K11/大组（无线电接收机或电视接收机与具有不同主要功能的设备的组合），占比1%。

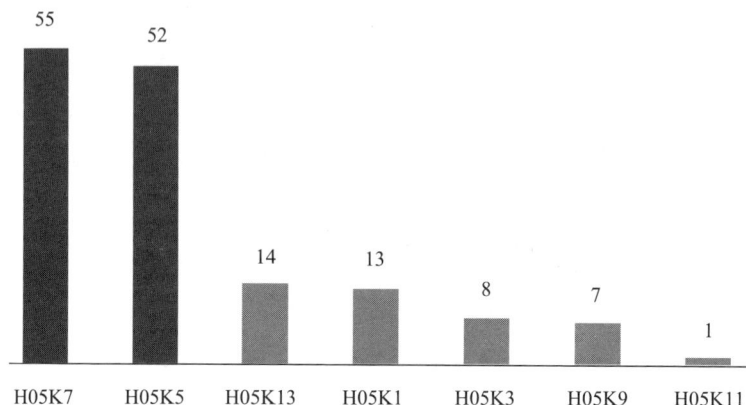

图3-2-14 电设备结构零部件领域专利许可相关技术分支

六、微波天线领域

1. 微波天线的许可数据

如图3-2-15所示，2014～2016年，微波天线领域（IPC主分类号为H01P或者H01Q）专利许可121次。H01P领域具体涉及波导；谐振器、传输线或其他波导型器件，其中"波导型"用于传输线时仅包括高频同轴电缆或勒谢尔线，用于谐振器、延迟线或其他器件时则包括所有具有分布电感和电容的器件，该领域包含例如波导管、传输线、波导型器件以及它们的制造等技术。H01Q领域具体涉及天线，除一次有源辐射单元外，还包括：i 吸收天线辐射波或改变天线辐射波主向或极化的二次装置，以及 i 与辅助装置如接地开关、引入装置以及避雷器的组合；发射天线和接收天线。

在该领域的121次专利许可中，涉及发明专利的许可次数为40次，占33%，而涉及实用新型的许可次数为81次，占比67%。

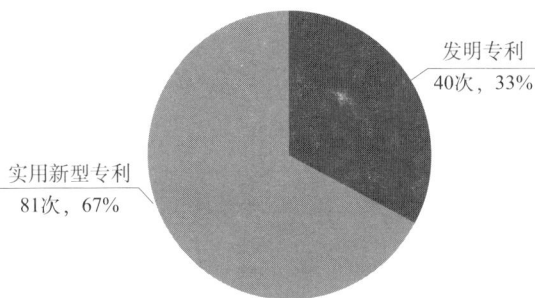

图3-2-15　2014～2016年微波天线领域
专利许可涉及的专利类型

2. 微波天线的许可相关技术

如图3-2-16所示，在微波天线领域的121次专利许可中，55次涉及H01Q1/大组（天线零部件或与天线结合的装置），占比46%；33次涉及H01P1/大组（辅助器件），占比27%；8次涉及H01P5/大组（波导型耦合器件），占比7%；6次涉及H01Q21/大组（天线阵或系统），占比5%；6次涉及H01Q3/大组（改变天线或天线系统辐射波的指向或方向图形的装置），占比5%；4次涉及H01P3/大组（波导；波导型传输线），占比3%；涉及其余大组的专利许可共有9次，占比7%。

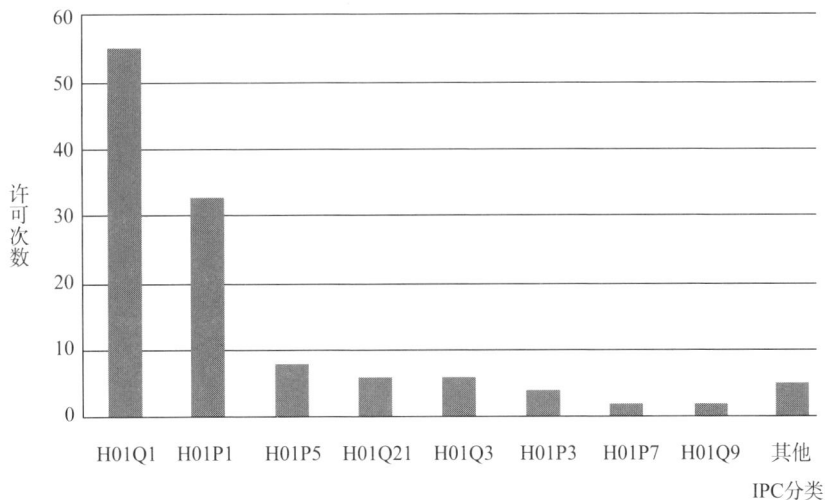

图3-2-16　2014～2016年微波天线领域专利许可涉及的技术分支

七、声电领域

1. 声电领域的许可数据

如图 3－2－17 所示，2014～2016 年，声电领域（IPC 主分类号为 H04R）专利许可 107 次。H04R 领域具体涉及扬声器、传声器、唱机拾音器或其他声—机电传感器；助听器；扩音系统，具体包含扬声器、传声器、唱机拾音器或类似产生声波或电流或电压的变量的传感器；用电流或电压的变化操纵在唱片上刻纹的设备；用于上述设备的电路；对上述设备的监控或测试。

在该领域的 107 次专利许可中，涉及发明专利的许可次数为 17 次，占 16%，而涉及实用新型的许可次数为 90 次，占比 84%。

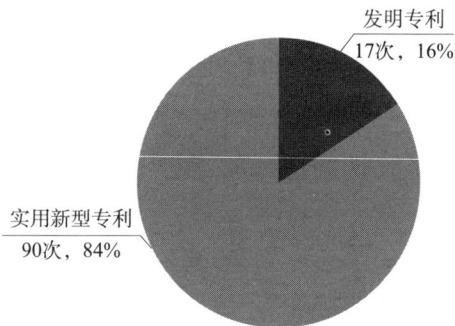

图 3－2－17　2014～2016 年声电领域
专利许可涉及的专利类型

2. 声电领域许可相关技术

如图 3－2－18 所示，在声电领域的 107 次专利许可中，58 次涉及 H04R1／大组（传感器的零部件），占比 54%；17 次涉及 H04R3／大组（用于传感器的电路），占比 16%；12 次涉及 H04R9／大组（动圈、动片或动线型传感器），占比 11%；10 次涉及 H04R19／大组（静电传感器），占比 9%；4 次涉及 H04R25／大组（用于一般电光源的电路装置），占比 4%；3 次涉及 H04R5／大组（助听器），占比 3%；2 次涉及 H04R31／大组（专用于制造传感器或其所用振膜的设备或方法），占比 2%；1 次涉及 H04R27／大组（扩音系统），占比 1%。

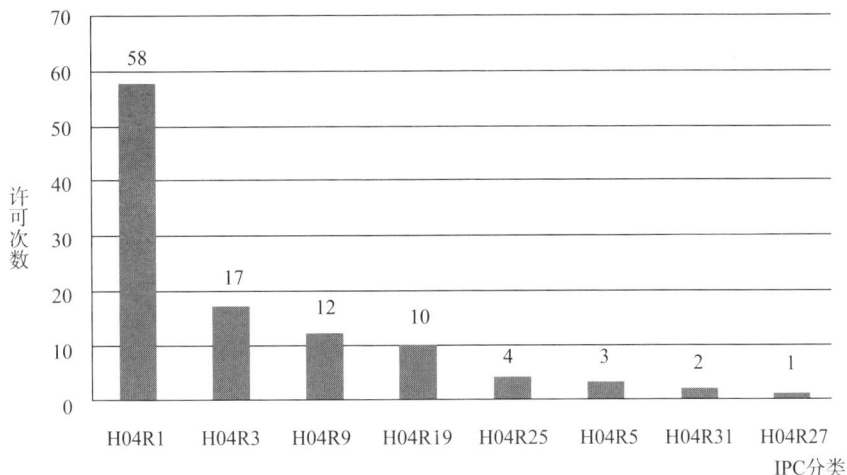

图 3 - 2 - 18　2014～2016 年声电领域专利许可涉及的技术分支

八、电话通信领域

1. 电话通信领域的许可数据

如图 3 - 2 - 19 所示，2014～2016 年，电话通信领域（IPC 主分类号为 H04M）专利许可 82 次。该领域涉及电话通信，具体包括：与其他电气系统相结合的电话通信系统；专门适用于电话通信系统的测试设备。例如，同线电话系统、预付费系统、交换机、交换中心之间的互连接装置都属于该领域。

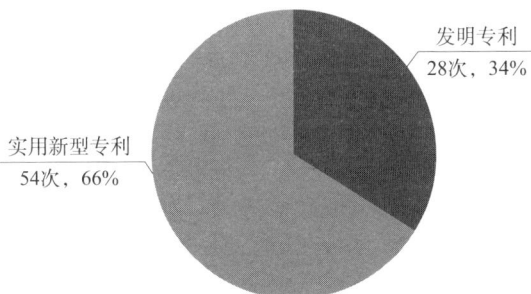

图 3 - 2 - 19　2014～2016 年电话通信领域专利许可涉及的专利类型

在该领域的 82 次专利许可中，涉及发明专利的许可次数仅为 28 次，占 34%，而涉及实用新型专利的许可次数约为发明的两倍，为 54 次，占 66%。可见该领域实用新型专利的许可相对活跃。

2. 电话通信领域的许可相关技术

如图 3 – 2 – 20 所示，在通域领域的 82 次专利许可中，76%（62 次）涉及 H04M1/大组（分局设备，例如用户使用的），该大组包括电话机的结构特点、测试装置、特性选择装置的电话机、使用数字话音传输的电话机、呼叫用户的装置、在主叫用户设备上指示或记录被叫用户号码的装置、在被叫用户设备上指示或记录主叫用户号码的装置、消音侧电路、包括话音放大器、应答呼叫的自动装置、有防止未经允许的呼叫或欺诈呼叫的装置、防止窃听的电路装置、分局的分机装置、无绳电话机、用于耦合分站到外部电话线的接口电路、电话线路保持电路和用于呼叫进展或状态鉴别的线路监视电路等。

涉及的其他技术分支有：13%（11 次）涉及 H04M11/大组（专门适用于与其他电系统组合的电话通信系统），7%（6 次）涉及 H04M3/大组（自动或半自动交换局）；2%（2 次）涉及 H04M7/大组（交换中心之间的互连装置）；1%（1 次）涉及 H04M17/大组（预付费电话系统）。

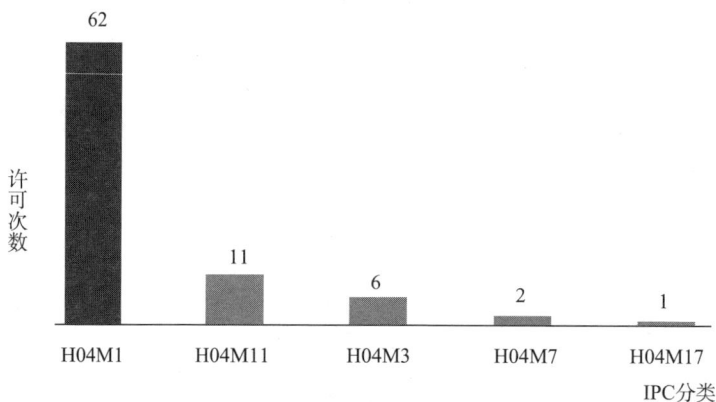

图 3 – 2 – 20　电话通信领域专利许可相关技术分支

九、其他领域

1. 电数字数据处理领域的许可数据

如图 3 – 2 – 21 所示，2014～2016 年，在通信领域专利许可中，除了前文提到的技术领域，其他领域专利许可 594 次。其中，许可次数最多的是 G06F 领域（电数字数据处理），116 次；其次是 H03M 领域（一般编码、译码或代码转换），

50次；接着是 H04J 领域（多路复用通信），49 次；A61N 领域（电疗；磁疗；放射疗；超声波疗），40 次。

其中，在 G06F（电数字数据处理）领域的 116 次专利许可中，85%（99次）涉及发明专利许可，实用新型专利许可仅有 15%（17 次）。可见该领域发明专利是许可市场的主力军。

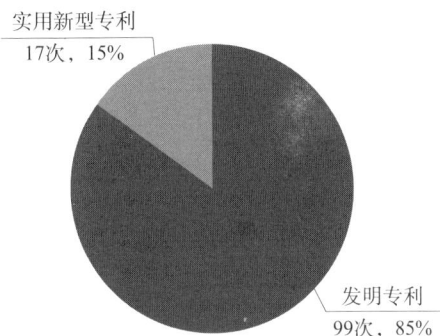

图 3－2－21　电数字数据处理领域专利
许可涉及的专利类型

2. 电数字数据处理领域的许可相关技术

G06F（电数字数据处理）领域 116 次专利许可主要涉及的技术分支如图 3－2－22所示。其中，22%（26 次）涉及 G06F17/大组（特别适用于特定功能的数字计算设备或数据处理设备或数据处理方法）；16%（19 次）涉及 G06F7/大组（通过待处理的数据的指令或内容进行运算的数据处理的方法或装置）；16%（18 次）涉及 G06F21/大组（防止未授权行为的保护计算机、其部件、程序或数据的安全装置）；13%（15 次）涉及 G06F12/大组（安装在筛选装置之上的在存储器系统或体系结构内的存取、寻址或分配）；9%（11 次）涉及 G06F3/大组（用于将所要处理的数据转变成为计算机能够处理的形式的输入装置；用于将数据从处理机传送到输出设备的输出装置，例如，接口装置）；9%（10 次）涉及 G06F9/大组（程序控制装置，例如，控制器）；其他涉及 G06F1/大组（不包括在 G06F 3/00 至 G06F 13/00 和 G06F 21/00 各组的数据处理设备的零部件）、G06F11/大组（错误检测；错误校正；监控）、G06F19/大组（专门适用于特定应用的数字计算或数据处理的设备或方法）和 G06F13/大组（信息或其他信号在存储器、输入/输出设备或者中央处理机之间的互连或传送）。

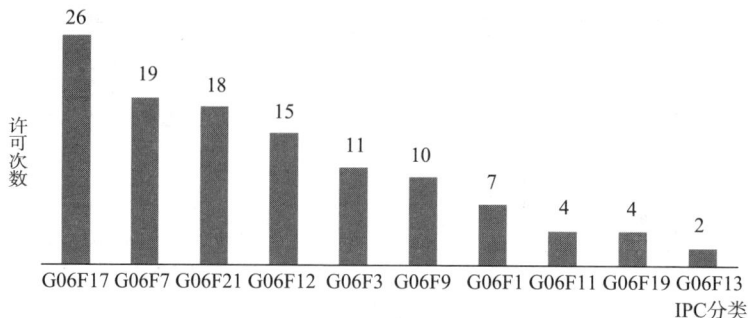

图 3 - 2 - 22　电数字数据处理领域专利许可相关技术分支

十、蓝光联合有限责任公司

1. 蓝光联合有限责任公司专利许可分析

在前文分析中可以发现，2014～2016 年，蓝光联合有限责任公司作为许可人的专利许可次数非常多，在此，对其展开深入分析。

如表 3 - 2 - 3 所示，在 2014～2016 年通信领域专利许可 9 492 次中，许可人为蓝光联合有限责任公司的专利许可 4 738 次，约占 50%，并且该公司许可的均为发明专利。

在蓝光联合有限责任公司的 4 738 次专利许可中，共涉及 7 个技术分支：信息记录领域；图像通信领域；电数字数据处理领域；一般编码、译码或代码转换领域；广播通信领域；对用静态方法显示可变信息的指示装置进行控制的装置或电路领域；数字信息的传输，例如电报通信领域。

表 3 - 2 - 3　蓝光联合有限责任公司作为许可人的专利许可相关技术分支

分类号	技术领域	许可次数	占比/%
G11B	信息记录领域	3 750	79.14
H04N	图像通信领域	905	19.10
G06F	电数字数据处理领域	46	0.97
H03M	一般编码、译码或代码转换领域	18	0.38
H04H	广播通信领域	10	0.21
G09G	对用静态方法显示可变信息的指示装置进行控制的装置或电路领域	6	0.13
H04L	数字信息的传输，如电报通信领域	3	0

该公司79.14%的专利许可发生在信息记录领域（主分类号为G11B），为3 750次，约占信息记录领域专利许可总次数4 369次的86%。因此该公司在信息记录领域的专利许可情况几乎决定了该领域整体的专利许可情况。

2. 蓝光联合有限责任公司在G11B领域的许可

如图3－2－23所示，进一步对蓝光联合有限责任公司在G11B领域的专利许可进行分析可知，专利许可主要发生在以下G11B20/大组（并非专指记录或重现方法的信号处理；为此所用的电路）、G11B7/大组（用光学方法，例如，用光辐射的热射束记录用低功率光束重现的；为此所用的记录载体）和G11B27/大组（编辑；索引；寻址；定时或同步；监控；磁带行程的测量），专利许可分别为1 971次（53%）、1 263次（34%）和453次（12%）。

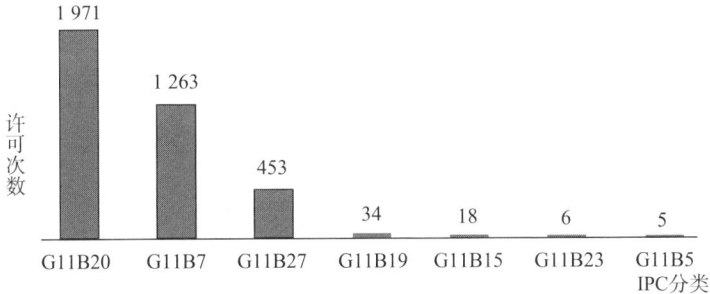

图3－2－23 蓝光联合有限责任公司作为许可人的专利
许可在G11B领域的具体技术分支

更具体地，蓝光联合有限责任公司作为许可人的专利许可在G11B领域的具体技术分支主要集中在数字记录或重现领域（G11B20/10，1905次），记录载体上信息的排列领域（G11B7/007，413次），记录、重现或抹除方法和电路领域（G11B7/004，281次），索引、寻址、定时或同步以及磁带行程的测量领域（G11B27/10，117次）。如表3－2－4所示。可见，该公司在数字记录或重现（G11B20/10）领域的技术实力比较雄厚。

表3－2－4 蓝光联合有限责任公司作为许可人的专利
许可在G11B领域的具体技术分支

分类号	技术分支	许可次数
G11B20/10	数字记录或重现	1 905
G11B7/007	记录载体上信息的排列，如轨迹的形式	413

分类号	技术分支	许可次数
G11B7/004	记录、重现或抹除方法；为此所用的读、写或抹除电路	281
G11B27/10	索引；寻址；定时或同步；磁带行程的测量	117

3. 蓝光联合有限责任公司在 H04N 领域的许可

如图 3 - 2 - 24 所示，在图像通信领域（主分类号为 H04N），蓝光联合有限责任公司作为许可人的专利许可涉及的主要技术分支为：II04N5/（电视系统的零部件）领域671次，H04N7/（电视系统）领域116次和 H04N9/（彩色电视系统的零部件）领域99次。

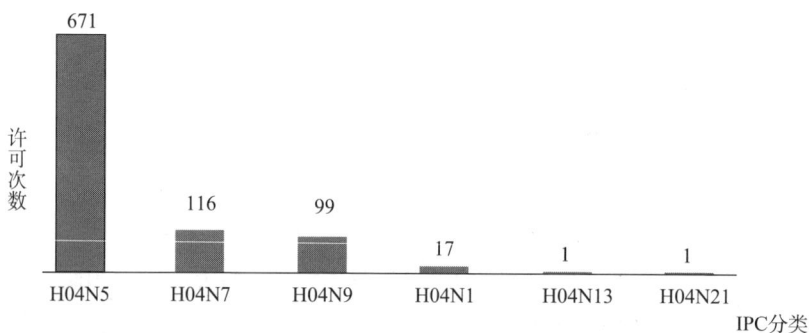

图 3 - 2 - 24　蓝光联合有限责任公司作为许可人的专利

许可在 H04N 领域的具体技术分支

更具体地，蓝光联合有限责任公司在图像通信领域的专利许可主要涉及电视信号的记录和重现（H04N5/92、H04N5/91 和 H04N5/93），如表 3 - 2 - 5 所示。可见，该公司在电视信号的记录和重现方面的技术实力也比较有优势。

表 3 - 2 - 5　蓝光联合有限责任公司作为许可人的专利

许可在 H04N 领域的具体技术分支

分类号	技术分支	许可次数
H04N5/92	为了记录目的的电视信号的变换，例如调制、变频；用于重放的逆变换	253
H04N5/91	电视信号的记录所用的电视信号的处理	155
H04N5/93	电视信号或其选择部分的再生	91

十一、华为技术有限公司和苹果公司的交叉许可

1. 华为和苹果的交叉许可相关技术

在对 2114～2016 年专利许可数据进行分析后发现，华为和苹果公司之间的专利交叉许可令人瞩目。华为作为许可人，参与了 804 次专利许可，被许可人全部为苹果公司；同时华为作为被许可人，参与了 47 次专利许可，而许可人也全部为苹果公司。并且并未发现苹果公司与其他公司在中国进行了专利许可行为。

在华为许可给苹果公司的 804 次专利许可中，784 次涉及网络无线通信领域（IPC 主分类号为 H04L、H04W、H04B 和 H04Q），占比 97.5%；16 次涉及多路复用通信领域（IPC 主分类号为 H04J），占比 2%；2 次涉及广播通信领域（IPC 主分类号为 H04H），占比 0.2%；1 次涉及电话通信领域（IPC 主分类号为 H04M），占比 0.1%；1 次涉及一般编译码领域（IPC 主分类号为 H03M），占比 0.1%。并且华为许可给苹果公司的专利全部为发明专利。

如图 3 - 2 - 25 所示，而在苹果许可给华为的 47 次专利许可中，43 次涉及网络无线通信领域（IPC 主分类号为 H04L、H04W、H04B 和 H04Q），占比 91%；4 次涉及多路复用通信领域（IPC 主分类号为 H04J），占比 9%。并且苹果公司许可给华为的专利同样全部为发明专利。

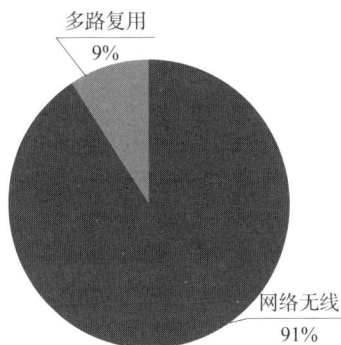

图 3 - 2 - 25 2014～2016 年苹果许可华为涉及的相关技术

2. 华为许可给苹果公司的主要技术分支

在华为许可给苹果公司的 804 次专利许可中，排在前十位的技术分支分别为

H04W36、H04L12、H04Q7、H04W4、H04L1、H04W8、H04W72、H04W24、H04W28、H04B7。如图 3 - 2 - 26 所示，其中涉及 H04W36/大组（切换或重选装置）的专利许可为 80 次，涉及 H04L12/大组（数据交换网络）的专利许可为 73 次，涉及 H04Q7/大组（通过无线电链路或感应链路连接用户的选择装置）的专利许可为 69 次，涉及 H04W4/大组（专门适用于无线通信网络的业务或设施）的专利许可为 66 次，涉及 H04L1/大组（检测或防止收到信息中的差错的装置）的专利许可为 64 次，涉及 H04W8/大组（网络数据管理）的专利许可为 49 次，涉及 H04W72/大组（本地资源管理，例如无线资源的选择或分配或无线业务量调度）的专利许可为 48 次，涉及 H04W24/大组（监督，监控或测试装置）的专利许可为 45 次，涉及 H04W28/大组（网络业务量或资源管理）的专利许可为 38 次，涉及 H04B7/大组（无线电传输系统，即使用辐射场的）的专利许可为 36 次。

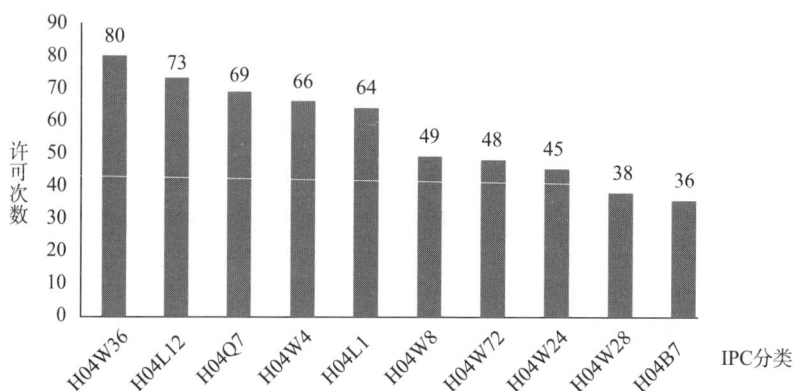

图 3 - 2 - 26　2014～2016 年华为许可苹果公司数据涉及的技术分支

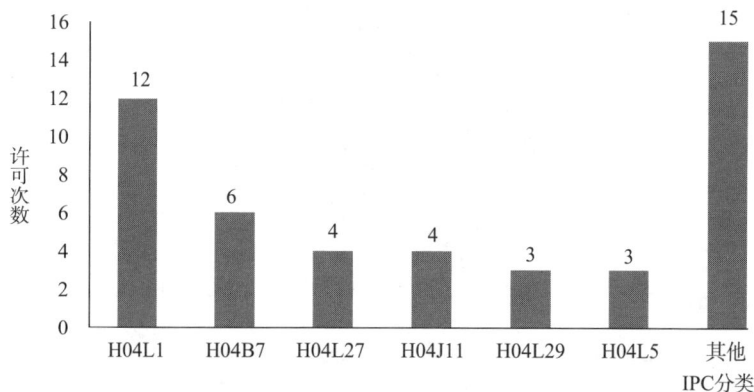

图 3 - 2 - 27　2014～2016 年苹果公司许可华为涉及的技术分支

3. 苹果许可给华为的主要技术分支

如图 3 - 2 - 27 所示，在苹果公司许可给华为的 47 次专利许可中，涉及 H04L1/大组的专利许可 12 次，涉及 H04B7/大组 6 次，涉及 H04L27/大组和 H04J11/大组（正交多路复用系统）各 4 次，涉及 H04L29/大组和 H04L5/大组各 3 次，涉及 H04W48/大组、H04W4/大组、H04W72/大组各 2 次。

第三节　质押专利的技术分析

如表 3 - 3 - 1 所示，2014~2016 年，通信领域专利质押共计 1 845 次。从技术的角度来看，质押专利主要涉及网络无线领域、图像传输领域、手机终端领域、声电领域、微波天线领域、电设备结构零部件领域、信息记录领域、医疗器械领域、电热照明领域等技术领域。其中，网络无线领域质押次数最多，高达 764 次，占总量的 41.4%。

表 3 - 3 - 1　2014~2016 年通信各具体领域专利质押数据

技术领域	分类号	质押次数
网络无线领域	H04L、H04W、H04B、H04Q、H04J	764
图像传输领域	H04N	224
手机终端领域	H04M	80
声电领域	H04R	72
微波天线领域	H01Q、H01P	84
电设备结构零部件领域	H05K	138
信息记录领域	G11B	27
医疗器械领域	A61N	57
电热照明领域	H05B	101
其他技术领域	G06F 等	298
总计		1 845

一、网络无线领域

从专利分类来说，网络无线领域又具体包括网络领域、无线通信领域、信号传输领域、选择通信领域、多路复用通信领域，下文将围绕上述领域就专利质押数据的情况展开详细分析。

（一）网络领域（H04L）

1. 网络领域的专利质押数据分析

2014～2016 年，网络领域，即 IPC 分类主分类号的小类为 H04L（数字信息的传输，如电报通信）领域，专利质押共计 366 次。

如图 3－3－1 所示，在网络领域中，发明专利质押 234 次，约占总量的 64%；实用新型专利质押 132 次，约占总量的 36%。

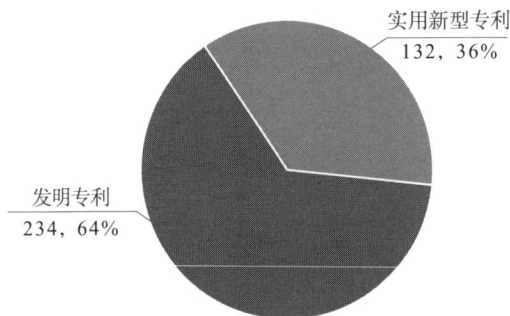

图 3－3－1　2014～2016 年网络领域专利质押涉及专利类型分布

2. 网络领域的质押专利相关技术分析

根据 IPC 分类号对大组进行进一步细分，可知网络领域的质押数据呈四级阶梯状分布，其中 H04L 12/00（数据交换网络）大组下专利质押 162 次，构成第一梯队；H04L 29/00（H04L 1/00 至 H04L 27/00 单个组中不包含的装置、设备、电路和系统）大组下专利质押 108 次，构成第二梯队；H04L 9/00（保密或安全通信装置）、H04L 1/00（检测或防止收到信息中的差错的装置）和 H04L 27/00（调制载波系统）大组下专利质押次数分别为 42 次、23 次和 13 次，构成第三梯队；H04L 7/00（使接收机与发射机同步的装置）、H04L 25/00（基带系统）和 H04L 5/00（为传输通道提供多用途的装置）大组下的专利质押分别为 8 次、5 次和 5 次，数量比较少，构成第四梯队，具体如图3－3－2 所示。此外，例如 H04L15/00（发送或接收"点划电码"的设备或局部电路，如莫尔斯电码）、H04L17/00（用于发送或接收电码的设备或局部电路，其中每个字符用相同数目的等长码元表示，波特码）、H04L13/00（由 H04L15/00 或 H04L17/00 组所包含的设备或电路的零部件）、H04L19/00（用于步进制系统的设备或局部电路）、H04L21/00（用于镶嵌式打印机电报系统的设备或局部电路）、H04L23/00（H04L15/00 至 H04L21/00 各组未包括的电信系统的设备或局部电路）这 6 个大组没有专利发生质押。可见上述涉及数据交换网络、通信控制和处理的相关技术的第一、二梯队活跃度最高，涉及接收机与发射机同步、基带系统与传输通道设备的第四梯度活跃度较低，而上述没有专利发生质押的 6 个大组涉及的电码收发设备或局部电路的相关技术、收发电码、步进制系统、电报系统的设备或局部电路的技术，由于技术相对落后，申请量较小，活跃度非常低。

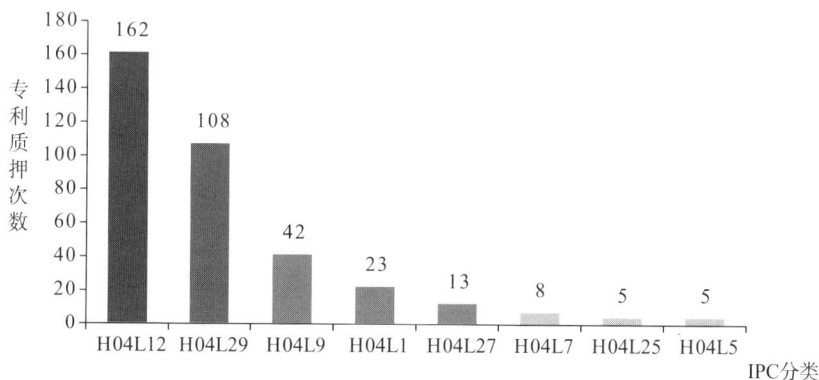

图 3 - 3 - 2 2014～2016 年网络领域各技术分支质押数量统计

（二）无线通信领域（H04W）

1. 无线通信领域的专利质押数据

2014～2016 年，无线通信领域，即 IPC 分类号的主分类号的小类为 H04W（无线通信网络）领域，专利质押共计 220 次。

如图 3 - 3 - 3 所示，在无线通信领域中，发明专利质押 174 次，约占总量的 79%；实用新型专利质押 46 次，约占总量的 21%。

2. 无线通信领域的专利质押相关技术

H04W 这一小类是 2009 年由 H04Q 7/00 这个大组进一步细分后形成的。由于生成时间较新，对于技术的划分更为细致、合理，因此在 H04W 小类下，除了 H04W 99/00（本小类其他各组中不包括的技术主题）与 H04W60（注册，如加

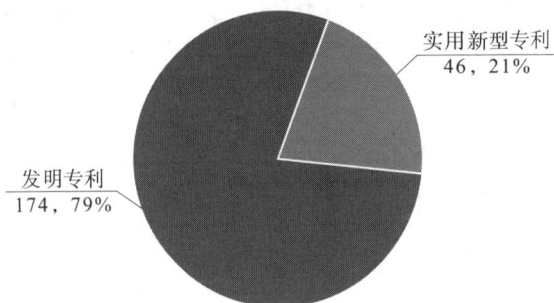

图 3 - 3 - 3　2014～2016 年无线通信领域专利质押涉及专利类型分布

入网络；撤销注册，如终止加入）之外，其余 20 个大组均有专利质押数据，各个大组对应的技术分支内容参见表 3 - 3 - 2。

表 3 - 3 - 2　无线通信领域各 IPC 分类号大组对应的技术分支内容

排名	IPC 分类号大组	对应的技术分支内容
1	H04W4/00	专门适用于无线通信网络的业务或设施
2	H04W88/00	专门适用于无线通信网络的设备，如终端、基站或接入点设备
3	H04W24/00	监督，监控或测试装置
4	H04W52/00	功率管理，如 TPC［传输功率控制］，功率节省或功率分级
5	H04W36/00	切换或重选装置
6	H04W72/00	本地资源管理，如无线资源的选择或分配或无线业务量调度
7	H04W56/00	同步装置
8	H04W28/00	网络业务量或资源管理
9	H04W16/00	网络规划，如覆盖或业务量规划工具；网络配置，例如资源划分或小区结构
10	H04W76/00	连接管理，如连接建立，操作或释放
11	H04W8/00	网络数据管理
12	H04W48/00	接入限制；网络选择；接入点选择
13	H04W74/00	无线信道接入，如调度接入或随机接入
14	H04W80/00	无线网络协议或对于无线操作的协议适应，如 WAP［无线应用协议］
15	H04W84/00	网络拓扑
16	H04W40/00	通信路由或通信路径查找
17	H04W68/00	通知用户，如提醒通信到来或业务改变

排名	IPC 分类号大组	对应的技术分支内容
18	H04W12/00	安全装置，如接入安全或欺诈检测；鉴权，例如检验用户身份或权限；保密或匿名
19	H04W64/00	为了网络管理的目的，如移动性管理，定位用户或终端
20	H04W92/00	网络互连装置

其中以 H04W 4/00（专门适用于无线通信网络的业务或设施）这一技术分支表现最为突出，该大组下专利质押 30 次，位居榜首，该大组中包含多个当前较热门的小组，例如 H04W 4/12（消息传送，例如 SMS［短消息业务］；邮箱；通告，如通知用户通信请求的状态或进展）、H04W 4/14（短消息业务，如 SMS 或 USSD［非结构化补充业务数据］等；大组 H04W 88/00（专门适用于无线通信网络的设备，如终端、基站或接入点设备）、H04W 24/00（监督，监控或测试装置）和 H04W 52/00（功率管理，例如，TPC［传输功率控制］，功率节省或功率分级）分列第二至第五位，质押次数在 20 次（含）以上。详见图 3 - 3 - 4。

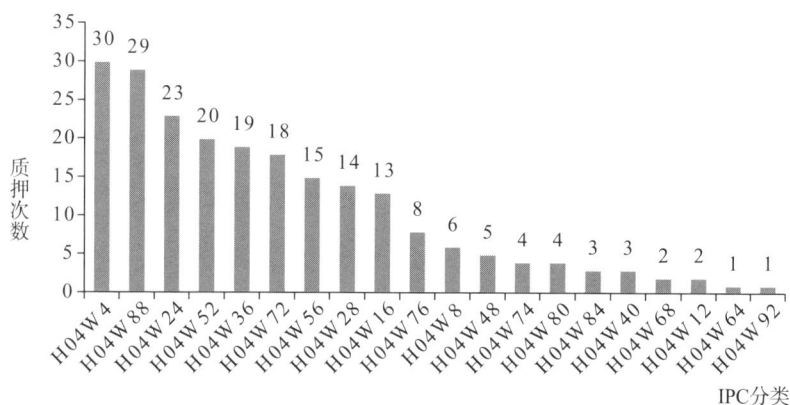

图 3 - 3 - 4　2014～2016 年无线通信领域各技术分支质押数量统计

（三）信号传输领域（H04B）

1. 信号传输领域的专利质押数据

2014～2016 年，信号传输领域即 IPC 分类号的主分类号的小类为 H04B（传输）专利质押共计 151 次。

如图 3 - 3 - 5 所示，信号传输领域中，发明专利质押 83 次，约占总量的

55%；实用新型专利质押 68 次，约占总量的 45%。

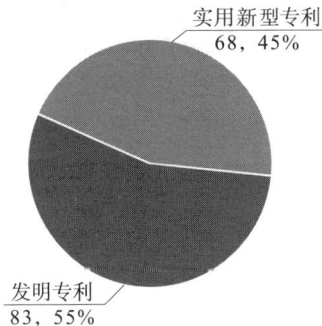

图 3 - 3 - 5　2014～2016 年信号传输领域专利
质押涉及专利类型分布

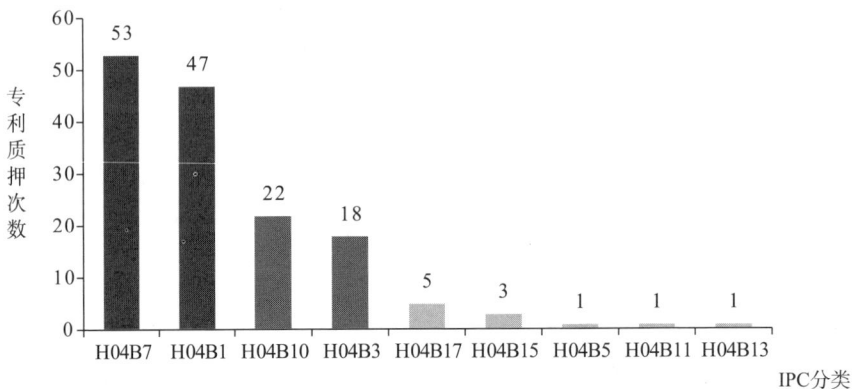

图 3 - 3 - 6　2014～2016 年信号传输领域各技术分支质押数量统计

2. 信号传输领域的专利质押相关技术

在 H04B 小类下，有 9 个大组均有专利质押，如图 3 - 3 - 6 所示。根据 IPC 分类号的大组来进行进一步的细分可知，信号传输领域的质押数据同样呈三级阶梯状，其中 H04B 7/00（无线电传输系统，即使用辐射场）和 H04B 1/00（不包含在 H04B 3/00 至 H04B 13/00 单个组中的传输系统的部件；不以所使用的传输媒介为特征区分的传输系统的部件）大组下的质押次数分列第一和第二，分别为 53 次和 47 次，构成第一梯队；H04B 10/00（利用无线电波以外的电磁波（如红外线、可见光或紫外线）或利用微粒辐射（如量子通信）的传输系统和 H04B 3/00（有线传输系统）大组下的质押次数分别为 22 次和 18 次，构成第二梯队；

H04B 17/00（监控；测试）、H04B 15/00（噪声或干扰的抑制或限制）、H04B 5/00（近场传输系统，例如感应环型的）、H04B 11/00（使用超声波、声波或次声波的传输系统）和 H04B 13/00（不包含在 H04B 3/00 至 H04B 11/00 各组中的，以传输媒介为特征区分的传输系统）大组下的质押次数分别为 5 次、3 次、1 次、1 次和 1 次，构成第三梯队。

（四）选择通信领域（H04Q）

1. 选择通信领域的专利质押数据

2014～2016 年，选择通信领域即 IPC 分类号的主分类号的小类为 H04Q（选择）的专利质押次数共计 25 次。

如图 3 - 3 - 7 所示，选择通信领域中，发明专利质押 15 次，约占总量的 60%；实用新型专利质押 10 次，约占总量的 40%。

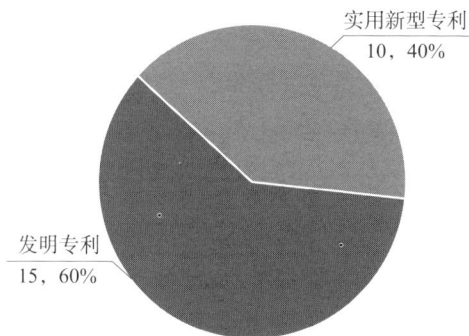

图 3 - 3 - 7　2014～2016 年选择通信领域专利
质押涉及专利类型分布

2. 选择通信领域的专利质押相关技术

在 2009 年发布的 IPC 分列表中，H04Q 7/00 大组全部转入 H04W 4/00 至 H04W 99/00，但由于选定的质押登记日期是在 2014～2016 年的专利，其授权日可能在 2009 年之前，因此 H04Q 7/00 大组下仍有相当数量的质押数据。在 H04B 小类下，有 5 个大组均有专利质押数据，如图 3 - 3 - 8 所示。其中 H04Q 7/00（通过无线电链路或感应链路连接用户的选择装置）大组下质押次数最多，为 14 次，以较大优势位居榜首；其次是 H04Q 11/00（多路复用系统的选择装置）大组，质押次数为 5 次；H04Q 5/00（2 个或 2 个以上用户站由同一线路连接到交换机的选择装置）和 H04Q 3/00（选择装置）大组下的质押次数为 4 次。

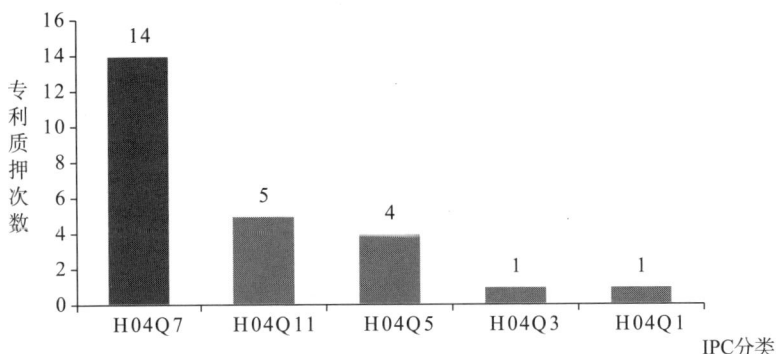

图 3 - 3 - 8　2014~2016 年选择通信领域各技术分支质押数量统计

（五）多路复用通信领域（H04J）

1. 多路复用通信领域的专利质押数据

2014~2016 年多路复用通信领域，即 IPC 分类号的主分类号的小类为 H04J，专利质押共计 2 次，均为发明专利质押，如图 3 - 3 - 9 所示。

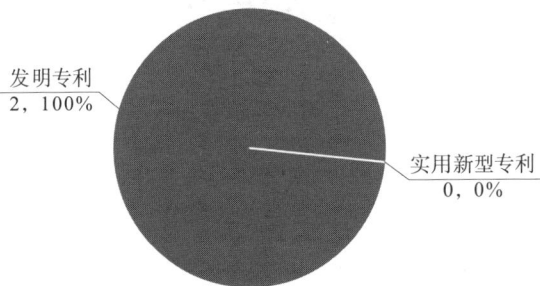

图 3 - 3 - 9　2014~2016 年多路复用通信领域
专利质押涉及专利类型分布

2. 多路复用领域的专利质押相关技术

在 H04J 小类下，仅有 2 个大组有专利质押数据，如图 3 - 3 - 10 所示。H04J 13/00（码分多路复用系统）和 H04J 3/00（时分多路复用系统）这 2 个大组涉及的专利质押次数均为 1 次，数量较少。

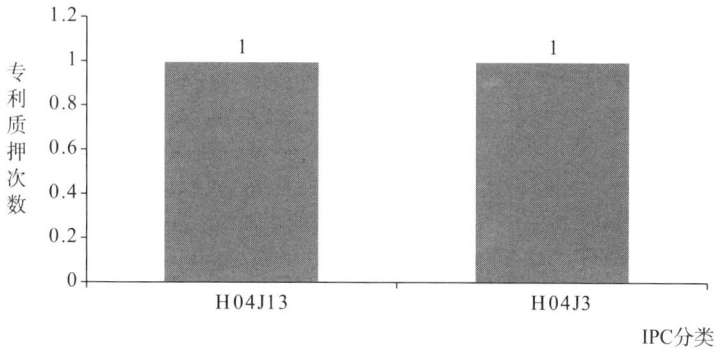

图 3 - 3 - 10　2014～2016 年多路复用通信领域

各技术分支质押数量统计

二、图像传输领域

1. 图像传输领域的专利质押数据

2014～2016 年，图像传输领域即 IPC 分类号的主分类号的小类为 H04N（图像通信，如电视）的专利质押共计 224 次。

如图 3 - 3 - 11 所示，图像传输领域中，发明专利质押 74 次，约占总量的33%；实用新型专利质押 150 次，约占总量的 67%。

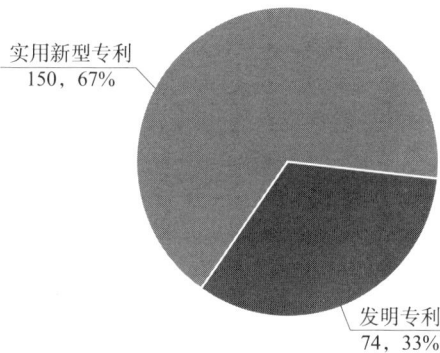

图 3 - 3 - 11　2014～2016 年图像传输领域专利

质押涉及专利类型分布

2. 图像传输领域的专利质押相关技术

在 H04N 小类下，有 9 个大组均有专利质押，如图 3 - 3 - 12 所示。其中以 H04N 5/00（电视系统的零部件）这一技术分支表现最为突出，该大组下专利质押 90 次，位居榜首；大组 H04N 7/00（电视系统）和 H04N 21/00（可选的内容分发，例如交互式电视，或视频点播，分列第二和第三位，质押次数分别为 83 次和 27 次；随后是 H04N 9/00（彩色电视系统的零部件）、H04N 1/00（文件或类似物的扫描、传输或重现，如传真传输；其零部件）和 H04N 17/00（电视系统或其部件的故障诊断、测试或测量），但质押数量相对较少。可见，涉及电视系统以及交互式电视的相关技术专利质押活跃度较高，其他相关技术专利质押活跃度较低。

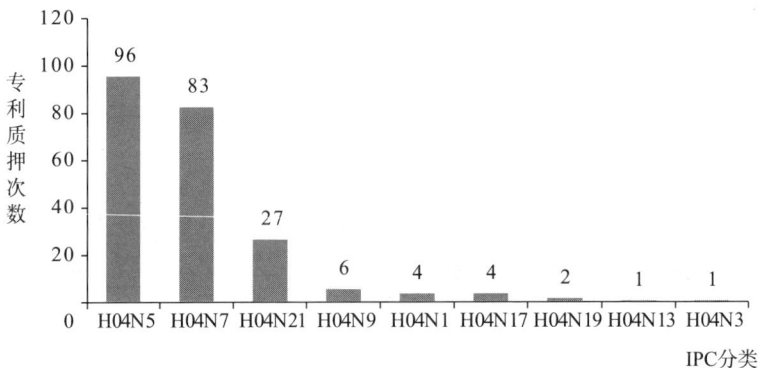

图 3 - 3 - 12　2014～2016 年图像传输领域
各技术分支质押数量统计（VOD）

三、手机终端领域

1. 手机终端领域的专利质押数据

如图 3 - 3 - 13 所示，2014～2016 年，手机终端领域即 IPC 分类号主分类号的小类为 H04M（电话通信）的专利质押共计 80 次。其中，发明专利质押 8 次，约占总量的 10%；实用新型专利质押 72 次，约占总量的 90%。

2. 手机终端领域的专利质押相关技术

在 H04M 小类下，仅 3 个大组均有专利质押数据，如图 3 - 3 - 14 所示。其中 H04M 1/00（分局设备，如用户使用的）大组下专利质押高达 68 次，占手机终端领域专利质押总量的 75%，位居第一；H04M3/00（自动或半自动交换局）和 H04M11/00（专门适用于与其他电系统组合的电话通信系统）大组下的专利质押均为 6 次，位列第二位。

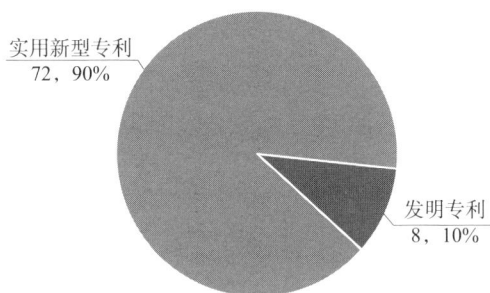

图 3-3-13　2014～2016 年手机终端领域专利
质押涉及专利类型分布

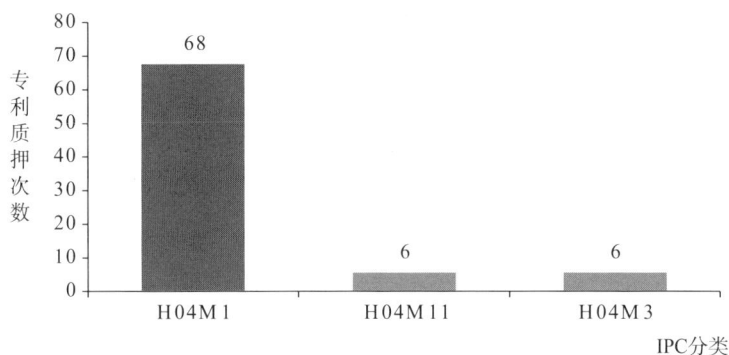

图 3-3-14　2014～2016 年手机终端领域各
技术分支质押数量统计

四、声电领域

1. 声电领域的专利质押数据

如图 3-3-15 所示，2014～2016 年，声电领域即 IPC 分类号的主分类号的小类为 H04R（扬声器、传声器、唱机拾音器或其他声—机电传感器；助听器；

扩音系统）的专利质押共72次。其中，发明专利质押次数与实用新型专利质押次数相当，发明专利质押24次，占总量的33%；实用新型专利质押48次，占总量的67%。

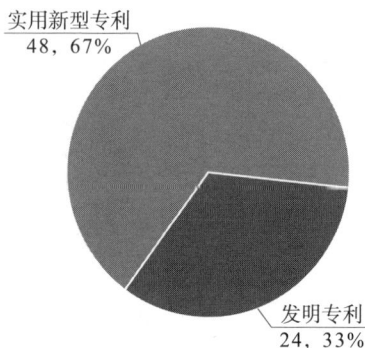

图 3-3-15　2014~2016 年声电领域专利
质押涉及专利类型分布

2. 声电领域的专利质押相关技术

在 H04R 小类下，7 个大组均有专利质押，如图 3-3-16 所示。其中 H04R1/00（传感器的零部件）大组下专利质押高达29次，约占声电领域专利质押总量的40%，位居第一位；H04R9/00（动圈、动片或动线型传感器）和 H04R25/00（助听器）大组下的专利质押分别为11次和8次，分列第二和第三位。

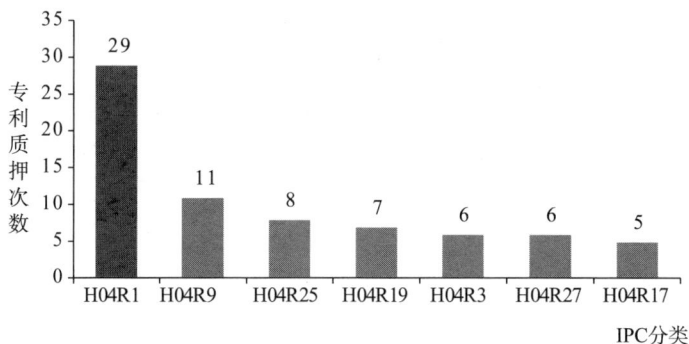

图 3-3-16　2014~2016 年声电领域各技术
分支质押数量统计

五、微波天线领域

微波天线领域主要分为天线领域［即 IPC 分类的主分类号的小类为 H01Q（天线）］及微波领域［即 IPC 分类的主分类号的小类为 H01P（波导；谐振器、传输线或其他波导型器件）］两部分，2014～2016 年，微波天线领域专利质押共84 次，其中天线领域专利质押 71 次，占微波天线领域专利质押总量的 85%，详见图 3 - 3 - 17 所示。

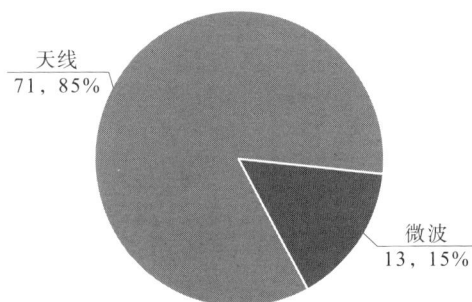

**图 3 - 3 - 17　2014～2016 年微波天线领域各技术
分支质押数量统计**

(一) 天线领域（H01Q）

1. 天线领域的专利质押数据

如图 3 - 3 - 18 所示，2014～2016 年，天线领域专利质押共计 71 次，其中，发明专利质押 23 次，约占总量的 32%；实用新型专利质押 48 次，约占总量的 68%。

2. 天线领域的专利质押相关技术

根据 IPC 分类号大组来进行进一步的细分，如图 3 - 3 - 19 所示，可知在天线领域的各技术分支中，H01Q 1/00（天线零部件或与天线结合的装置）专利质押 32 次，约占天线领域专利质押总量的 40%，位居第一位；H01Q3/00（改变天线或天线系统辐射波的指向或方向图形的装置）、H01Q9/00（尺寸不大于工作波长 2 倍并由到点有源辐射单元组成的电气短天线）和 H01Q 21/00（天线阵或系统）大组下的专利质押分别为 13 次、11 次和 8 次，分列第二、第三、第四位；

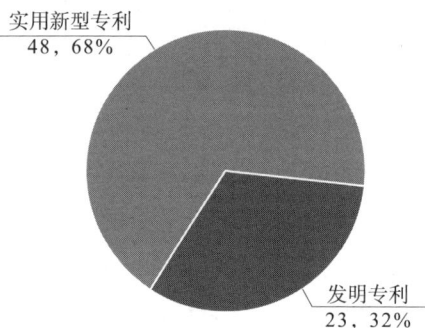

实用新型专利
48，68%

发明专利
23，32%

图3－3－18　2014～2016年天线领域专利质押

涉及专利类型分布

其他大组下的专利质押次数较少。由此可见，在天线领域中涉及天线零部件的专利质押活跃度最高。

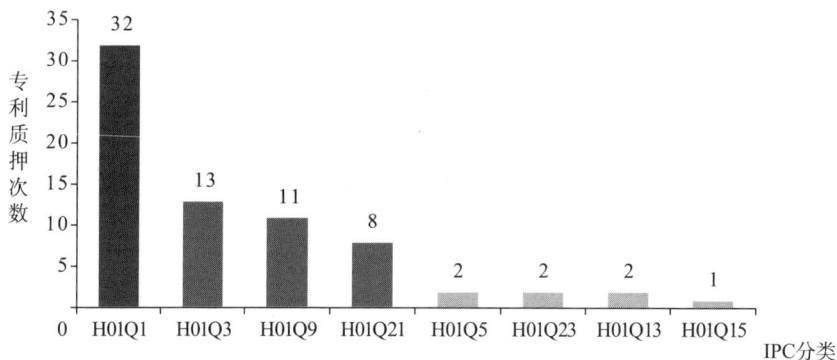

图3－3－19　2014～2016年天线领域各技术分支质押数量统计

（二）微波领域（H01P）

1. 微波领域的专利质押数据

如图3－3－20所示，2014～2016年，微波领域专利质押共计13次，其中发明专利质押6次，实用新型专利发生7次。

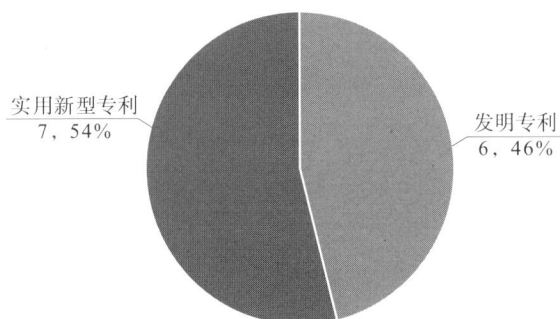

图 3 - 3 - 20　2014～2016 年微波领域专利
质押涉及专利类型分布

2. 微波领域的专利质押相关技术

在微波领域的专利质押数据中，以 H01P1/00（辅助器件）这一技术分支表现最为突出，该大组下专利质押 10 次，位居榜首；其次是 H01P5/00（波导型耦合器件），该大组下专利质押 2 次；H01P 3/00（波导；波导型传输线）专利质押 1 次，如图 3 - 3 - 21 所示。

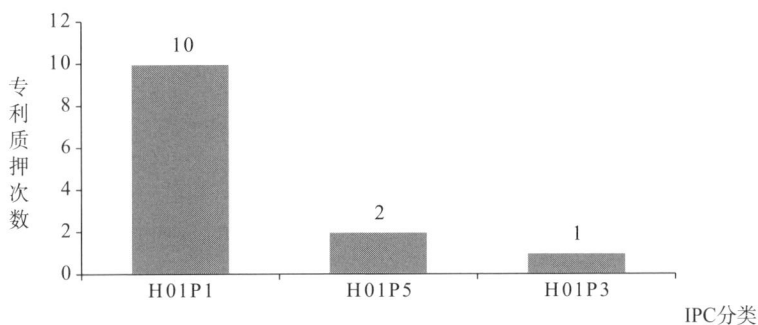

图 3 - 3 - 21　2014～2016 年微波领域各技术分支质押数量统计

六、电设备结构零部件领域

1. 电设备结构零部件领域的专利质押数据

如图 3 - 3 - 22 所示，2014～2016 年，电设备结构零部件领域，即 IPC 分类号的主分类号的小类为 H05K（印刷电路；电设备的外壳或结构零部件；电气元件组件的制造），专利质押 138 次。在图像传输领域中，发明专利质押 11 次，约占总量的 8%；实用新型专利质押 127 次，约占总量的 92%。该领域多为在现有技术条件下对电设备的零部件结构的细微改进。

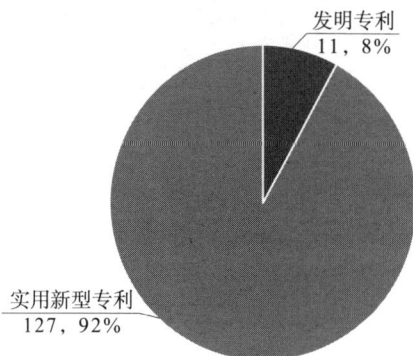

图 3 - 3 - 22　2014～2016 年电设备结构零部件领域
专利质押涉及专利类型分布

2. 电设备结构零部件领域的专利质押相关技术

在 H05K 小类下，H05K5/00（用于电设备的机壳、箱柜或拉屉）大组下专利质押 81 次，占电设备结构零部件领域的 40% 以上，位居第一位；H05K 7/00（对各种不同类型电设备通用的结构零部件）大组下专利质押 32 次，位居第二位；H05K13/00（专门适用于制造或调节电元件组装件的设备或方法）、H05K 9/00（设备或元件对电场或磁场的屏蔽）和 H05K3/00（用于制造印刷电路的设备或方法）大组下的专利质押分别为 11 次、6 次和 5 次，如图 3 - 3 - 23 所示。

七、信息记录领域

1. 信息记录领域的专利质押数据

如图 3 - 3 - 24 所示，2014～2016 年，信息记录领域，即 IPC 分类号的主分类号的小类为 G11B（基于记录载体和换能器之间的相对运动而实现的信息存储）的专利质押共计 27 次。其中，发明专利质押 10 次，约占总量的 37%；实用新型专利质押 17 次，占总量的 63%。

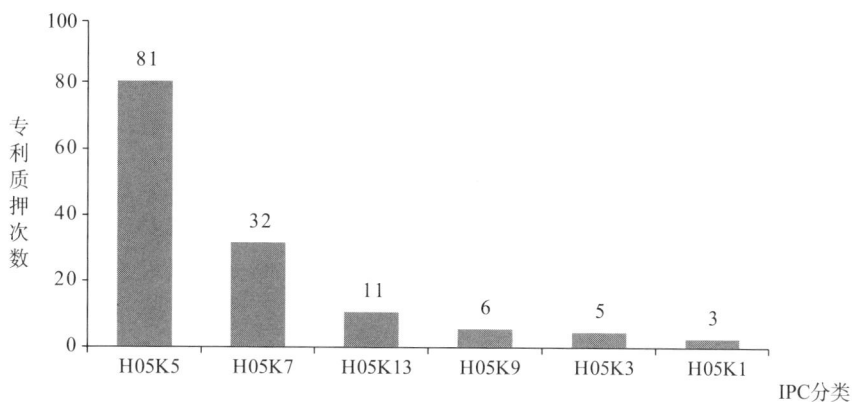

图 3 - 3 - 23 2014～2016 年电设备结构零部件领域

各技术分支质押数量统计

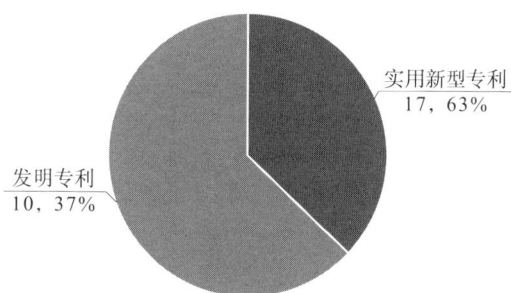

图 3 - 3 - 24 2014～2016 年信息记录领域专利

质押涉及专利类型分布

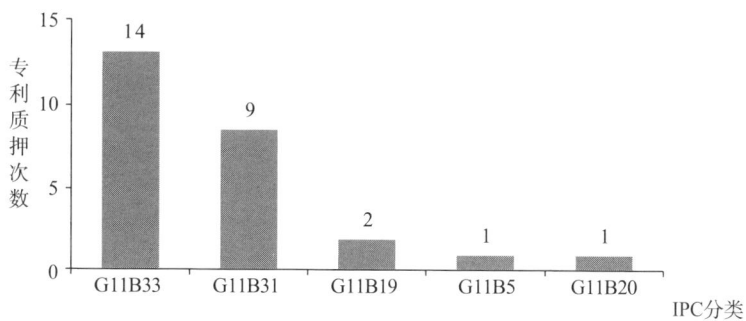

图 3 - 3 - 25 2014～2016 年信息记录领域各技术分支质押数量统计

2. 信息记录领域的专利质押相关技术

在 G11B 小类下，G11B33/00（本小类其他各组中不包含的结构部件、零部件或附件）大组下专利质押 14 次，约占信息记录领域的 1/2，位居第一位；G11B 31/00（用于记录或重现设备与有关设备的协同作业的装置）大组下专利质押 9 次，位居第二位，如图 3 - 3 - 25 所示。

八、医疗器械领域

1. 医疗器械领域的专利质押数据

如图 3 - 3 - 26 所示，2014 ~ 2016 年，医疗器械领域即 IPC 分类号的主分类号的小类为 A61N（电疗；磁疗；放射疗；超声波疗）的专利质押共 57 次。其中，发明专利质押 14 次，约占总量的 25%；实用新型专利质押 43 次，占总量的 75%。

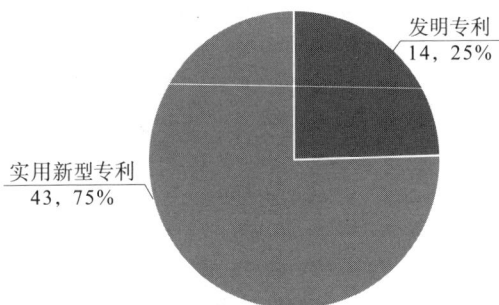

图 3 - 3 - 26　2014 ~ 2016 年医疗器械领域专利质押涉及专利类型分布

2. 医疗器械领域的专利质押相关技术

如图 3 - 3 - 27 所示，在 A61N 小类下，A61N7/00（超声波疗法）大组下专利质押次数最多，为 51 次；A61N5/00（放射疗）大组下专利质押 6 次。可见，医疗器械领域中质押活动较为活跃的技术为放射疗技术；其他技术较不活跃。

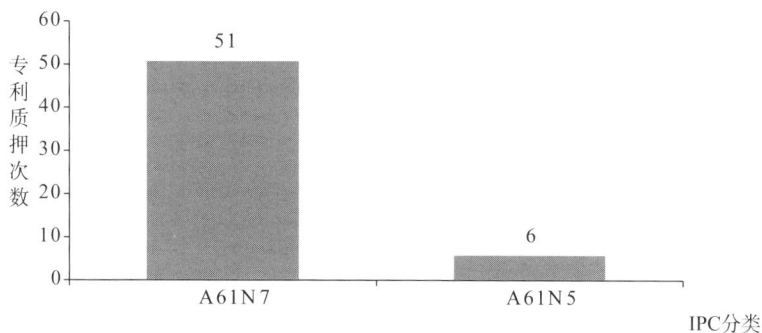

图 3 - 3 - 27　2014~2016 年医疗器械领域各技术

分支质押数量统计

九、电热照明领域

1. 电热照明领域的专利质押数据

如图 3 - 3 - 28 所示，2014~2016 年，电热领域，即 IPC 分类号的主分类号的小类为 H05B（电热；其他类目不包含的电技术）的专利质押共 101 次，其中，发明专利质押 22 次，约占总量的 22%；实用新型专利质押 79 次，占总量的 78%。

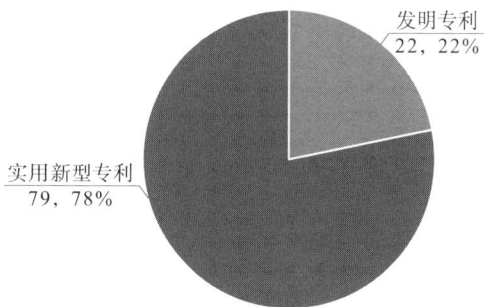

图 3 - 3 - 28　2014~2016 年电热照明领域专利

质押涉及专利类型分布

2. 电热照明领域的专利质押相关技术

在 H05B 小类下，H05B37/00（用于一般电光源的电路装置）大组下专利质押次数最多，为93次，约占该领域总量的61%；H05B41/00（用于放电灯点火或控制的电路装置或设备）大组下的专利质押次数为8次，位列第二位，如图3-3-29所示。可见，电热照明领域中质押活动较为活跃的技术为一般电光源的电路装置。

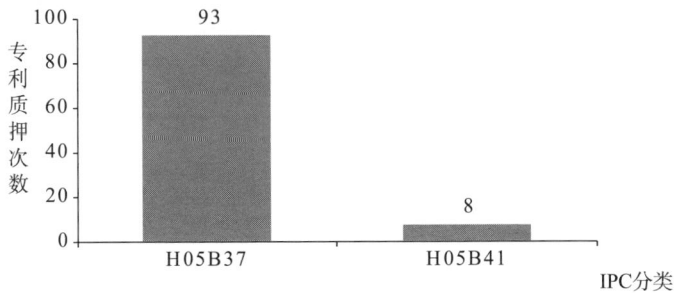

图3-3-29 2014~2016年电热照明领域各技术
分支质押数量统计

十、其他技术领域

2014~2016年，通信领域中除上述9个领域外，其他技术领域下专利质押298次，其中F21S（非便携式照明装置或其系统）领域中专利质押次数最多，为32次。表3-3-3为其他技术领域中排名前十五的技术领域。

表3-3-3　其他技术领域各IPC小类对应的技术分支内容

分类号	技术领域	专利质押次数
F21S	非便携式照明装置或其系统	32
G06F	电数字数据处理	23
G02B	光学元件、系统或仪器	20
G03B	摄影、放映或观看用的装置或设备；利用了光波以外其他波的类似技术的装置或设备；以及有关的附件	16
H02M	用于交流和交流之间、交流和直流之间、或直流和直流之间的转换以及用于与电源或类似的供电系统一起使用的设备；直流或交流输入功率至浪涌输出功率的转换；以及它们的控制或调节	14
G09F	显示；广告；标记；标签或铭牌；印鉴	13

分类号	技术领域	专利质押次数
G08B	信号装置或呼叫装置；指令发信装置；报警装置	13
G08C	测量值、控制信号或类似信号的传输系统	12
H02J	供电或配电的电路装置或系统；电能存储系统	12
G06K	数据识别；数据表示；记录载体；记录载体的处理	12
G05B	一般的控制或调节系统；这种系统的功能单元；用于这种系统或单元的监视或测试装置	11
G06Q	专门适用于行政、商业、金融、管理、监督或预测目的的数据处理系统或方法；其他类目不包含的专门适用于行政、商业、金融、管理、监督或预测目的的处理系统或方法	9
G01G	称量	8
H04H	广播通信	8
A61B	诊断；外科；鉴定	7

第四节 小 结

根据上述对各个分技术领域的专利运营数据分析可知，绝大部分的运营数据与该分领域的技术趋势保持了高度一致，进一步说明了专利运营与专利保护的技术之间呈现高度的正相关性。

在网络无线通信领域中，其技术发展趋势是：（1）宽带化方向。随着手机、笔记本等设备的进一步普及和人们对于上网速度要求的不断提高，无线通信技术一直朝着无线接入宽带化的方向推进；（2）信息个人化方向。随着信息化时代的到来以及信息技术的不断创新，信息个人化已经成了未来信息产业发展的一个重要方向；（3）标签自动识别技术。该技术可以同时快速处理多个高速运动物体的识别工作，对物流运输行业的发展有着重要意义；（4）网络的优化融合与演进并行。网络的融合是无线通信技术发展的主要方向，网络的融合对于计算机网络、电信网络等网络的完善有着极大帮助。①

---

① 郭彦．无线通信技术发展趋势［J］．中国新通信，2017（12）．

综合上述网络无线领域的技术可以看出，网络无线领域的高价值专利的特征从技术的角度主要表现为以下方面：（1）涉及为实现宽带化的无线接入网的物理层、MAC 层等底层的帧结构设计、信道资源映射、功率控制、MIMO 天线、资源分配、数据封装等关键技术；（2）涉及为使个人终端接入网络的接入鉴权、移动性管理等信令流程以及手机安全管理等；（3）涉及网络的优化融合的核心网的数据分组交换技术；（4）涉及为实现信息个性化而在网络端提供的包括音视频、图像传输等个性化和多样化服务，所提供的网络端的社交功能等。

在音视频领域，其技术发展趋势是：（1）音视频图像开始与其他物理设备和网络融合，各种智能终端、可穿戴设备等中都使用了音视频图像；（2）人工智能引爆行业，虚拟现实、增强现实等与人工智能结合，促进了技术的进一步发展；（3）搭载在个人移动终端上的摄像机和声电设备技术进一步完善。

综合上述图像和声电领域的技术可以看出，图像和声电领域的高价值专利的特征从技术的角度主要表现为：（1）与个人移动终端结合的摄像头的小型化设计和多摄像头和声电器件的布局；（2）与实现个性化发展相伴随的自拍设备和解放双手的自拍装置——无人机；（3）与人工智能行业紧密相关的立体显示技术、人机交互和视频下载等。

在天线领域，其技术发展趋势是：（1）天线体积小型化；（2）多制式网络共天馈应用；（3）天线功能模式向智能化功能方向发展；（4）天线与射频模块链接由分离式向集中式发展。①

综合上述天线领域的技术可以看出，涉及专利运营的技术主要致力于为实现天线体积小型化的与天线外观、耐用性和使用便捷性有关的技术以及为实现多制式网络共馈时对天线性能、制造使用成本改进的技术。

随着电子设备的小型化，意味着对散热提出了更高的要求，从专利运营数据来看，随着 PC 计算机及智能手机等小型电子设备的发展，与之匹配的主动式散热技术也随之发展，并占据了电设备散热技术的主要部分。但该领域较多的运营专利较多涉及电设备的零部件结构的细微改进，也进一步证明该领域并非属于高竞争热度领域。

在信息记录领域，存储材料成为信息存储领域竞争的热点。虽然信息记录领

---

① 新型天线技术发展趋势分析 [EB/OL]. http://www.21ic.com/3g/121258.

域在近几年发展不快，但已经可以从信息记录领域的无效宣告案件数据中发现涉及改进硬盘驱动臂型材结构的相关技术。

因此，从上述技术趋势与通信领域运营数据的对比可以看出，通信领域运营数据绝大多数属于分支领域技术趋势在技术方案上的具体实现。因此，技术趋势的确定对于专利运营方向的预测具有积极作用。

第四章

2014～2016年专利无效宣告案件数据及技术分析

我国《专利法》第56条规定："自国务院专利行政部门公告授予专利权之日起，任何单位或者个人认为该专利权的授予不符合本法有关规定的，可以请求专利复审委员会宣告该专利权无效。"第47条第1款规定："宣告无效的专利权视为自始即不存在。"由此，专利无效宣告程序成为市场主体积极消除专利侵权风险或者对抗竞争对手专利侵权诉讼的一个重要手段，专利无效宣告案件所涉及的技术领域在某种意义上也成了反映技术领域热度的晴雨表。对专利无效宣告案件进行数据分析和技术分析，在某种程度上能够反映相关技术领域的市场竞争程度及专利运营情况。据统计，2014～2016年，专利复审委员会共作出涉及通信领域的无效宣告请求审查决定621个，涉及548件专利，无效宣告请求审查决定分为宣告专利权全部无效、宣告专利权部分无效和维持专利权有效三种类型。需要说明的是，对于无效宣告请求不予受理或视为未提出的案件不在本章分析的数据范围之内。

第一节 专利无效宣告案件数量、领域、类型以及法律依据分析

一、2014～2016年通信领域无效宣告案件涉及专利类型分析

如图4-1-1所示，在2014～2016年通信领域作出的无效宣告请求审查决

定中，发明专利共计 345 件，占总量的 55.6%；实用新型专利共计 276 件，占总量的 44.4%。可见，两种专利类型的绝对数量相差并不大。

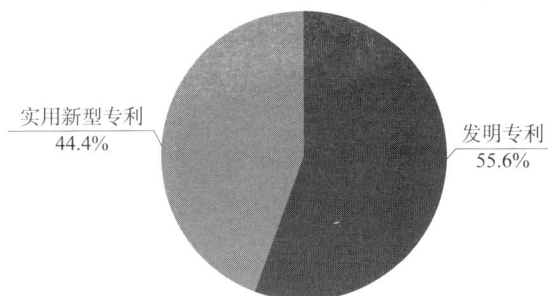

图 4 - 1 - 1　2014～2016 年通信领域无效宣告请求审查决定涉及专利类型分布

二、2014～2016 年通信领域无效宣告案件数量变化趋势统计分析

从图 4 - 1 - 2 可以看出，2014～2016 年通信领域作出的无效宣告请求审查决定个数逐年递减。以结案类型进行区分，维持专利权有效的案件数量逐年递减，宣告专利权部分无效的案件数量呈稳中略减的趋势，宣告专利权全部无效的案件数量呈波浪形，先增后减。在 2014 年维持专利权有效的案件数量最多，占比达到 44.3%；而 2015 年和 2016 年宣告专利权全部无效的案件数量最多，占比分别为 44.2% 和 49.7%；在 2014～2016 年宣告专利权部分无效的案件数量占当年所有案件数量的比例均为最小。

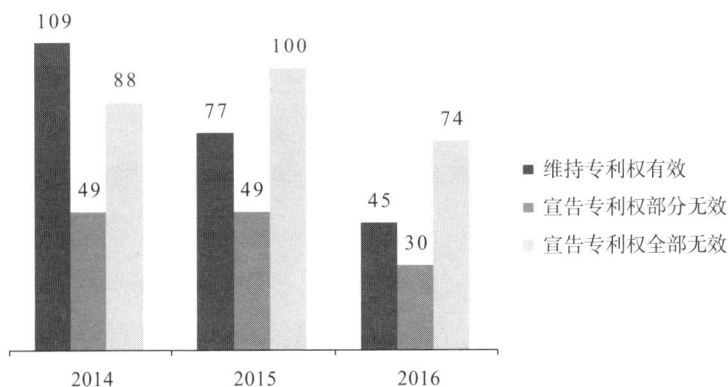

图 4 - 1 - 2　2014～2016 年通信领域无效宣告请求审查决定数量变化趋势

三、每件专利对应的无效宣告请求审查决定数量分析

如图 4 - 1 - 3 所示，在 2014～2016 年作出的通信领域的无效宣告请求审查决定涉及的 548 件专利中，作出无效宣告请求审查决定一次的有 494 件，占比为 90%；作出无效宣告请求审查决定两次的有 41 件，占比为 7%；作出无效宣告请求审查决定 3 次的有 10 件，占比为 2%；作出无效宣告请求审查决定 4 次及以上的有 3 件，占比为 1%。由于任何单位和个人都有权提出专利权无效宣告请求，并且对于同一专利权提出无效宣告请求的次数并无限制，因此，涉及重大利益的专利可能存在多个无效宣告请求。例如，申请号为 CN201420522729.0，发明名称为"一种一体式自拍装置"的实用新型专利，2014～2016 年作出高达 6 次的无效宣告请求审查决定。

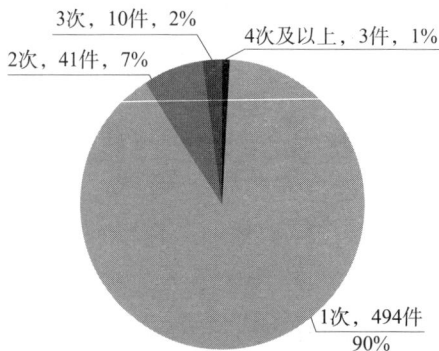

图 4 - 1 - 3 2014～2016 年通信领域针对同一件专利
作出的无效宣告请求审查决定数量分布

四、2014～2016 年通信领域无效宣告案件涉及领域统计分析

如图 4 - 1 - 4 所示，如果以国际专利分类号 IPC 作为技术分支的划分依据，在通信领域，2014～2016 年，作出无效宣告请求审查决定数量最多的三个技术分支是 H04W、H04L 和 H04R，分别为 128 次、87 次和 79 次，这三个分类号涉及的技术分支具体为"无线通信网络""数字信息的传输，如电报通信"和"扬

声器、传声器、唱机拾音器或其他声—机电传感器；助听器；扩音系统"。上述统计数据能够部分地反映不同具体领域中专利的活跃程度和市场价值。

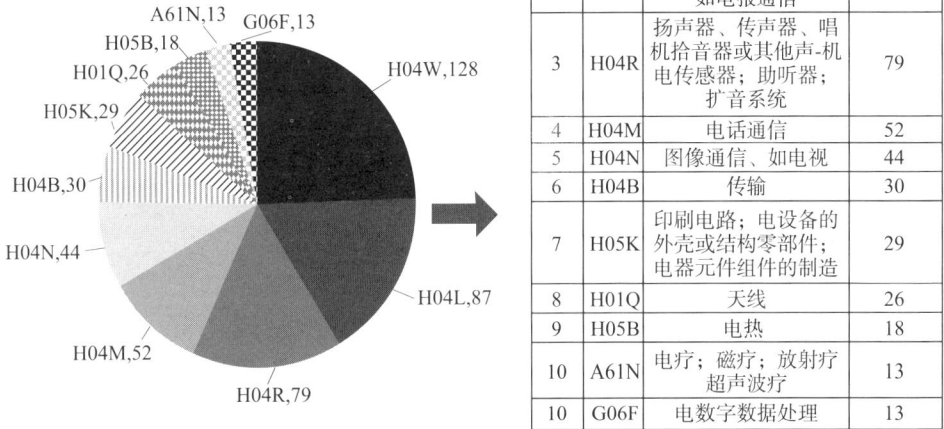

排名	IPC	IPC解释	许可次数
1	H04W	无线通信网络	128
2	H04L	数字信息的传输，如电报通信	87
3	H04R	扬声器、传声器、唱机拾音器或其他声-机电传感器；助听器；扩音系统	79
4	H04M	电话通信	52
5	H04N	图像通信、如电视	44
6	H04B	传输	30
7	H05K	印刷电路；电设备的外壳或结构零部件；电器元件组件的制造	29
8	H01Q	天线	26
9	H05B	电热	18
10	A61N	电疗；磁疗；放射疗超声波疗	13
10	G06F	电数字数据处理	13

图 4－1－4 2014～2016年通信领域无效宣告请求审查决定涉及 IPC 排行前十名

五、2014～2016年通信领域无效宣告案件涉及的法律依据统计分析

在对 2014～2016 年通信领域无效宣告案中涉及的法律数据分析上，首先对涉及的法律条款进行整理，将涉及旧法的相关法条对应到新法中进行统计，例如将 2002 年《专利法实施细则》第 20 条第 1 款对应到 2008 年《专利法》第 26 条第 4 款，将 2002 年《专利法实施细则》第 2 条第 2 款对应到 2008 年《专利法》第 2 条第 3 款，将 2002 年《专利法实施细则》第 21 条第 2 款对应到 2010 年《专利法实施细则》第 20 条第 2 款。

根据现行《专利法实施细则》第 65 条，无效宣告请求的理由，是指被授予专利的发明创造不符合 2008 年《专利法》第 2 条、第 20 条第 1 款、第 22 条、第 23 条、第 26 条第 3 款、第 4 款、第 27 条第 2 款、第 33 条或者《专利法实施细则》第 20 条第 2 款、第 43 条第 1 款的规定，或者属于 2008 年《专利法》第 5 条、第 25 条的规定，或者依照 2008 年《专利法》第 9 条规定不能取得专利权。

所有案件中不涉及以 2008 年《专利法》第 20 条第 1 款、第 23 条、第 27 条第 2 款，2010 年《专利法实施细则》第 43 条第 1 款，2008 年《专利法》第 5 条、第 9 条为无效宣告请求的法律依据的案件，其他条款均有涉及。

由图 4-1-5 可知，2014~2016 年作出的无效宣告请求审查决定涉及数量最多的法条为《专利法》第 22 条第 3 款有关创造性的规定，共计 301 次，占比达到 48.5%；其次是《专利法》第 22 条第 2 款有关新颖性的规定，共计 90 次，占比达到 14.5%；再次是《专利法》第 26 条第 4 款有关权利要求清楚和支持的规定，85 次，占比为 13.7%；《专利法》第 25 条关于客体的规定仅有 1 次。可见，相对于修改超范围、公开不充分等无效宣告理由，无效宣告请求人更愿意使用对比文件来证明权利要求不具备新颖性或创造性。

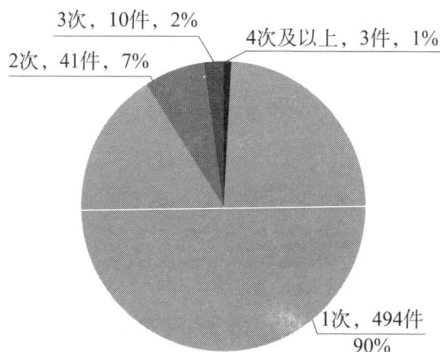

图 4-1-3　2014~2016 年通信领域针对同一件专利
作出的无效宣告请求审查决定数量分布

第二节　无效宣告请求人和专利权人分析

一、专利权人地域分析

参见图 4-2-1，2014~2016 年通信领域作出的无效宣告请求审查决定涉及的专利权人中有 79% 为中国专利权人，有 21% 为外国专利权人。在中国专利权人中，来自广东省的专利权人数量排名第一，为219人次，占比35%；来自北京市、山东省和江苏省的专利权人数量分别位列第二至第四位，分别为58人次、53人次和44人次，占比分别为9%、9%和7%。在外国专利权人中，来自瑞典的专利权人数量排名第一，为45人次，占比约7%；来自芬兰的专利权人数量排名第二，为38人次，约占6%；来自美国的专利权人数量排名第三，为21人次，约占3%，其余国家和地区的绝对数量均在7人次以下，占比较小。

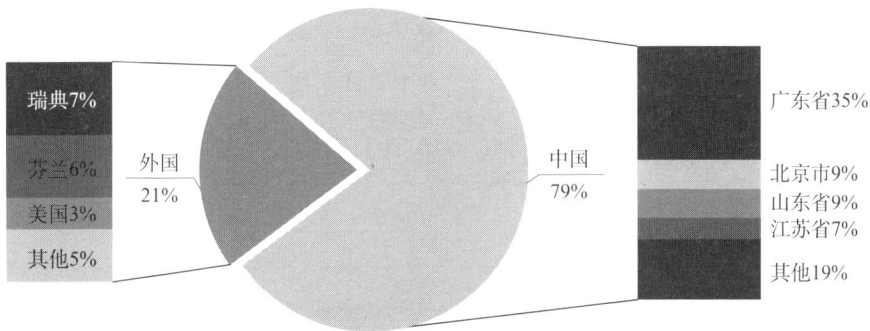

图4-2-1 2014～2016年通信领域无效宣告请求审查决定涉及专利权人地域分布

二、专利权人排名情况

如表4-2-1所示，在2014～2016年通信领域作出的无效宣告请求审查决定中，涉及专利权人次数最多的是华为技术有限公司，达到55次；排名第二位的是爱立信股份有限公司，为41次；中兴通讯股份有限公司以36次位列第三。在前十名中，除了第五名为个人外，其余均为企业，没有高校或科研机构。相比较之下，中国专利权人在数量和占比上均比外国专利权人高。

值得关注的是，在专利权人为华为技术有限公司和中兴通讯股份有限公司的无效宣告请求审查决定中，维持专利权有效的占比非常高，分别为65.5%和61%；而宣告专利权全部无效的占比很低，分别为14.5%和13.9%，可见华为技术有限公司和中兴通讯股份有限公司在通信领域技术上较为发达，并且在知识产权方面的投入也较大，获得授权的专利比较稳定。而进入排名前三的外国企业爱立信股份有限公司，维持专利权有效的决定占比为29.3%，宣告专利权部分无效的决定占比为39.0%，宣告专利权全部无效的决定占比为31.7%，三种类型数量差别不大。同时，以歌尔声学股份有限公司和瑞声声学科技为代表的声电领域的企业，半数以上的决定类型都是宣告专利权全部无效，这说明声电领域获得授权的案件不够稳定，技术的先进性还不够。

表 4 – 2 – 1　2014～2016 年通信领域无效宣告请求审查决定涉及专利权人排名

排名	专利权人	无效宣告请求审查决定个数	维持有效决定个数	部分无效决定个数	全部无效决定个数
1	华为技术有限公司	55	36	11	8
2	爱立信股份有限公司	41	12	16	13
3	中兴通讯股份有限公司	36	22	9	5
4	维睿格基础设施公司	35	17	5	13
5	侯万春	24	10	0	14
6	小米科技有限责任公司	16	6	4	6
7	歌尔声学股份有限公司	15	1	6	8
8	瑞声声学科技	13	2	0	11
9	上海科斗电子科技有限公司	9	0	1	8
10	深圳超多维光电子有限公司	7	3	1	3
10	阿里巴巴集团控股有限公司	7	5	0	2

三、无效宣告请求人地域分析

如图 4 – 2 – 2 所示，在 2014～2016 年作出的无效宣告请求审查决定涉及的

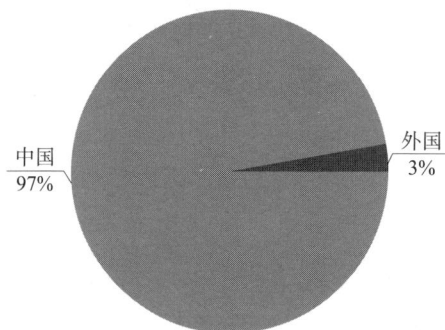

图 4 – 2 – 2　2014～2016 年通信领域无效宣告请求
审查决定涉及专利权人地域分布

无效宣告请求人中，有高达 97% 为中国企业或个人，外国企业占 3%，无效宣告请求人中既没有高校，也没有外国个人。由于没有更进一步无效宣告请求人所在的国内省份和其他国家和地区的相关数据，在此不再展开讨论。

四、无效宣告请求人排名情况

如表 4 - 2 - 2 所示，2014～2016 年，通信领域作出的无效宣告请求审查决定中，涉及无效宣告请求人次数最多的是中兴通讯股份有限公司，达到 92 次，华为技术有限公司以 80 次位列第二位，第三名是腾讯科技有限公司，次数为 20 次。排名 4～6 位的都是个人，且第五名周丽君提出的 16 次无效宣告请求中，有 14 次无效宣告请求审查决定均为宣告专利权全部无效，占比高达 87.5%。

表 4 - 2 - 2　2014～2016 年通信领域无效宣告请求审查
决定涉及无效宣告请求人排名

排名	无效宣告请求人	无效宣告请求审查决定个数	维持有效审查决定个数	部分无效审查决定个数	全部无效审查决定个数
1	中兴通讯股份有限公司	92	54	15	23
2	华为技术有限公司	80	36	25	19
3	腾讯科技有限公司	20	6	2	12
4	张晶	18	7	5	6
5	周丽君	16	2	0	14
6	魏勇	8	1	3	4
6	爱立信电话股份有限公司	8	4	3	1
8	深圳市钛客科技有限公司	7	3	1	3
9	小米科技有限责任公司	6	3	0	3
9	北京信安世纪科技有限公司	6	4	0	2
9	广东通宇通讯股份有限公司	6	2	1	3
9	惠州三星电子有限公司	6	0	1	5

五、无效宣告请求人和专利权人交叉对比

2014～2016 年通信领域无效宣告请求决定涉及的无效宣告请求人和专利权人流向如图 4 - 2 - 3 所示，中国无效宣告请求人的数量远大于外国无效宣告请求人，中国无效宣告请求人向外国专利权人提出的无效请求为 129 次，占比约为 21.3%；向中国专利权人提出的无效请求为 476 次，占比约为 78.7%。外国无效宣告请求人向外国专利权人提出的无效请求为 3 次，占比约为 18.8；向中国专利权人提出的无效请求为 13 次，占比约为 81.2%。无论是中国无效宣告请求人还是外国无效宣告请求人，针对的外国专利权人与中国专利权人的比例均约为 1∶4，差别不大。

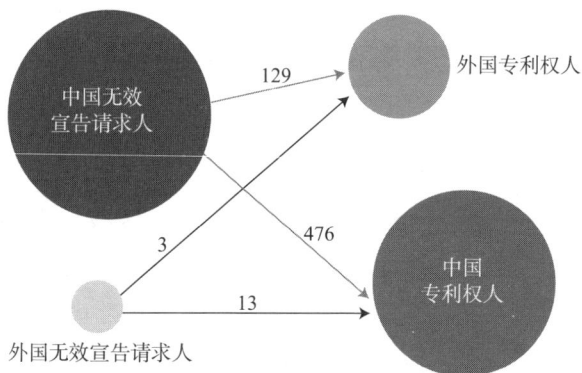

图 4 - 2 - 3　2014～2016 年通信领域无效宣告请求人/专利权人流向

第三节　无效宣告案件技术分析

一、网络无线领域无效宣告案件技术分析

本节着重对华为公司、中兴公司、腾讯公司、小米公司的网线无线领域的无效宣告案件进行技术分析。

（一）华为技术有限公司

1. 与华为技术有限公司有关的无效宣告案件数据

华为技术有限公司（以下简称"华为"）作为全球五大通信厂商之一，是全球领先的信息与通信技术（ICT）解决方案供应商，其业务遍及全球 170 多个国家和地区，服务全世界 1/3 以上的人口。

华为 2016 年年报显示：华为实现销售收入 5 215.74 亿元（按 2016 年年末汇率折为 751 亿美元），同比增长 32%。2016 年华为围绕数字化转型，抓住云、视频、物联网、运营转型等重大机会，在运营商业务领域取得了稳健增长；在企业业务领域，华为实现了在公共安全与政务、金融、能源等重点行业持续有效增长；在消费者业务领域，华为与徕卡在 2016 年共同推出双摄像头技术，智能手机发货量达到 1.39 亿台，同比增长 29%，连续 5 年持续稳健增长。

华为成为通信龙头企业绝非偶然，华为成长依靠的是对创新的持续投入以及思科案后公司内外对知识产权的空前重视。华为始终坚持将每年 10% 的收入投入研发，从创业初期面临资源有限、费率过高的艰难起步，到拥有少量专利、摸索中前进的战略相持阶段，再到实力提升、尝试运营的防御反攻阶段，最终迎来了建立运营团队、确立运营方向、不断突破发展的收获季节。华为是国内通信企业中成功实现专利运营的少数企业之一，华为的专利运营模式成为许多学者和企业研究学习和借鉴的对象。

通过分析华为 2014～2016 年无效宣告案件数据可以发现，该段期间内华为作为无效宣告请求人或者专利权人的无效宣告共有 135 次；通过进一步分析发现，针对华为的无效宣告请求方主要为中兴通讯股份有限公司（以下简称"中兴"）和爱立信股份有限公司（以下简称"爱立信"），这两家公司在通信行业同样具有领先的研发力量并拥有大量专利。下面将华为分别作为无效宣告请求人和专利权人的案件进行技术上的统一分析，并将这些无效宣告案件都作为与华为有关的无效宣告案件数据。

由图 4－3－1 看出，华为在 2014～2016 年的主要无效宣告对象是爱立信和中兴，无效宣告案件数量分别为 41 件和 33 件。而中兴在 2014～2016 年针对华为的 46 件专利提起了无效宣告，成为华为最大的无效宣告请求人；爱立信在此期间向华为共提出 8 件无效宣告案件。在上述 135 次无效宣告中，涉及中兴、爱立信的案件共计128件，其他公司或个人共涉及案件7件。由此可见，在2014～2016年，与华为有关的无效宣告对象高度集中在中兴和爱立信两家通信巨头上。

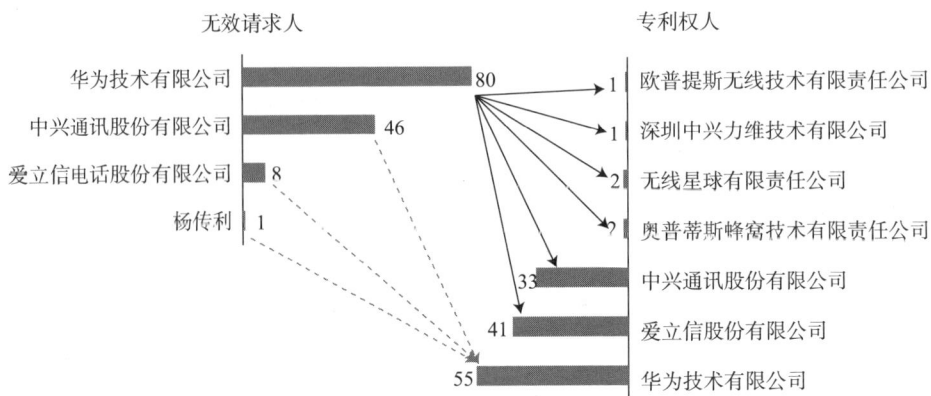

图4－3－1　2014～2016年与华为有关的无效宣告案件图谱

2. 与华为相关的无效宣告案件分析

（1）华为作为专利权人。

分析2014～2016年与华为有关的无效宣告发现，在上述135次无效宣告中，华为作为专利权人的无效宣告请求审查决定共55个，其中涉及无线接入网19件、核心网14件、移动（用户）终端14件，上述3个技术领域占全部涉案专利的85.5%，其余14.5%的案件分别涉及数据存储领域、电设备散热领域以及图像视频领域，详见图4－3－2所示。进一步对上述55件案件分析发现，涉及用

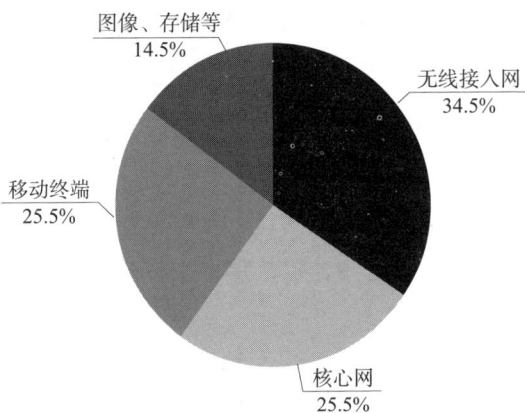

图4－3－2　2014～2016年华为作为专利权人的有关

无效宣告专利技术领域

户终端的 14 件案件的无效宣告请求人均为中兴，可见两家公司在手机终端以及传统语音增值业务上存在较大的竞争；爱立信与华为的 8 件无效宣告案件集中在无线接入网的小区切换、信令接口设计以及无线传输关键技术上。其中，中兴和爱立信先后以不同的无效理由对申请号为 200680024209.5 的案件提出无效请求，其无效理由分别为该专利不符合《专利法实施细则》第 20 条第 1 款和《专利法》第 26 条第 3 款的规定，而最终的结果均为维持有效，该专利涉及无线接入网的 MIMO - OFDM 多天线技术，可应用至 3GPP 和 IEEE 协议对应的无线通信网络中，可见底层的无线传输关键技术仍然是各大通信公司在专利运营中争夺激烈的技术领域，也是高价值专利和核心专利较为集中的一个领域。

如图 4 - 3 - 3 所示，对上述 55 个无效宣告请求审查决定涉及的专利类型进行分析，可知发明专利 53 件，实用新型 2 件，发明专利最多，占比高达 96.4%，在这些发明专利中还包括 PCT 国际申请进入国家阶段的案件 6 件，占比 10.9%。在上述 6 件 PCT 国际申请案件中，有 3 件的 EP、US 和 JP 同族案件均已获得授权。可见，PCT 国际申请在不同国家的授权是衡量该专利的专利价值的一个重要指标。此外，在上述案件中，普通加快案件共计 12 件，占比为 21.8%，这可能与上述 12 件授权专利的申请时间和标准化进程速度存在一定联系。

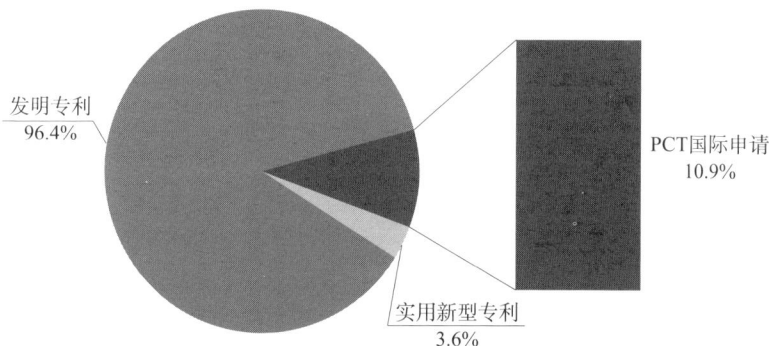

图 4 - 3 - 3　2014～2016 年华为作为专利权人的相关无效宣告案件的专利类型

对上述 55 个案件的无效宣告请求审查结果进行分析，全部无效的案件为 8 个，维持有效的案件为 36 个，修改后维持有效或维持部分有效的 11 个，如图 4 - 3 - 4 所示。

在华为作为专利仅人的全部的无效宣告案件中，维持有效的案件比例为 65.5%，全部无效的案件比例为 14.5%，修改后维持有效或维持部分有效的案件

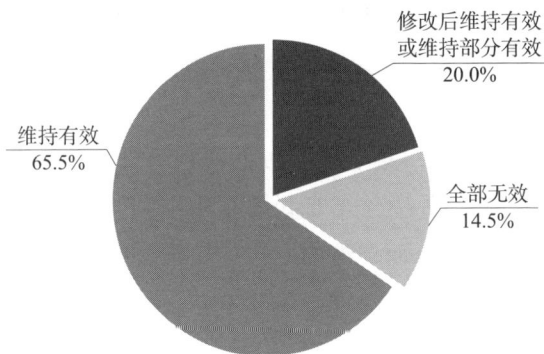

图 4 - 3 - 4 2014～2016 年华为作为专利权人的相关无效宣告案件的结果分析

占 20.0%，即 80% 的案件在经过无效宣告后仍然有效，可见，华为的上述涉案专利具有较高的质量。

对上述 55 个案件的无效理由进行分析，涉及《专利法》第 22 条第 2 款和第 3 款的案件共 31 件，涉及《专利法》第 33 条的案件 9 件，涉及《专利法》第 26 条第 3 款的案件 12 件，涉及《专利法实施细则》第 20 条第 1 款的案件 3 件，涉及 2002 年《专利法实施细则》第 21 条第 2 款的案件 1 件。①

由图 4 - 3 - 5 可知，在全部的无效宣告案件中，以涉案专利不具备新颖性或创造性为无效理由的案件比例为 55.4%，以公开不充分作为无效理由的案件占比 21.4%，以修改超范围、不清楚、缺少必要特征为无效理由的案件占比分别为

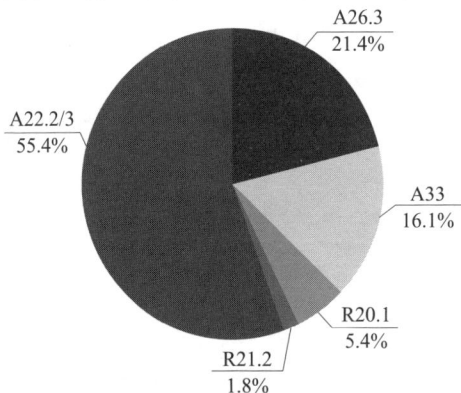

**图 4 - 3 - 5 2014～2016 年华为作为专利权人的
相关无效宣告案件的无效理由分析**

---

① 一个案件可能涉及两条以上无效条款。

16.1%、5.4%和1.8%。

众所周知，通信领域的技术发展和更新是非常迅速的，尤其是在移动通信领域，经过30多年的快速发展，移动通信由于不受地域束缚的灵活性和广域覆盖连续性的特点，已成为最具优势的个人通信方式。到目前为止，移动通信的发展大致经历了四代，第一代移动通信系统以模拟化为主要特征，最具代表性的是北美的AMPS、欧洲的TACS以及日本的HCMTS系统等。第二代移动通信系统（2G）以数字化为主要特征，构成数字式蜂窝移动通信系统，最具代表性的有欧洲的GSM、日本的PDC以及北美的CDMA 1X。第三代移动通信系统（3G）以多媒体业务为主要特征，于21世纪初投入商业化运营，最具代表性的有北美的cdma2000、欧洲和日本的WCDMA以及我国提出的TD－SCDMA3大标准，2007年，WiMAX被国际电信联盟（ITU）正式批准成为3G标准。第四代移动通信系统（4G）引入全新的纯分组域核心网系统架构，由3GPP在R8阶段正式启动长期演进（LTE）与系统架构演进（SAE）两大计划的标准化工作，LTE包括TD－LTE和LTE FDD两种双工方式，TD－LTE是我国首先提出并最先形成国际标准的，2010年我国又提交了TD－LTE的演进版本TD－LTE－A，和LTE FDD一起被接受为4G国际标准。截至2014年10月，全球已有28个国家部署了43张TD－LTE网络，我国于2013年12月4日向中国的3家运营商发放了TD－LTE经营许可牌照，截至2014年10月，中国的TD－LTE已建基站数超过60万台，覆盖300多个主要城市和县城，TD－LTE芯片厂商和入网终端款型也在持续增长。

由此可见，2014年是我国4G标准正式商用的第一年，华为作为全球五大通信厂商之一，必然会投入大量精力到4G商用设备的研发和生产中，其他各大通信厂商也不会错过这难得的机会。下面，将进一步深入分析对比2014～2016年与华为有关的无效宣告案件，从技术的角度深入剖析上述55个涉案案件。

①无线接入网。

无线接入网（Radio Access Network，RAN）是移动通信系统中的一部分。它是无线电接入技术的实现，是部分或全部采用无线电波连接用户与交换中心的一种接入技术。存在于一个设备（例如，一个移动电话，一个计算机，或任何被远程控制的机器）与核心网（Core Network，CN）之间，提供两者间的通信连接。无线接入网随着移动通信网络的演进主要包括：GSM无线接入网GRAN（GSM

Radio Access Network），GSM/EDGE 无线接入网 GERAN （GSM EDGE Radio Access Network），GERAN 与 GRAN 基本相同，包含了 EDGE 分组无线业务（EDGE Packet Radio Services）、UMTS 无线接入网 UTRAN （UMTS Radio Access Network）、LTE 无线接入网 E – UTRAN （Evolved UMTS Terrestrial Radio Access Network）。

我们分析涉及无线接入网的 19 件授权专利发现，涉及空中接口协议的授权案件 12 件，涉及信令流程的授权专利 6 件，涉及集群寻呼的授权专利 1 件，如图 4 – 3 – 6 所示。

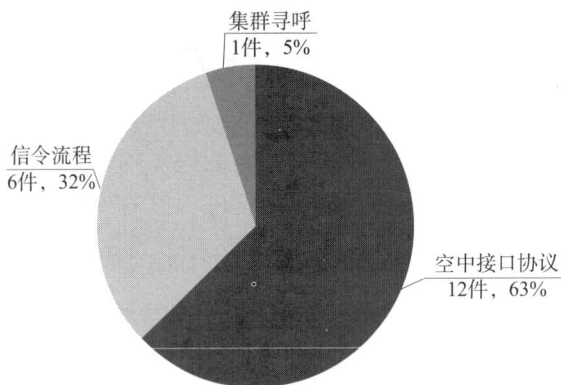

图 4 – 3 – 6 2014 ~ 2016 年华为作为专利权人的
与无线接入网相关的技术内容

空中接口协议主要用来建立、配置、维持及释放各种无线承载业务。在上述涉及空中协议的授权案件中，涉及物理层（层 1）的授权案件为 6 件，涉及数据链路层（层 2）的授权案件 3 件，涉及无线资源控制层（层 3）的授权案件 2 件，涉及 NAS 层的授权案件 1 件。对涉及物理层的 12 件案件按照协议框架进行技术细分，可以得到图 4 – 3 – 7。

由图 4 – 3 – 7 可以看出，华为在物理层的协议设计和制定上占据一定优势，进一步分析物理层的 6 件授权专利，其技术内容分别涉及帧结构、序列分配、时间及频率同步、MIMO 天线处理等关键技术。其他空口协议的技术内容涉及 HARQ、数据封装、资源分配、消息处理等。

上述涉及信令流程的授权专利 6 件中，涉及移动性管理流程的案件有 5 件，涉及接入与鉴权流程的案件有 1 件。

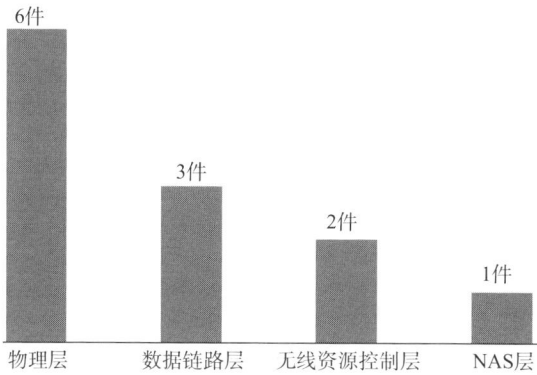

图 4 - 3 - 7　2014～2016 年华为作为专利权人的
与空口协议相关的技术细分

　　由图 4 - 3 - 8 可知，与移动性管理流程中的同步、切换相关的无效宣告请求人全部为爱立信，由此可知，在该技术领域爱立信与华为之间存在较强的技术实力和较大的市场竞争。

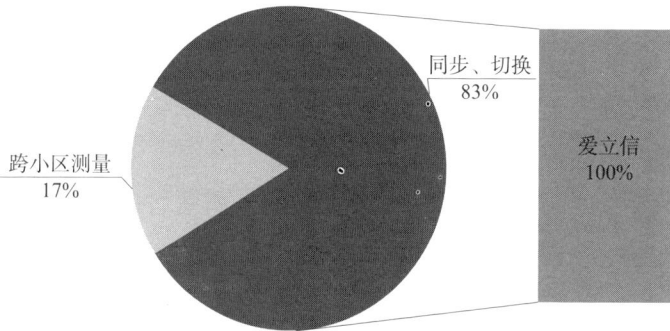

图 4 - 3 - 8　2014～2016 年华为作为专利权人的与信令流程相关的技术细分

　　②核心网。

　　从 GSM 网络开始，3GPP 移动通信网络架构向后演进了以下几个主要进程：GSM 架构、GPRS/EDGE 分组架构、3G IMS 架构、EPS 架构。GSM 网络仅仅存在电路域（CS），支持的业务主要是话音业务，并支持 PSTN 固定网络的话音互通。当网络演进到 GPRS/EDGE 阶段时，系统引入了分组域（PS）的概念，可以提供一些基于 IP 的基本数据业务。随后，当网络演进到 UMTS 阶段，且引入了 IP 多媒体子系统（IMS）体系架构后，系统在 PS 域核心承载网之上增加了新的一层——IMS

域，此时，语音业务除了通过传统的 CS 域提供以外，还可以通过 IMS 域来提供 VoIP 语音，同时基于 VoIP 语音能够实现与 CS 语音以及 PSTN 语音的互通。在网络演进到 EPS 阶段时，相比 3G IMS 架构，该架构基于纯 PS 域的全 IP 架构，完全取消了 CS 域，同时进一步增强了 IMS 域对整个网络的业务控制能力。

我们分析涉及核心网的 14 件授权专利发现，涉及 IMS 核心网和分组核心网的授权案件 6 件，涉及传统核心网 CS 域的授权案件 3 件，涉及 SDH 的授权案件 3 件，涉及接口信令的授权案件 1 件。进一步对上述专利所涉及的业务功能进行分析，并根据 2G、3G 和 4G 移动通信系统在核心网侧的结构差异对上述功能进行分解，得到图 4 - 3 - 9。

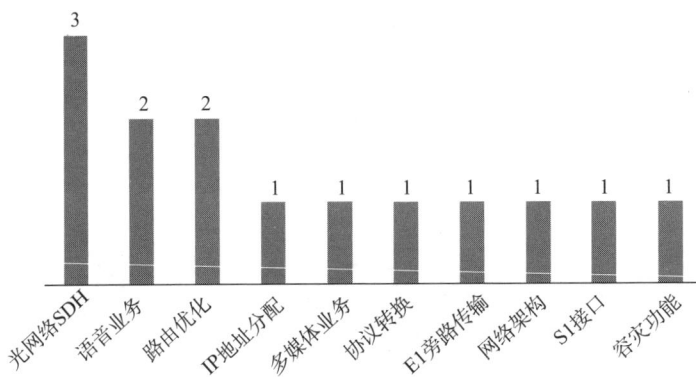

图 4 - 3 - 9　2014 ~ 2016 年华为作为专利权人的核心网涉及的技术业务功能

③用户终端。

用户终端即移动终端，是指可以在移动中使用的计算机设备，其移动性主要体现在移动通信能力和便携化体积。根据标准的不同，用户终端有不同的命名，如"用户设备"（User Equipment，UE）、终端设备（Terminal Equipment）、移动台（Mobile Station，MS）等。移动终端特别是智能移动终端，具有如下特点：A. 在硬件体系上，移动终端具备中央处理器、存储器、输入部件和输出部件，是具备通信功能的微型计算机设备。具有诸如键盘、鼠标、触摸屏、送话器和摄像头等多种输入方式，以及具有受话器、显示屏等多种输出方式。B. 在软件体系上，具备操作系统，如 Windows Mobile、Symbian、Palm、Android、iOS 等。同时，这些操作系统越来越开放，基于这些开放的操作系统平台开发的个性化应用软件层出不穷，如通信簿、日程表、记事本、计算器以及各类游戏等，极大程度地满足了个性化用户的需求。C. 在通信能力上，移动终端具有灵活的接入方式和高带宽通信性能，并且能根据所选择的业务和所处的环境，自动调整所选的通信方式，支持2G、3G、4G、Wi - Fi、蓝牙等通信协议，从而适应多种制式网络。D. 在功能使用上，集成嵌入式计算、控制技术、人工智能技术以及生物认证等技术，更加注重人性化、个性化和多功能化。

我们在分析涉及用户终端的14件授权专利中，发现7件涉及用户终端的呼叫显示以及回铃音设置，6件涉及用户终端的软硬件改进。根据用户终端的业务类型以及功能划分对上述案件进行技术内容的分析，得到图4 - 3 - 10。

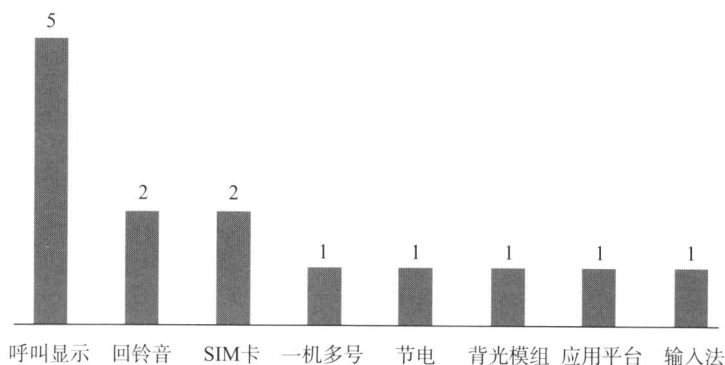

图4 - 3 - 10　2014～2016年华为作为专利权人的用户终端涉及的技术内容

进一步对上述涉及用户终端的14件授权专利进行分析发现，所有案件的无效宣告请求人均为中兴，而涉及呼叫显示和回铃音等语音业务的案件占50%，可见，华为和中兴在该技术领域亦存在较多竞争。

综合华为作为专利权人的无效宣告可以看出，从技术的角度来看，无效宣告热点集中在以下4个方面：A. 无线接入网的空口协议：主要集中在物理层、数据链路层等底层协议，具体为帧结构设计、序列设计、时间和频率同步、MIMO天线处理、数据封装等技术分支；B. 无线接入网的移动性管理信令流程：具体涉及同步和切换流程；C. 核心网中的SDH技术、IMS核心网以及分组核心网技术；D. 用户终端的呼叫显示及回铃音业务。

（2）华为作为无效宣告请求人。

分析2014～2016年与华为有关的135次无效宣告，华为作为无效宣告请求人的无效宣告请求审查决定共80个，其中专利权人为爱立信的案件为41个，专利权人为中兴的案件为 33 个，其他专利权人分别为奥普蒂斯蜂窝技术有限责任公司、欧普提斯无线技术有限公司、深圳中兴力维技术有限公司和无线星球有限责任公司。

下面，我们将着重分析专利权人为爱立信和中兴的 74 件无效宣告案件。其中，在下述"（二）中兴公司"部分对华为作为无效宣告请求人涉及的中兴公司的申请加以说明。

瑞典爱立信成立于 1876 年，公司成立后在很短的时间内就掌握了电话机制造技术，1878 年 11 月推出了自己的品牌。在 100 多年后的数字时代开启后，爱立信很快成为 2G/GSM、2.5G/GPRS 领域的龙头，业务覆盖了网络设备、专业服务、技术授权、移动终端等，是名副其实的全球通信业巨头，它左右着 2G、3G、4G 多世代的许多关键技术，涉及设备与终端等许多链条。其中，3G WCDMA 市场份额全球第一。LTE 就是爱立信最先提出的 4G 标准，并为国际标准组织 3GPP 最早确认。

早在 2001 年，爱立信便成立了爱立信移动平台公司，向全球设备生产商提供 2.5G 和 3G 技术授权。2011 年，这家巨头的技术专利业务，就已经开始成为整个公司的赚钱机器。2012 年，爱立信退出手机业，专注于网络设备、专业服务。截至目前，爱立信在全球共提交 34 247 项专利申请。[①]

分析 2014～2016 年与爱立信有关的无效宣告发现，上述 41 次无效宣告分别涉及无线接入网、核心网和用户终端 3 个技术领域，其中涉及无线接入网的 34 件，涉及核心网的 6 件，涉及用户终端的 1 件（涉及移动终端网关）。由上述数据可以看出，华为诉爱立信的案件中无线接入网领域的占比最大，为 82.9%，核心网领域案件占比为 14.6%。详见图 4 - 3 - 11。

上述案件的专利类型全部为发明专利，其中 PCT 国际申请进入国家阶段的案件 35 件，占比 85.4%，其中有 23 件的 EP、US 和 JP 同族案件均已获得授权。

对上述 41 个案件的无效宣告请求审查决定结果进行分析可知，全部无效的案件为 13 件，维持有效的案件为 12 件，修改后维持有效或维持部分有效的 16 件。

---

① 2017 年 8 月 9 日在 S 系统 DWPI 数据库中采用检索式"（ERICSSON/PA）OR（TELF/CPY）"进行统计。

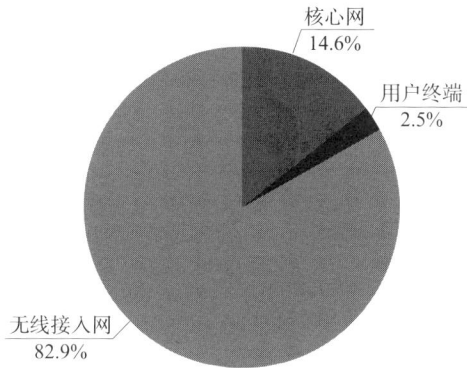

图 4 - 3 - 11   2014～2016 年爱立信作为专利权人的
有关无效宣告专利技术领域

由图 4 - 3 - 12 可知，在全部的无效宣告案件中，维持有效的案件比例为 33.3%，全部无效的案件比例为 36.1%，修改后维持部分有效的案件比例占 30.6%，即 66.7% 的案件在经过无效宣告后被全部无效或部分无效，可见，华为在针对爱立信的无效宣告案件的选择上具有较为准确的把握和充分的准备。

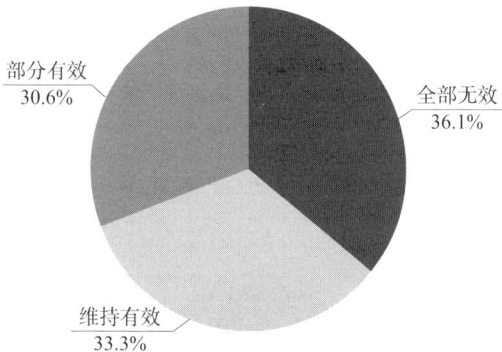

图 4 - 3 - 12   2014～2016 年爱立信作为专利权人的
相关无效宣告案件的结果分析

对上述 41 个案件的无效理由进行分析，涉及《专利法》第 22 条第 2 款和第 3 款的案件 15 件，涉及《专利法》第 26 条第 3 款的案件 9 件，涉及《专利法实施细则》第 20 条第 1 款的案件 8 件，涉及《专利法》第 33 条的案件 7 件，涉及《专利法》第 26 条第 4 款的案件 4 件，如图 4 - 3 - 13 所示。

由图 4 - 3 - 13 可知，在全部的无效宣告案件中，以涉案专利不具备新颖性

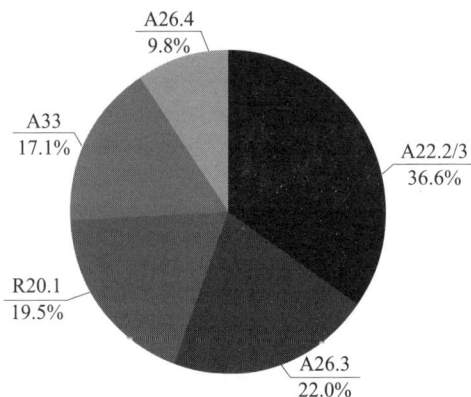

图4-3-13 2014~2016年爱立信作为专利权人的
相关无效宣告案件的无效理由分析

或创造性为无效理由的比例为36.6%，以公开不充分作为无效理由的占比22.0%，以权利要求不清楚、修改超范围、未以说明书为依据为无效理由的案件占比分别为19.5%、17.1%和9.8%。

下面对爱立信为专利权人的无效宣告案件进行深入的技术分析，尝试从中发现高价值专利的一些特征。

①无线接入网。

分析涉及无线接入网的34件授权专利发现，仅涉及空中接口协议的授权案件21件，占比61.8%，仅涉及信令流程的授权专利5件，同时涉及空口协议和信令流程的7件（如图4-3-14所示），其中涉及物理层（层1）的21件，数

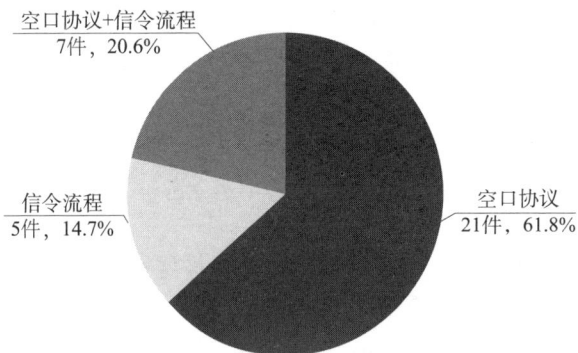

图4-3-14 2014~2016年爱立信作为专利权人的
与无线接入网相关的技术内容

据链路层（层2）的4件，无线资源控制层（层3）的2件，NAS 层的1件；涉及移动性管理流程的4件，接入和鉴权流程的4件，随机接入过程的3件，会话管理流程的2件。

对爱立信涉及空口协议的28件案件按照协议框架进行技术细分，可以得到图4 - 3 - 15。

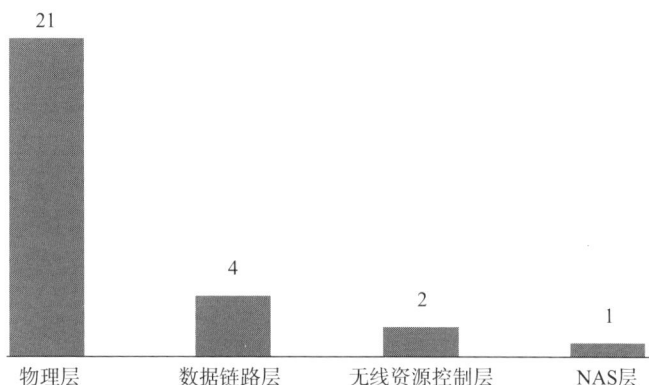

图4 - 3 - 15　2014～2016 年爱立信作为专利权人的与空口协议相关的技术细分

由图4 - 3 - 15 可以看出，华为诉爱立信的与空口协议相关的案件中，物理层技术21件，占比75%，可见爱立信在物理层的技术优势明显。进一步分析物理层的21件授权专利，其技术内容分别涉及帧结构、时隙分配、资源映射、功率控制、MIMO 天线、随机接入、信道编码、小区测量等关键技术。其他空口协议的技术内容涉及数据封装、ARQ 控制消息、资源分配、SIB 信息格式、NAS 层安全等。

对爱立信涉及信令流程的13件案件按照协议框架进行技术细分，可以得到图4 - 3 - 16。华为诉爱立信的与信令流程相关的案件多集中在移动性管理、接入和鉴权流程及随机接入过程的技术分支上。

②核心网。

下面分析涉及核心网的6件授权专利，并进一步对上述专利所涉及的业务功能进行细分，得到图4 - 3 - 17。

由图4 - 3 - 17 可见，华为诉爱立信的涉及核心网的案件中，涉及传统核心网 CS 域的共3件，其中涉及 ATM 的1件，计费规则的2件；涉及分组交换域的

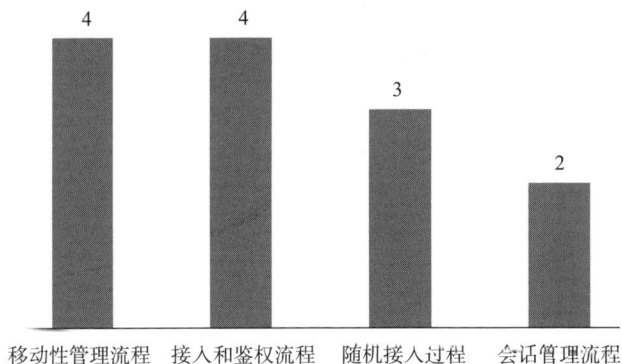

图 4 – 3 – 16　2014～2016 年爱立信作为专利权人的
与信令流程相关的技术细分

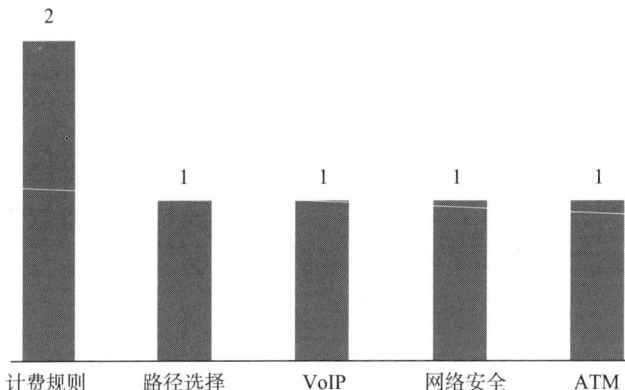

图 4 – 3 – 17　2014～2016 年爱立信作为专利权人的与核心网相关的技术细分

案件 3 件，其中涉及路径选择的 1 件，VoIP 的 1 件，网络安全的 1 件。

综合爱立信作为专利权人的无效宣告可以看出，从技术的角度来看，无效宣告热点集中在与无线接入网相关的两个技术分支：A. 无线接入网的空口协议：主要集中在物理层、数据链路层等底层协议，尤其是物理层技术占比达到 75%，具体为帧结构设计、时隙分配、资源映射、功率控制、MIMO 天线、随机接入、信道编码、小区测量等；B. 无线接入网的信令流程：具体涉及移动性管理、接入鉴权流程和随机接入过程。

（二）中兴公司

中兴公司成立于 1985 年，其产品涵盖无线、核心网、接入、承载、业务、终端、云计算、服务等领域。中兴公司是我国重点高新技术企业、技术创新试点企业和国家 863 高技术成果转化基地，承担了近 30 项国家"863"重大课题，是通信设备领域承担国家 863 课题最多的企业之一，公司每年投入的科研经费占销售收入的 10% 左右，在美国、加拿大、瑞典、中国等地共设有 19 个全球研发机构，3 万余名国内外研发人员专注于行业技术创新。2016 年，中兴通讯 PCT 国际专利申请三度夺冠，并以 19 亿美元年度研发投入位居"全球创新企业 70 强"与"全球 ICT 企业 50 强"。截至 2016 年年底中兴通讯拥有 6.8 万余件全球专利申请、已授权专利超过 2.8 万件。2010～2016 年，中兴通讯连续 7 年稳居 PCT 国际专利申请全球前三甲，2011、2012 年蝉联 PCT 第一，居芯片专利申请量国内首位、物联网专利持有量全球第三和国内第一。2016 年，中兴通讯实现营业收入 1 012.3 亿元，持续加大 5G/4G、芯片、云计算、大数据、大视频、物联网等新兴技术的研发。目前，中兴通讯已全面服务于全球主流运营商及企业网客户，智能终端发货量位居美国前四。①

分析 2014～2016 年与中兴有关的无效宣告发现，华为针对中兴公司的 33 次无效宣告主要涉及无线接入网、核心网和用户终端 3 个技术领域，其中涉及无线接入网的 24 件，涉及核心网的 7 件，涉及用户终端的 4 件。② 由上述数据可以看出，在华为诉中兴的案件中无线接入网领域的占比最大，为 72.7%，核心网领域案件占比为 12.1%；涉及用户终端的案件占比为 21.2%。此外，还有 3 件案件涉及无线网卡与计算机的数据交互。见图 4-3-18。

对 33 次无效宣告案件涉及的专利类型进行分析可知，其中发明专利 32 件，实用新型 1 件；PCT 国际申请进入国家阶段的发明专利案件 1 件；加快案件 9 件，占全部无效宣告案件的 27.3%。

由图 4-3-19 可知，在华为针对中兴的 33 个无效宣告案件中，维持有效的案件比例为 57.6%，全部无效的案件比例为 15.2%，部分无效的案件占 27.3%，

---

① http：//www. zte. com. cn.

② 由于部分无效宣告案涉及多个技术领域，在统计各领域时均将其计入，故各分领域案件总和高于 33 件。

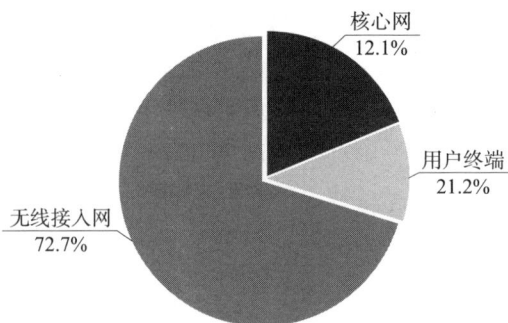

图 4 - 3 - 18　2014～2016 年中兴作为专利权人的

有关无效宣告专利技术领域

即半数以上的案件在经过无效宣告后仍然被维持有效。可见，华为在对中兴的无效宣告案件中的优势没有对爱立信的优势明显。中兴作为专利权人的无效宣告案件中，仅有 57.6% 的案件维持有效，低于华为作为专利权人 65.5% 的维持有效率。

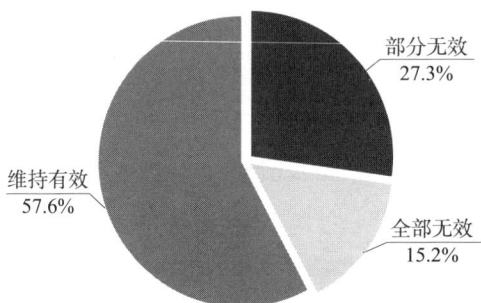

图 4 - 3 - 19　2014～2016 年中兴作为专利权人的

相关无效宣告案件的结果分析

对上述 33 个案件的无效理由进行分析，涉及《专利法》第 22 条第 2 款和第 3 款的案件分别为 5 件和 9 件，涉及《专利法》第 26 条第 3 款的案件 11 件，涉及《专利法》第 33 条的案件 3 件，涉及《专利法》第 26 条第 4 款的案件 1 件，涉及《专利法实施细则》第 20 条第 1 款和第 21 条第 2 款的案件各 1 件，如图 4 - 3 - 20 所示。由数据可知，个别案件不止涉及一个法条。

由图 4 - 3 - 20 可知，在全部的无效宣告案件中，以涉案专利不具备新颖性或创造性为无效理由的比例为 42.5%，其次是以公开不充分作为无效理由的占比

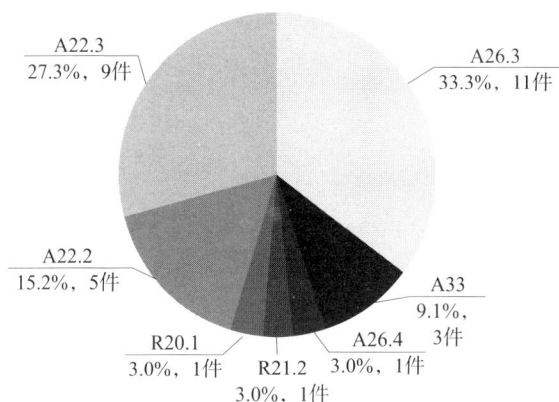

图4-3-20　2014～2016年中兴作为专利权人的
相关无效宣告案件的无效理由分析

33.3%，以修改超范围为无效理由的案件占比分别为9.1%、权利要求不清楚、未以说明书为依据、缺少必要技术特征为无效理由的案件占比相同，均为3.0%。

下面将对以中兴为专利权人的无效宣告案件进行深入技术分析，尝试从中发现高价值专利的一些特征。

1. 无线接入网

分析中兴公司涉及无线接入网的16件授权专利发现，个别专利仅涉及空中接口协议的授权案件10件，占比62.5%，仅涉及信令流程的授权专利5件；同时涉及空口协议和信令流程的1件（如图4-3-21所示）。其中涉及物理层（层1）的8件，数据链路层（层2）的1件，无线资源控制层

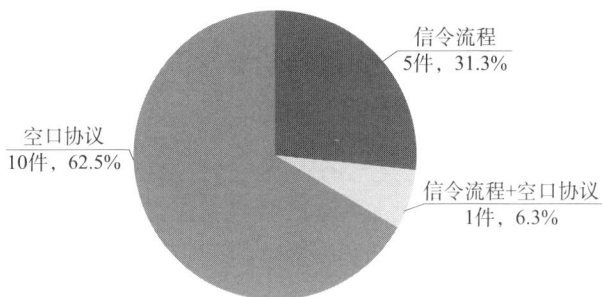

图4-3-21　2014～2016年中兴作为专利权人的
与无线接入网相关的技术内容

（层3）的2件；涉及移动性管理流程的2件，接入和鉴权流程的3件，会话管理流程的1件。此外，还有两个案件同时涉及无线接入网的信令流程和核心网技术领域。

对上述涉及空口协议的11件案件按照协议框架进行技术细分，可以得到图4－3－22。

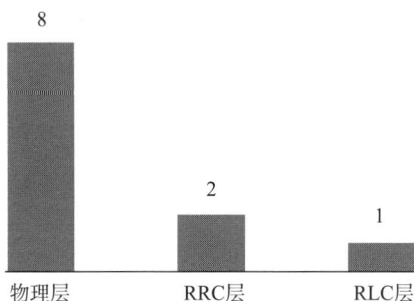

图4－3－22　2014～2016年中兴作为专利权人的与空口协议相关的技术细分

华为诉中兴的与空口协议相关的案件中，物理层技术占比72.7%。进一步分析物理层的8件授权专利，其技术内容分别涉及帧结构、自适应波束成形、信道及资源映射等关键技术。其他空口协议的技术内容涉及HARQ控制消息、资源分配等。

对上述涉及信令流程的8件案件按照协议框架进行技术细分，可以得到图4－3－23。

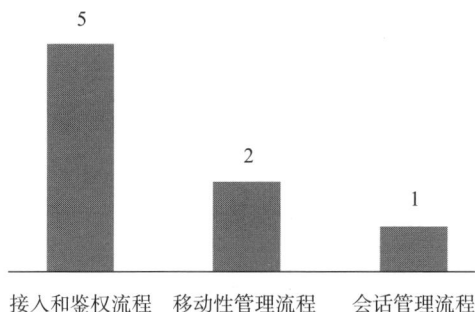

图4－3－23　2014～2016年中兴作为专利权人的与信令流程相关的技术细分

由图4－3－23可知，华为诉中兴的与信令流程相关的案件多集中在接入和鉴权流程的技术分支上，其占比达到62.5%。

2. 核心网

下面分析涉及核心网的 9 件授权专利，并进一步对上述专利所涉及的业务功能进行分析，得到图 4 - 3 - 24。

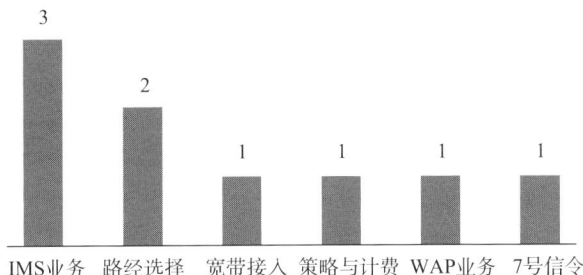

图 4 - 3 - 24 2014~2016 年中兴作为专利权人的与核心网相关的技术细分

华为诉中兴的涉及核心网的案件中，涉及传统核心网 CS 域的共 3 件，其中涉及 7 号信令的 1 件，计费规则的 1 件；涉及分组交换域的案件 6 件，其中涉及 IMS 业务的 3 件，路径选择的 2 件，宽带接入的 1 件。

3. 用户终端

华为诉中兴的无效宣告中涉及移动终端的案件 4 件，其中 2 件涉及彩信编辑方法，1 件涉及硬件接口设计，1 件涉及终端附加功能（指南针）。

综合中兴作为专利权人的无效宣告案件可以看出，从技术的角度来看，无效宣告热点集中在以下 4 个方面：①无线接入网的物理层、RRC 层空口协议，具体为帧结构、自适应波束成形、信道及资源映射、资源分配等关键技术等；②无线接入网的接入鉴权流程和移动性管理流程；③核心网的 IMS 业务和路由技术；④移动终端的彩信编辑方法。

综合上述中兴、华为、爱立信互诉的无效宣告案件热点可以看出，网络无线领域的高价值专利的特征从技术的角度主要表现为：①涉及无线接入网的物理层、MAC 层等底层的帧结构设计、信道资源映射、功率控制、MIMO 天线、资源分配、数据封装等关键技术；②涉及接入鉴权、移动性管理等信令流程；③涉及核心网的数据分组交换技术。该领域高价值专利的特征从专利类型的角度主要表现为：①加快案件（主要指国内专利权人）；②PCT 进入国家阶段案件；③具有 EP、US、JP 等多家同族且同族多已授权案件。

（三）腾讯公司

1. 与腾讯公司有关的无效宣告案件数据

2016 年 8 月，腾讯 2016 年度第二季度报告显示：腾讯利润同比增长 47%，至 109 亿元（约合 16 亿美元），营收则同比增长 52%，至 356.9 亿元（约合 53.8 亿美元）。在报告了强劲的季度业绩之后，腾讯在香港股票交易所的股价上涨超过 6%，随后市值上升至 2 490 亿美元，超过阿里巴巴的 2 460 亿美元，一举超过阿里巴巴，成为中国市值最高的互联网公司，之后腾讯和阿里巴巴的市值一直交替上升。

回看这家自 1999 年成立的公司，无论是其创始人还是内部员工，都认为 2011 年微信的推出对公司的发展起到了生死存亡的关键作用，正是这一产品的推出，使得腾讯公司成功地将原有基于 PC 的业务转向了基于手机移动端的业务，并使得微信拥有了今天在移动互联网第一入口的地位。

分析 2014～2016 年的无效宣告案件数据发现，该段期间内围绕腾讯，即腾讯公司作为无效宣告请求人或者专利权人的无效宣告案件共有 20 次，并且进一步分析发现，腾讯公司作为无效宣告请求人的案件的专利权人主要是自然人侯万春。此外，还发现针对同一件申请，其无效宣告请求人不仅有腾讯公司，还有其他自然人，因此，下面将腾讯公司和侯万春分别作为无效宣告请求人和专利权人的案件进行技术上的统一分析，并将这些无效宣告案件数据都作为与腾讯公司有关的无效宣告案件数据。

由图 4-3-25 看出，腾讯公司在 2014～2016 年的主要无效宣告对象是自然人侯万春。同时，根据工商登记显示，创博亚太科技（山东）有限公司是一家

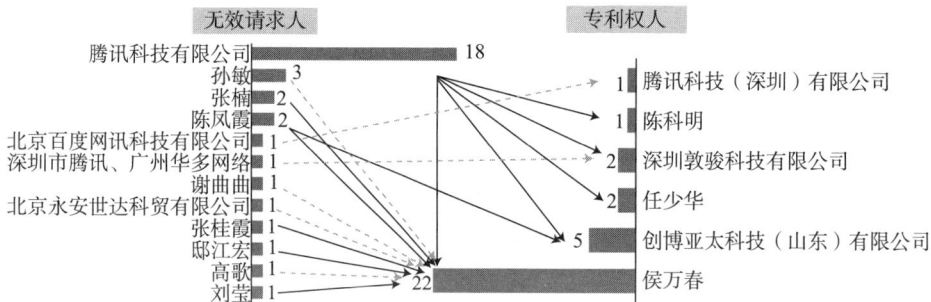

图 4-3-25　2014～2016 年与腾讯公司有关的无效宣告案件关系

2007 年成立的公司，其董事长就是侯万春，查询 CNABS 专利数据库发现，创博亚太科技（山东）有限公司共申请了 5 件专利，发明人全部是侯万春，主要涉及无线相关技术。因此，可以看出，腾讯公司 2014～2016 年无效宣告案件的对象主要是侯万春发明的无线技术相关专利。

除此之外，腾讯公司还联合广州华多网络科技有限公司发起了对深圳敦骏科技有限公司的 2 件无效宣告请求，从该 2 件申请的法律状态可以看出，该两件申请是深圳敦骏科技有限公司从华为技术有限公司购得的，并于 2015 年 6 月 19 日登记生效。该 2 件无效案发生的背景是深圳市敦骏科技有限公司在购得华为公司的专利后，指控腾讯公司侵害其发明专利权，因此，腾讯公司一并提起了该公司所有的 2 件专利的无效。

与腾讯公司有关的无效宣告案件审查结果如图 4－3－26 所示，在这些专利中，有约 59% 被全部无效。

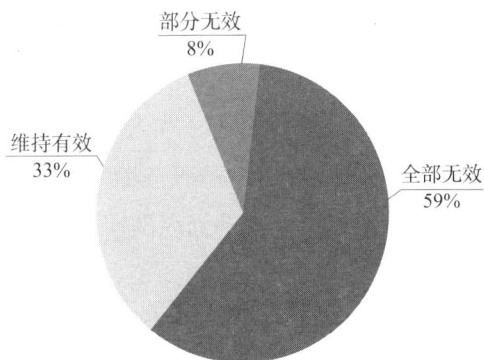

图 4－3－26 与腾讯公司有关无效宣告案件的审查结果

2. 与腾讯公司有关的无效宣告案件相关技术分析

分析 2014～2016 年与腾讯公司有关的无效宣告案件发现，在 33 个无效宣告请求审查决定中，与秘书功能有关的授权专利被提起了 2 次无效宣告请求。在 33 个无效宣告请求审查决定中共涉及 32 件专利，其中 30 件涉及移动手机业务，1 件涉及文字识别，还有 1 件涉及视频会议，如图 4－3－27 所示。进一步对移动手机业务专利进行分析发现，有 23 件，即 77% 涉及传统手机业务，也就是与传统的语音通话、短信息相关的业务；23% 也就是 7 件涉及数据上网业务。

近年来，移动手机业务迅猛发展。笔者团队在 CNABS 数据库中检索发现，

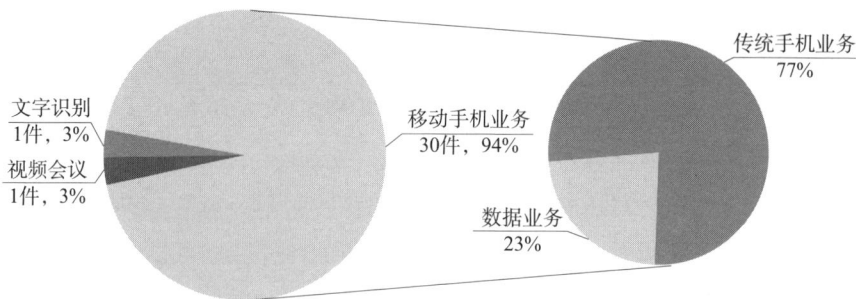

图 4 - 3 - 27　　2014 ~ 2016 年与腾讯公司有关的无效宣告专利技术领域

仅 2014 年一年国家知识产权局受理的移动手机业务领域的专利申请量就达到了约 1.8 万件①。腾讯为何选择对这些授权专利提起无效宣告请求呢？让我们来看一下目前腾讯公司最具活力、也是用户粘性最大的产品、拥有 8.89 亿月活跃用户的微信的发展历程。

微信自 2011 年推出以来，已经发展成为几乎每一台移动手机一个应用程序的规模。微信在最初推出的两年里，通过"附近的人"功能的引入，解决了社交软件的软肋——在线好友的问题；Facebook 此前曾经指出，用户能否在 14 天时间内获得 10 名好友，是他们长时间使用服务的关键。而微信正是通过使用"附近的人"这一功能，使得用户可以查询到周围同样在使用这一功能的微信用户。这种基于地理位置的功能满足了用户的好奇心，在平台上提升了他们的社区意识，使微信的日新增用户数量突破 10 万。也就是说，微信 2012 年推出的"附近的人"的功能，使得该产品在其最艰难的成长期中，短时间聚集了很大的用户群体。而上述与"附近的人"功能类似的专利，就恰恰包含在上述 33 件无效宣告案件中。微信快速发展的七条经验详见图 4 - 3 - 28。

今天我们所使用的微信，不仅仅包含了传统的文字短信功能，还可以实现语音通话、视频通话。通过这一微信产品，腾讯公司更多地充当了传统运营商的角色。分析该批专利可以发现与腾讯公司相关的无效宣告案件主要可以分为下面几个类型。

---

① 2017 年 5 月 27 日检索，检索式为（h04w/ic or h04q7/ic）and ap = 2014。

图 4 - 3 - 28 微信快速发展的七条经验

来源：http：//tech. qq. com/a/20170424/018047. htm? winzoom = 1。

（1）无第三方服务器参与的手机业务。

在上述 32 件授权专利中，涉及运营商和手机终端之间的，即无第三方服务器参与的手机业务功能改进的专利就有 28 件，其中 21 件、即 77.8% 的专利涉及运营商端的改进。这恰恰与腾讯公司在微信产品中的地位——类运营商功能有着密切的契合关系。

进一步对这些无第三方服务器参与的手机业务所涉及的功能进行分析，并根据传统手机业务和数据业务的不同对上述功能进行分解，可以得到图 4 - 3 - 29。

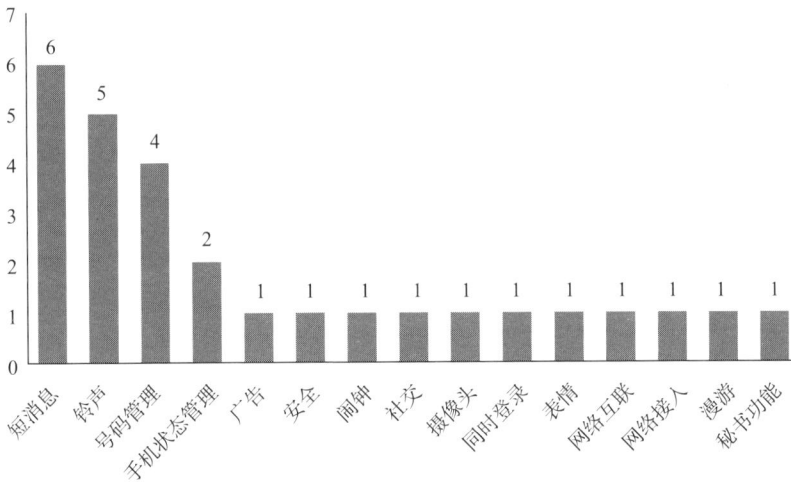

图 4 - 3 - 29 手机业务涉及的技术内容

①传统手机业务。

传统手中业务涉及短消息、铃声、号码管理、广告、闹钟等功能。

与短消息相关的专利主要涉及以下几个方面：A. 短消息的过滤，即按照用户配置的短消息筛选条件处理短消息，包括拒绝不期望的短消息接收或转发；B. 短消息的存储问题，包括短消息的网络存储和本机存储；C. 短消息美化业务，在相应的短消息中添加用户定制服务，美化短消息；D. 在手机和电脑端实现短消息的相互接收。

与铃声有关的专利主要涉及主叫和被叫的回铃音和铃声设置问题。与号码管理有关的专利主要涉及号码簿的网络保存、在呼叫时虚拟号码的使用、移动用户群的移动号码群管理以及用户改号时的新旧号码的转呼功能等。与手机状态管理有关的专利主要涉及关键时刻的手机状态设置以及关机时的原因提示。与广告有关的专利主要涉及在相应短消息和彩信的发送中如何插入广告。与闹钟有关的专利主要涉及设置网络闹钟，由此达到可以由用户为自身设置闹钟的目的。

与漫游有关的业务涉及根据移动电话所在的漫游地，发送更新服务中心电话号码指令到移动电话，从而可以由漫游地的全功能服务中心为移动电话用户提供其需要的本地化与个性化的服务。与秘书功能有关的专利涉及根据触发请求消息中被叫号码的秘书项目对主叫号码进行分析；对不允许到达的主叫号码、直达的主叫电话号码进行不同的处理。

与摄像头有关的专利涉及前后摄像头功能的切换。与表情有关的专利涉及根据用户输入的词语表情对应关系设置指令来确定与词语相对应的表情并输出。

上述专利虽然都涉及如短信、闹钟、漫游、号码管理和手机状态管理等传统手机业务，但仔细分析可以发现，这些专利都在传统业务的基础上，进行了运营商端的网络处理，从而使得人们可以在所熟悉的传统业务的基础上，增加网络端的处理，如提供筛选功能、网络端设置功能等，由此，可以给用户提供传统业务的增值和个性化服务。

②数据业务。

与社交功能有关的专利主要涉及发送带有移动电话终端当前地理位置和位置偏移量及电子名片指令到黄页电话簿服务器，在收到该服务器返回的应答消息后，在移动电话终端上显示检索到的所有电子名片的列表，对于用户在该列表中选定的电子名片中的通信目的地址，启动到该目的地址的通信过程。该项专利也是腾讯公司与侯万春之间争议最大的申请，双方争议的焦点是腾讯微信产品中的"附近的人"的功能是否落入该专利的授权范围中。

与上网安全有关的专利涉及实时采集底层网络接口流出与流入的数据报文；根据每条流入数据报文中的源关键字段的值在流出数据报文记录的目的关键字段中检索与源关键字段的值相同的流出数据报文，若发现流出与流入的数据报文不相匹配，则发出警告。

与同时登录有关的专利涉及建立账号之间的关联关系，并将这些账号同时登录即时通信系统。与网络互联和网络接入有关的专利涉及使电信运营商以移动通信标准接口认证与授权通过互联网使用电信业务的移动电话号码，以及利用数据接入服务网关和互联网节点运算服务器向互联网服务网站提供基于本地网模式的互联网服务节点，并基于移动电话终端使用互联网服务节点进行上网。

由上可以看出，上述与数据业务有关的专利大多数涉及了移动手机终端上网的基础技术，如网络安全、客户端登录等。另一部分涉及最近用户上网的新目的，即实现社交功能。

（2）第三方参与的手机业务。

除了上述无第三方参与的移动手机业务之外，腾讯公司相关的无效宣告案件还涉及第三方中间服务器的网络认证，即用户终端经过一次第三方认证就可接入不同的服务方资源；在第三方的认证中止时用户终端对服务方的接入也中止，从而保证认证的安全性；以及用户方通过中介方认证后，保持与中介方的有效的认证连接或认证标识，进行服务方认证时，若认证连接或认证标识有效，则中介方将用户方的验证凭证发送给服务方，服务方验证凭证正确后通过服务方认证。通过上述认证方式，可以通过一个认证接入多个服务，同时又保证了安全性。

（3）其他业务。

其他两项与移动手机业务无关的专利涉及视频会议中发言权的控制以及文字识别，其中在发言权控制中由主持人终端执行发言权控制，派发发言权给PoC服务器，之后再将派发消息通知给PoC用户；而文字识别涉及通过网关、服务器等进行人工辅助识别，从而提高文字识别的准确性。

综合腾讯公司相关的无效宣告案件可以看出，从技术的角度来看，对于传统业务，这些专利所涉及的技术大部分都涉及在运营商的服务器上设置附加的功能，从而在传统的手机通话、短信、漫游和转接等功能上提供个性化和多样化的服务；在可预见的未来用户粘性更强、业务发展更为迅猛的数据业务方面，其主要涉及与上网有关的安全认证、网络接入、手机安全管理以及社交功能等。

（四）小米公司

1. 小米公司有关的无效宣告案件数据

小米公司正式成立于 2010 年 4 月，是一家专注于高端智能手机、互联网电视及智能家居生态链建设的创新型科技企业。小米公司自创办以来，保持了令世界惊讶的增长速度，同时，在互联网电视机顶盒、互联网智能电视以及家用智能路由器等领域也颠覆了传统市场。

小米公司应用了互联网开发模式开发产品的模式，于 2010 年公司成立之后首先推出了 MIUI 的手机操作系统，随后发布了即时通信工具米聊，并于 2011 年 7 月正式宣布进军手机市场，随着不断的创新与发展，小米公司已在手机市场占据了重要地位，成为了中国市场领先的智能手机厂商。

2014～2016 年小米科技有限责任公司作为无效宣告请求人或专利权人的授权专利共 21 件，其中，针对小米公司的 16 件授权专利提出无效宣告请求的请求人均为自然人张晶。此外，小米公司作为无效宣告请求人提请无效的专利共计 5 件。下面对小米公司作为无效宣告请求人和专利权人的案件进行进一步分析。

由图 4 - 3 - 30 看出，小米公司被提起无效宣告请求的 16 件专利均为实用新型专利，无效宣告请求人均为自然人张晶。其中维持专利权全部有效的是 6 件专利，专利权全部无效的为 6 件专利，宣告专利权部分无效的为 4 件专利。另外，在 2014～2016 年与张晶有关的无效宣告请求审查决定共 39 件，其中 30 件涉及小米公司，另外 9 件涉及北京奇虎科技有限公司。由于无效宣告请求的请求人可为具备民事诉讼主体资格的自然人，并且个别企业出于专利布局及商业机密的考

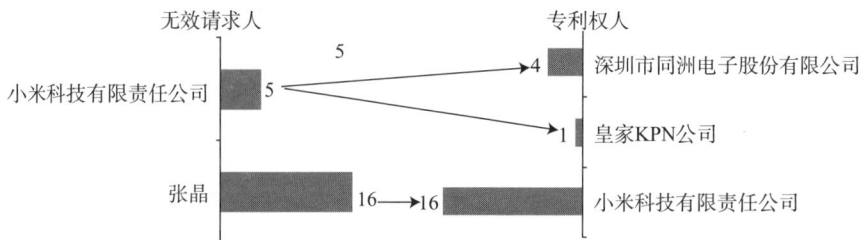

图 4 - 3 - 30　2014～2016 年与小米公司有关的无效宣告案件关系

虑有可能会寻找不暴露企业身份的自然人代为进行无效宣告请求，因此，推测对小米公司的授权专利进行无效宣告请求的请求人张晶可能代表了小米与奇虎公司共同的业务竞争企业。

小米公司发起了对皇家 KPN 公司和深圳市同洲电子股份有限公司的共 5 件无效宣告请求案。其中，对皇家 KPN 公司发起 1 件无效宣告请求案，其是小米公司针对皇家 KPN 公司提出的侵权纠纷提起的反诉，皇家 KPN 公司是第 ZL94194872.2 号发明专利的专利权人，其首先对小米、联想、TCL 等公司提起侵权诉讼，之后小米公司、TCL 及宇龙计算机通信科技针对该发明专利均提出无效宣请求，复审委于 2015 年 3 月 22 日作出决定，决定维持 94194872.2 号发明专利权有效。

除此之外，小米公司对深圳市同洲电子股份有限公司发起了 4 件无效宣告请求案，均涉及电视机顶盒。深圳市同洲电子股份有限公司是中国数字电视龙头企业，致力于数字电视机顶盒、交互数字电视系统、集成电路、核心软件、卫星通讯设备、coship 品牌手机、品牌 pad 等数字视讯产品的研制生产和销售。在 2013 年新品发布会上，即深圳市同洲电子股份有限公司推出了"飞看盒子"，同时，向乐视和小米宣战，喊出将让他们的盒子产品过"最后一个中秋节"；2013 年 10 月 16 日晚，同洲电子旗下的官方微博"同洲飞看"连续发难，列出了针对小米盒子的四项侵权指控。第一项专利与遥控器操作相关，第二项专利名为"移动终端界面共享到电视机的方法、系统和机顶盒"，由同洲电子于 2010 年申请。同洲电子认为，小米盒子采用的将手机界面投到电视上的方法，涉嫌侵犯了这一专利，随后，同洲电子向深圳市中级人民法院提起诉讼；之后，小米公司就上述四项涉嫌侵权指控的专利提出无效宣告请求。专利复审委员会于 2014 年作出无效宣告请求决定，其中两项维持专利权有效，两项宣告发明专利权无效。2014～2016 年针对小米公司授权专利提起无效宣告请求的审查决定结果图 4-3-31 所示。

综合小米公司相关的无效宣告案件可以看出，小米公司并未主动对其他公司提起共无效宣告请求，均为在被诉专利权侵权后，对对方专利向专利复审委员会提出无效宣告请求，这一特点也与多数无效宣告案件的特点一致。

2. 与小米公司相关的无效宣告案件的技术分析

分析 2014～2016 年与小米公司有关的无效宣告案件发现，与该公司有关的

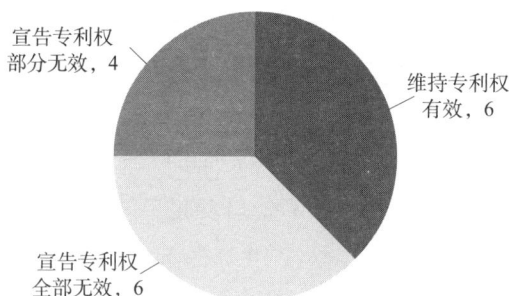

图4-3-31　2014~2016年针对小米公司授权专利提起无效宣告请求的审查决定结果

无效宣告请求审查决定有21个，涉及21件专利，其中涉及移动终端的专利16件，涉及电视的专利1件，涉及机顶盒的专利4件。详见图4-3-32所示。

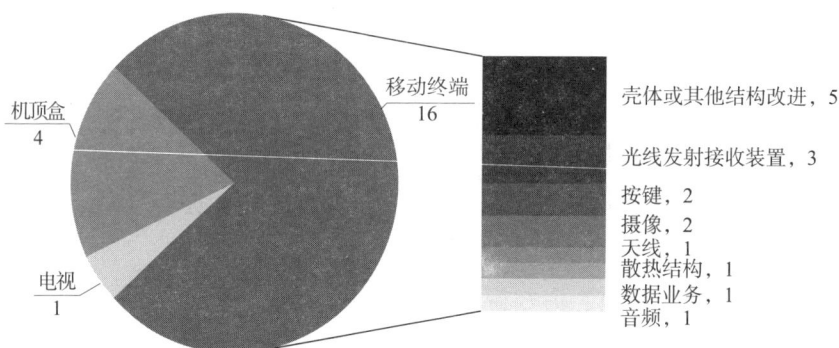

图4-3-32　2014~2016年与小米公司有关的无效宣告专利技术领域

小米公司从2011年7月12日进军手机市场，先后发布了小米手机系列、红米手机系列，在2013年第三季度中国智能手机份额公布中小米份额大涨进入前三，并于2014年扩展海外市场。市场调研机构Canalys在2014年8月公布的报告中称小米2014年第二季度中国市场手机份额排名首位，同年10月27日，市场调研机构HSiSuppli发布报告称小米公司成为全球第三大智能手机厂商。作为小米公司的核心产品，移动终端业务一直在小米公司发展中占据重要地位，从对小米公司发起无效宣告请求的案件数也印证了这一点。

2012年11月14日，小米公司发布了机顶盒小米盒子，并于2013年正式官网发售，首批1万台小米盒子在几分钟内售罄。另外，小米公司还发布了小米路由器、小米电视、小米笔记本、智能硬件、移动电源等产品。随着小米公司业务的发展，除移动终端领域针对小米公司的专利无效宣告案件也开始发起。在2014~2016年与小米公司有关的无效宣告案件中，1件涉及电视，4件涉及机顶盒。

（1）移动终端领域。

我们分析这16件授权专利发现，在这些专利中，涉及壳体及其他结构改进的专利6件，涉及光线发射接收装置3件，涉及手机按键的专利2件，涉及摄像的专利2件，涉及散热结构、天线、数据业务及音频的专利各1件。

其中，壳体及其他结构的改进主要涉及以下几个方面：①壳体结构加强，通过在壳体内表面增加了加强筋；②壳体孔位置防尘，通过孔位置设置对应的半切膜；③改善壳体使用体验，采用皮革后盖；④壳体可拆卸；⑤SIM卡卡座与多种类型SIM卡适配。

移动终端的光线发射接收装置，主要在耳机插孔的内部末端嵌入光线发射接收装置，进行激光指示或红外遥控等。

与手机按键有关的专利主要涉及手机按键导光结构解决按键亮度不均匀问题以及通过开关电路对驱动电路中的恒流电源模块进行控制。

与摄像有关的专利涉及拍照方法及手机摄像头装饰件。与散热结构有关的专利通过所述外部散热组件使得传导介质在所述内部散热通道内循环，为所述电子产品散热。与天线有关的专利涉及外置挂件天线。与数据业务有关的专利涉及数据包压缩转换方法。与音频有关的专利涉及个人卡拉OK和多人卡拉OK共享。

（2）电视领域。

与电视领域有关的专利仅有1件，其涉及电视机装饰条，通过电视机装饰条的结构改进保证了装饰条与中框的紧密连接，减小了装饰条到液晶屏之间的缝隙

（3）机顶盒领域。

涉及机顶盒领域的无效宣告请求共4件，均为小米公司对深圳市同洲电子股份有限公司发起的无效宣告请求。其中，涉及机顶盒升级方法的专利有1件，涉及机顶盒遥控操作的专利有2件，涉及移动终端界面共享到电视机的方法的专利有1件。

综合小米公司相关的无效宣告案件可以看出，从技术的角度来看，对于核心的移动终端领域，这些专利所涉及的技术大部分都涉及移动硬件结构的改进功

能，从而提升产品设计的可靠性与人性化；在随后发展起来的机顶盒业务方面，其主要涉及机顶盒升级、遥控及手机界面共享等；在电视业务方向仅涉及电视机装饰结构的改进。作为致力于打造智能硬件生态体系的小米公司，其技术创新更集中于硬件的升级与改进。

（五）其他网络无线领域申请

虽然网络无线领域的无效宣告案件数据中的无效宣告请求人或申请人表现出了很强的公司集群现象，但还存在一些零散的公司或个人申请，因此，下面将对这些申请进行进一步分析。该部分申请共涉及 76 件，其详细 IPC 分类如图 4－3－33 所示。

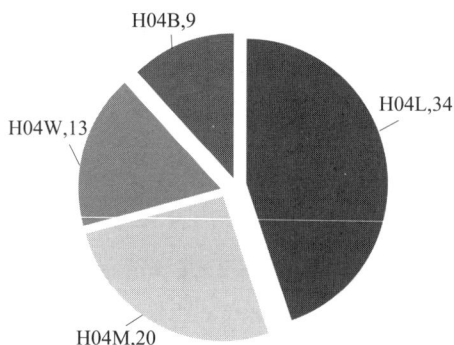

图 4－3－33　其他网络无线领域数据具体领域占比

由于上述四部分分别涉及 H04L 网络领域、H04M 手机终端领域、H04W 无线通信领域、H04B 信号传输领域，虽然技术上有所关联，但又各成体系，且无效宣告请求人或申请人之间没有必然的联系，因此，下面分为上述四个技术分支来对 2014～2016 年度涉及的无效宣告案件数据进行进一步分析。

1. 网络领域

网络领域的无效宣告案件所涉及的具体技术如图 4－3－34 所示。

（1）网络安全技术。

在这些技术中，网络安全技术当仁不让地位于第一位，这些无效宣告案件中就包括去年被媒体炒得火热的索尼公司作为无效宣告请求人诉申请人西电捷通公司的与 WAPI 标准有关的专利，该专利中采用了双向认证加密技术，在该技术中，在移动终端登录无线接入点 AP 时，移动终端与无线接入点通过认证服务器

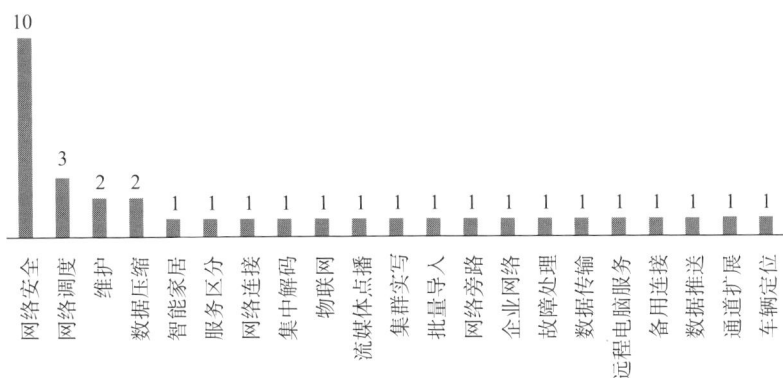

图 4 - 3 - 34 其他网络领域数据涉及的技术

AS 进行双向证书认证；只有在双向认证成功后，移动终端与无线接入点才进行会话密钥协商，改变了目前 WLAN 采用的多种安全机制互不兼容的问题，解决了安全性和兼容性的问题。

此外，在涉及网络安全的技术中，还包括：

①判断验证信息或执行指令中是否包括关键信息或关键指令，当有关键信息或关键指令时，由用户进行二次确认后再进行相应的运算或指令执行。

②利用序列号和密码种子根据当前密码生成器的时间通过高强度对称加密算法计算出动态密码。

③为解决交易中断引起的病毒，提出了一种物理认证方法，设置操作命令与物理认证方式的对应关系，客户端发送操作命令，系统查询操作命令与物理认证方式的对应关系，获知物理认证方式，用户向物理认证执行机构发起物理认证操作，从而在交易中断后继续发起认证。

④采集用户的身份认证进行认证，从而可以使用户可以随时根据自己的需要认证，不受地域、空间等限制。

⑤通过密码规定了字符串中特定位的字符组合为本次认证申请的动态密码，从而使用户可以根据移动终端设备收到的字符串和客户端收到的密码提示信息输入动态密码。

⑥利用服务器端与身份验证器之间预置的通信根密钥及通信 ID，在服务器端与身份验证器之间创建虚链路，基于虚链路，在服务器端与身份验证器之间依据输入信息进行验证交互。

⑦服务器接收用户输入的数据信息，并判断该信息是否合法，只有在合法状态下才进行认证，在认证时，由用户输入认证信息，只有当认证信息与存储信息相同才认证通过。

（2）数据调度。

在数据调度中涉及的技术主要包括根据用户需求判断需要延迟何种数据包，并根据判断结果进行相应操作以及对调度许可有效载荷的设置。

（3）数据传输。

数据传输所涉及的技术包括为减少数据量，发送端计算目标文件的第一标识并发至接收端；接收端若存储有与该标识相应的目标文件，则获取该文件，否则请求发送端发送目标文件以及只在数据发送时，只在一个数据区中包含一个逻辑信道的数据，从而使不同信道的数据包都能被有效处理。

（4）维护。

涉及维护的申请包括通过客户端或监控器主动访问来主动确定网站所在服务器或应用是否正常，从而能主动进行维护或者主动替换为其他正常工作的应用。

该领域中其他技术还涉及车辆定位、物联网应用、网络旁路、集中解码、流媒体点播、网络连接、批量导入、集群读写、区分服务、企业网络管理、远程电脑服务、数据推送、故障处理、备用连接和通道扩展等。

2. 手机终端领域

手机终端领域的无效宣告案件所涉及的具体技术如图4-3-35所示。

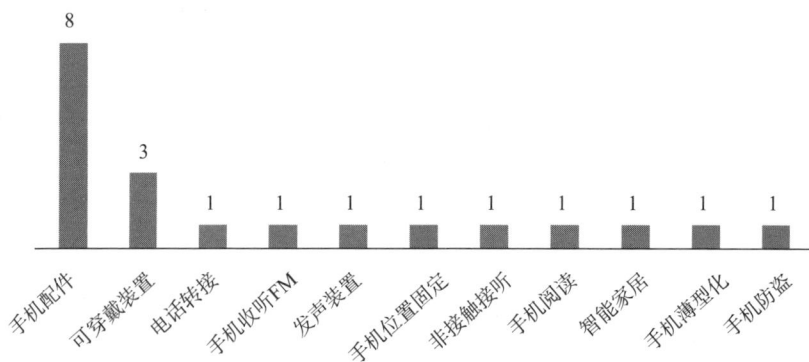

图4-3-35　其他手机终端领域数据涉及的技术

（1）手机配件领域。

在上述8件手机配件领域的申请中，所涉及的手机配件包括 SIM 卡卡托、手机支架、手机壳、手机镜头架、手机保护套、手机背夹电、手机屏幕等，上述技术主要是为了加强手机的抗摔性和手机的美观度。

（2）可穿戴设备。

手机终端领域所涉及的可穿戴设备包括指环、腕式手机和智能手表，分别通过蓝牙等无线通信系统与手机终端进行通信，并可实现语音通话、音频输出等一些手机基础功能。

此外，该部分手机终端领域的技术还包括与 VOIP 之间进行的电话转接功能；通过由磁致伸缩材料或电致伸缩材料制成手机发声源，从而不用开设出声孔，防水防尘性能更佳，利用手机壳体本身进行声音的传导；立体眼镜中的手机固定装置；手机的非接触接听；手机阅读时的键盘控制；由手机控制空调系统；手机的薄型化和手机防盗等。

3. 无线通信和信号传输领域

由于上述两个领域数据量不大，且领域之间存在交叉，因此，现将该领域领域合并进行技术分析，在该部分的无线通信和信号传输领域的无效宣告案件数据所涉及的具体技术如图 4 - 3 - 36 所示。

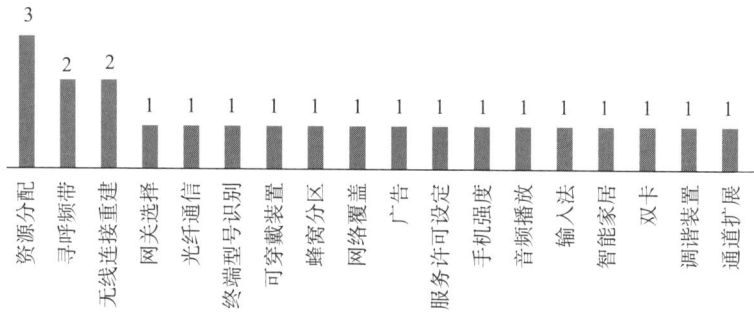

图 4 - 3 - 36 其他无线通信和信号传输领域数据涉及的技术

上述无线通信和信号传输数据中，资源配置涉及上行链路控制信息的传输和根据协商的用户数据速率来分配无线信道资源，寻呼频带涉及用四个互相不同的频率实现寻呼单元与中央控制站之间的各种类型的命令或信号的传输，同时，其他技术包括网络覆盖的增强，手机终端的识别以及利用一些已有的传输通道，例如语音传输通道来传输数据等。

二、图像传输领域

(一) 图像传输领域的无效宣告案件数据

2014~2016 年，涉及图像传输领域的无效专利宣告案件 40 件。与无线领域无效宣告案件绝大多数涉及发明专利不同，在图像传输领域，实用新型专利占58%，其具体占比关系如图 4 – 3 – 37 所示。

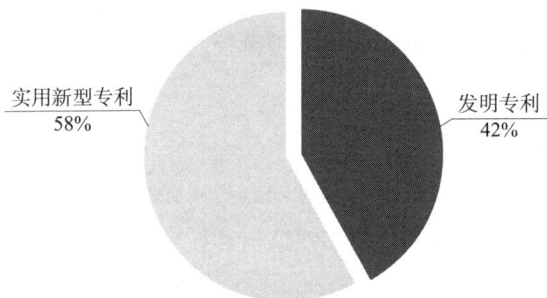

图 4 – 3 – 37　图像领域无效宣告案件数据专利类型占比

无线领域无效宣告案件中专利占比较高可能与无线领域涉及较为新兴的技术，包括底层物理层、链路层和应用层等各层的改进，研发资金投入较高有关。同时，无线领域又是竞争激烈的领域，技术更新速度快，即使是如诺基亚那样在终端市场占有率最高的企业，也会在短短 5 年中轰然倒塌，因此无线领域各企业的忧患意识很强，很大一部分无效宣告案件发生在世界级的大企业之间。

而图像传输领域涉及领域范围较宽，既涵盖了摄像领域，又包括 3D 显示、传真、电视、监控等领域，同时最近几年也未出现革命性突破的技术，因此，图像传输领域的技术竞争较无线领域更为平缓，以小改进、小突破的实用新型专利为主的无效宣告案件在该领域占据了更多的比例。

上述特点也可以进一步从图像传输领域的无效宣告请求人和专利权人的分布得到进一步印证：图像传输领域在 2014~2016 年涉及 40 件无效宣告案件，无效宣告请求人就达到了 25 人，绝大多数无效宣告请求人请求宣告无效的专利案件数是 1 件，该领域的无效宣告请求人和专利权人的对应表格如表 4 – 3 – 1 所示。

表 4 - 3 - 1 图像传输领域无效宣告请求人和专利权人列表

序号	无效宣告请求人	专利权人	无效案件数量/件
1	爱佩仪光电技术（深圳）有限公司	深圳市世尊科技有限公司	1
2	北京三好互动教育科技有限公司	韩崎	1
3	北京正安融翰技术有限公司	北京天睿空间科技有限公司	1
4	高域（北京）智能科技研究院有限公司	松下知识产权经营株式会社	1
5	北天专科技有限公司	湖北易瓦特科技股份有限公司	1
6	华为技术有限公司	深圳中兴力维技术有限公司	1
7	阮志刚	常熟实盈光学科技有限公司	1
		湖北三赢兴电子科技有限公司	1
8	深圳警翼数码科技有限公司	济南致业电子有限公司	1
9	深圳市骏景升科技有限公司，上海果珈商贸有限公司	源德盛塑胶电子（深圳）有限公司	1
10	深圳市康祥电子有限公司	天彩电子（深圳）有限公司	3
11	深圳市时商创展科技有限公司，深圳市四眼科技有限公司，深圳市骏景升科技有限公司，张浩	源德盛塑胶电子（深圳）有限公司	2
12	深圳市钛客科技有限公司	深圳超多维光电子有限公司	3
13	石艳	深圳市亿思达科技集团有限公司	1
14	孙艳辉	深圳市亿思达科技集团有限公司	1
15	索尼（中国）有限公司	上海贵知知识产权服务有限公司	1
16	泰勒维克会议系统公司	深圳市台电实业有限公司	1
17	王琦琳	深圳一电科技有限公司	1
18	王婉仪	王健发	1
19	小米科技有限责任公司	深圳市同洲电子股份有限公司	4
20	杨娣	华晶科技股份有限公司	1
21	张晶	小米科技有限责任公司	3
22	中国印刷科学技术研究所	冯京安	1
23	中煤科工集团重庆研究院有限公司	丁国军	1
24	中兴通讯股份有限公司	华为技术有限公司	
		维睿格基础设施公司	
25	珠海市佰誉电子科技有限公司	珠海金展电子有限公司	1

上述无效宣告案件的结果如图4-3-38所示，其中，宣告全部专利无效和维持专利权有效的案件各占40%。在16件维持专利权有效的案件中，发明专利10件，实用新型专利6件；而在全部宣告无效的专利中，发明专利10件，实用新型专利10件。

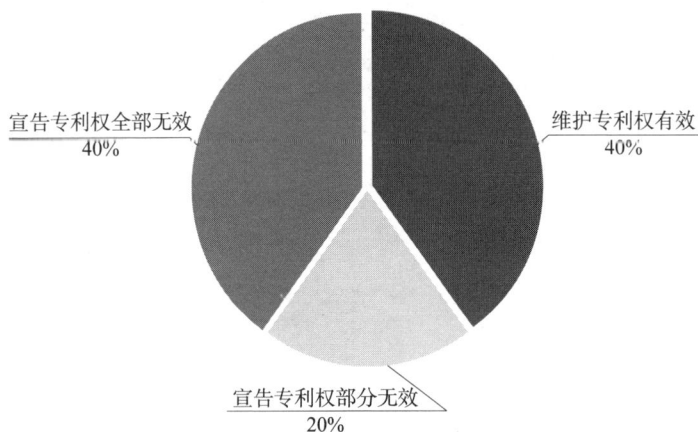

图4-3-38 图像传输领域无效案件结果

（二）图像传输领域的无效宣告案件相关技术

2014～2016年，图像传输领域无效宣告案件所涉及的具体技术如图4-3-39所示。

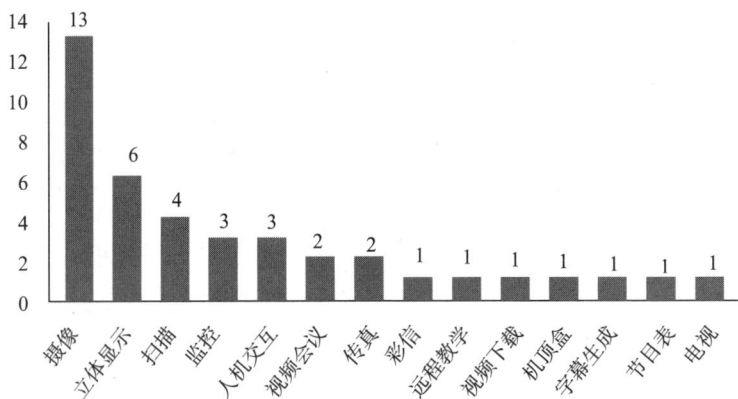

图4-3-39 图像传输领域无效宣告案件涉及的技术

下面，对上述技术逐一进行分析。

1. 摄像技术

近年来，我国智能手机的销售量惊人，仅 2016 年出货量达到了 4.65 亿台，约占全球智能机出货量的 1/3，智能机一般都内置有摄像头，中高端机甚至具有两个摄像头。由于专利无效宣告案件通常可以被视为行业活跃程度的晴雨表，所以摄像技术无效宣告案件数量占图像传输领域的 32.5% 也就不足为奇了。

作为手机的一项附加功能，数码相机得到了迅速发展，摄像功能被认为是手机厂商建立差异化优势的重要方面。甚至在最近两年，一些高端手机都以自身具有可比拟于传统单反相机的拍摄性能作为新机型推出广告的一个亮点，各厂商在新机型中不断升级摄像头的性能，以提升产品的竞争力。

虽然手机与摄像头的结合推动了摄像技术的应用，但摄像在此之前就是一个相当成熟的产业。涉及摄像机改进的技术分布如图 4-3-40 所示。

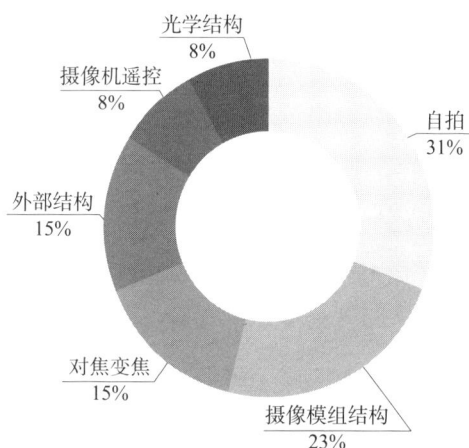

图 4-3-40　图像传输领域无效宣告案件涉及的技术

其中，摄像技术中涉及的自拍技术包括自拍杆以及自拍按钮的位置设计，对该领域提起的无效宣告案件涉及的都是实用新型专利，甚至与自拍杆相关的专利更是被起诉了 3 次，案件最终结果是专利权维持有效。

与摄像模组结构相关的专利主要涉及多摄像模组的安装、摄像单元的防尘结构以及摄像模组的封装结构。

变焦对焦技术涉及无人机拍摄中的变焦以及手机抓拍时的快速对焦。

摄像机的外部结构涉及对摄像机镜头、马达以及电池的结构设计，以满足小型化和重量轻的要求，便于携带。

摄像机遥控涉及无线遥控摄像机进行拍摄，其也可以认为是远程控制摄像机工作的一个方式，可以与未来的无人机拍摄等相结合。

摄像机的光学结构涉及将移动式滤光装置与摄像机相配合，以实现移动执法的目的，提高执法效率。

2. 立体显示

随着 2009 年詹姆斯卡梅隆执导的《阿凡达》以 3D/3D IMAX 等多种版本在全球公映，掀起了一股席卷全球的 3D 热潮；2014 年谷歌在 Google 大会上发布了超低成本的简易虚拟现实眼镜 Google Cardboard，近年来 VR、AR 技术迅猛发展，这些产品和技术进一步推动了立体显示的发展。

2014～2016 年，与立体显示有关的无效宣告案件都是先探测用户的位置，之后根据探测到的用户位置来进行立体显示控制，分别涉及：①根据探测到的用户位置调整进行立体显示或二维平面显示；根据探测到的用户位置和手机倾角来控制倾斜状态下的图像输出排布；提供观看者与立体显示的互动，根据观看者的位置信息调整立体显示内容，以引入运动视差。上述 3 件专利的专利权人都是以裸眼 3D 为主要研发方向的深圳超多维光电子有限公司，无效宣告请求人都为深圳市钛客科技有限公司。②根据追踪到的人眼的位置实现光栅位置的改变从而适应人眼不同的观察位置。③采用三路偏振分光立体视频转换系统，从而解决单路和双路分光的图像对位难的问题。

3. 扫描

扫描是实现最早期的人机交互模式的重要途径，尤其可以实现从原有的纸制到现有的电子方式的转变。在 2014～2016 年的专利无效宣告案件中，涉及了与扫描技术有关的专利：①扫描平台移动时带动被扫描物体通过电子扫描相机下方，从而使得在扫描时不用接触被扫描体，不会造成被扫描物的破损；②通过取消传统扫描仪中的步进马达，而代之以同步位移检测模块，来减小扫描仪体积；③通过电子方式来处理扫描误差，从而保持扫描的准确性。

4. 监控

摄像头成本的持续降低使监控在近年来得到了飞速的发展，2014～2016 年的无效宣告案件中与监控有关的技术包括：①对人数进行判断，通过对将摄像机拍摄的图像与下车人数建立关联，从而高精度地对乘客人数进行判别；②通过选用不同路数的以太网交换芯片，来选用多个场景的同时监控；③将监测结果与三维空间模型相融合，以获取监控目标的全空间运动信息，掌握监控目标的全局运动轨迹和空间位置信息。

5. 人机交互

2014～2016 年涉及的无效宣告案件数据显示，有一些专利将电视机屏幕作为了人机交互的界面，方案涉及将电视屏幕作为手机显示的界面和根据用户操作的电子设备，在电视屏幕上显示相应电子设备。同时，为了解决电视和机顶盒人机交互的问题，通过快捷方式的自动检测，将用户输入和快捷菜单相关联，以便利用户的操作。

6. 其他

2014～2016 年图像传输领域的无效宣告案件数据还表明，视频会议、传真、彩信、视频下载、字幕生成、节目表和远程教学等也在无效宣告案件中占据了一定比例，在上述这些领域中分别涉及对全体会场包括未入会会场的控制以及视频会议控制的各种桥接系统，通过并行传送数据，从而在将传真三类机用于高速数据传输业务时，重新协商到传真数据速率对应通信信道的量，从而提供给用户最大可能的传真数据速率；充分利用存储有相同媒体资源的其他服务器，从相应的媒体资源服务器分块下载所需的媒体资源，从而提高视频下载速度；以及为了实现远程教学的目的，而设置了活动摄像单元，集成多个摄像头，从而实现多角度的现场教学。

综合图像传输领域 2014～2016 年的无效宣告案件数据发现，在图像传输领域，由于我们生活的时代已全面进入"读图时代"，拍个图片上传朋友圈已成为生活常态，因此，作为图片采集手段的摄像机，尤其是搭载在手机上，可以与我们时时相伴的摄像头得到了率先发展，同时因手机尺寸的问题，摄像头的小型化设计和多摄像头的布局问题也成为大家竞争的焦点；进一步，在张扬个性的年代，以记录生活为目的的"自拍行为"成为潮流，因此，与此相伴的自拍设备和解放双手的自拍装置——无人机等也进一步发展，并且以摄像头为核心的视频监控和远程教学也在蓬勃发展。除此之外，图像传输领域的另一些"风口"分别是立体显示技术、人机交互、视频会议、视频下载等技术。

三、声电领域

（一）声电领域的无效宣告案件数据

2014～2016 年，声电领域无效宣告案件共 79 件，无效案件数量在整个通信领域位列第三。上述无效宣告案件量相比于声电领域的申请量所占的比例无疑是通信领域中各个分支领域中最高的。声电行业的产业链结构如图4-3-41所示。

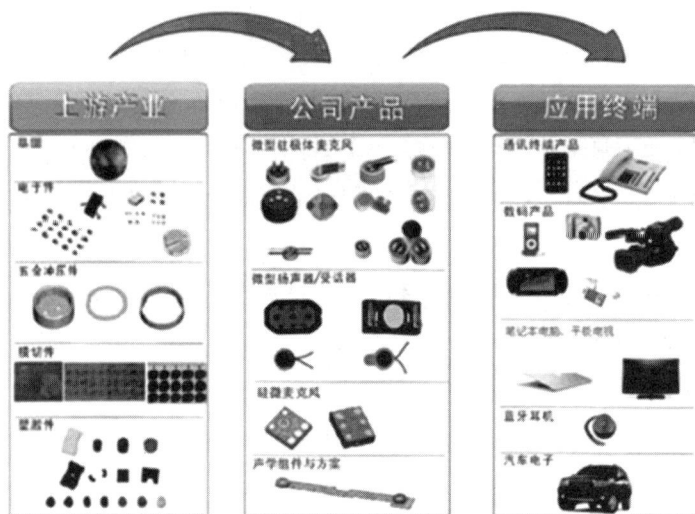

图4-3-41 声电领域的产业链结构

由图4-3-41看出，虽然我们对每天接触的应用终端，如苹果、三星、华为等热销的电子产品耳熟能详，但在这些大公司背后，却隐藏着并不起眼的麦克风与扬声器等元器件供应商巨头。并且，由于智能语音系统的需求，许多厂商纷纷采用多麦克风系统，三颗MEMS麦克风正成为业界标准。

同时，我国早就成为声电器件世界第一生产大国和出口大国，声电产品出口到100多个国家和地区，全行业80%的企业有出口业务，因此，专利无效宣告案件成为企业间进行竞争的一种方式。

但是，由于该领域技术相对较为成熟，如图4-3-42所示，该领域的大多数改进都涉及元器件组成结构的微小改变，因此，实用新型专利所占的比重较高，占到了92%，而发明专利仅占8%左右。

声电领域的专利权人的地域分布如图4-3-43所示。其中，有2件专利的专利权人分别是美国的布莱克和戴克公司、楼氏公司，1件专利的专利权人是荷兰的NXP股份有限公司，另1件专利的专利权人是挪威的方头技术有限公司。

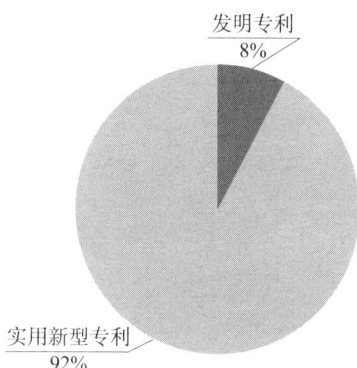

图 4 - 3 - 42　声电领域无效宣告案件专利类型

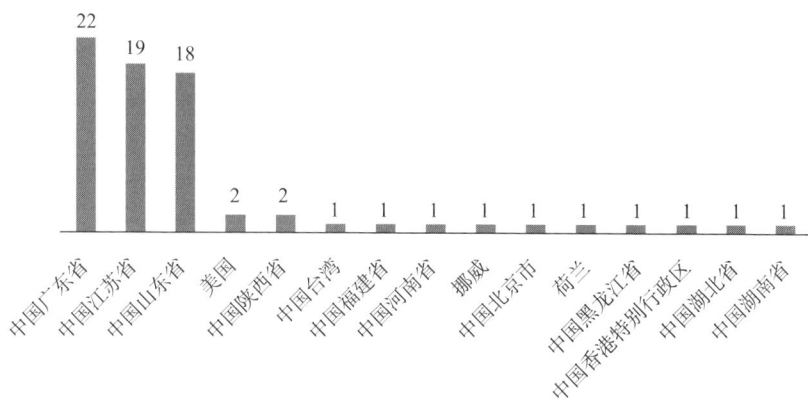

图 4 - 3 - 43　声电领域专利权人地域分布

从图 4 - 3 - 43 中可见，广东省、江苏省和山东省与其他省份相比具有较大优势，这主要是因为广东省聚集了一批声电企业，其中广州市的花都区就被誉为中国音响之都，广东丰顺县是广东声电之都；而江苏省排名第二则是因为很多无效宣告案件的专利权人是瑞声科技（AAC）常州有限公司，虽然这家 1993 年成立的公司的总部位于深圳，但较多的专利集中在其常州分公司；山东省位于第三位也是因为其辖区范围内具有行业内的另一家龙头企业——歌尔声学，这家公司曾于 2015 年收到美国苹果公司现金邀约收购函，称苹果欲以 74.8 亿美元的现金收购其全部资产，不过最终收购合作并没有进行。

声电领域之所以在整个通信领域中出现了较多的无效宣告案件，很大的原因在于智能手机出货量下滑，声电企业利润率降低，因此，企业开始运用提起无效宣告的手段来打击竞争对手，该领域的部分无效宣告就发生在这个领域最重要的几个企业，如楼氏公司、瑞声科技和歌尔声学之间。

在上述无效宣告案件中，最后的无效结果如图4-3-44所示。其中，58%的专利被宣告全部无效，22%的专利被维持有效，这也与该行业实用新型专利占比较大有直接关系。

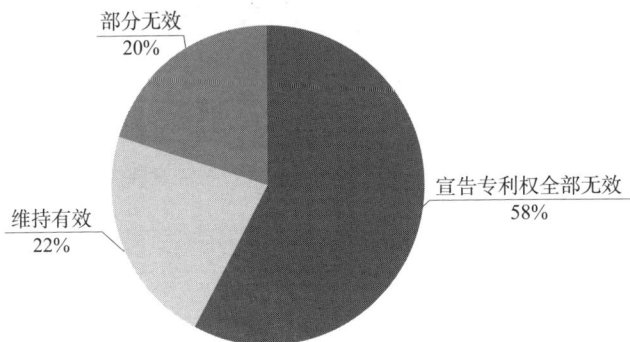

图4-3-44　声电领域的无效结果

（二）声电领域的无效宣告案件相关技术

2014~2016年，声电领域无效宣告案件所涉及的具体技术如图4-3-45所示。下面，对这些技术进行进一步分析。

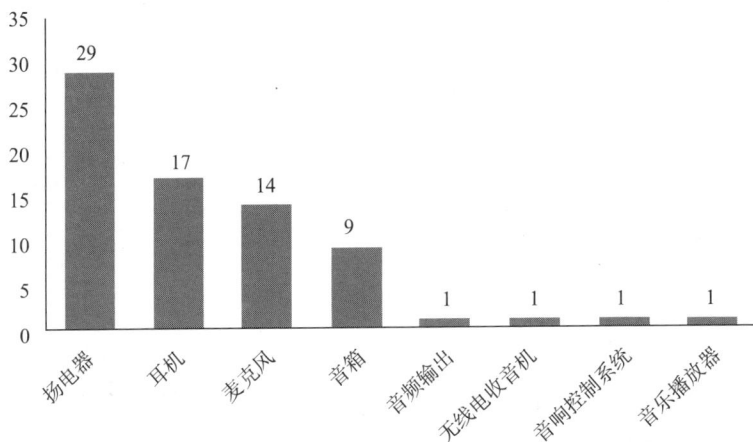

图4-3-45　声电领域的无效宣告案件涉及的技术

1. 扬声器技术

在声电领域中，与扬声器相关的无效宣告案件占了很大的比例，其具体技术分布如图4-3-46所示。

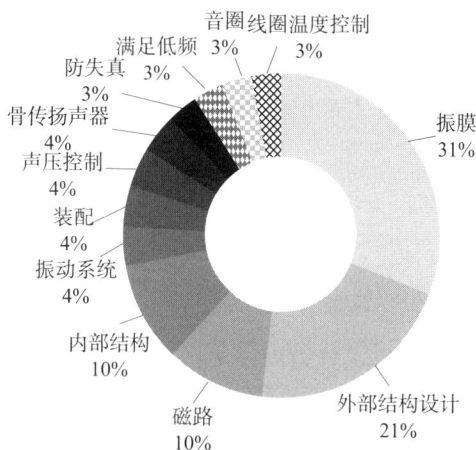

图4-3-46　扬声器有关的无效宣告案件相关技术

其中，涉及扬声器振膜的技术占比最大（31%），这类技术涉及采用由何种复合材料构成的振膜，从而使其富有弹性，且提高振膜的强度。扬声器的结构设计的占比其次，主要涉及扬声器单元的位置设计、箱体设计、安装孔以及壳体的设计。

涉及扬声器磁路的专利包括如何对磁路中的磁铁位置进行设置，以使磁力线分布更加集中和均匀，减小失真或者增大磁性能，改善声学性能。

涉及扬声器微型化的专利包括内部空间部件，比如定位支片、内部凸起的设置、内部配重的配比，以达到微型化设计以及防摔的目的。

振动系统涉及与振膜匹配的加强部，从而改善振膜的高频曲线，扬声器装配涉及通过导声管的设置来提高微型扬声器在终端产品中装配位置的灵活性。此外，还有一些通过设置透气孔、外折环等来进行声压和低频控制的相关专利。

2. 耳机

耳机技术也在声电领域的无效宣告案件数据中占据了一定地位，无效所涉及的耳机技术包括拉链式耳机的设计、头戴式耳机的按键设计、耳机的耳机体活动装置的结构、头戴式耳机的连杆折叠和抽拉装置、动铁耳机、蓝牙耳机、耳机的线控，以及耳机体的材料选择，通过上述这些设计，可以解决耳机线的缠绕、耳机插孔的兼容、佩戴耳机的舒适度、耳机焊接等问题。

3. 麦克风

麦克风技术也是声电领域无效宣告案件的主要领域，所涉及的技术包括麦克风外罩的设计、开关设计、麦克风的封装结构、支架和为排出背腔气体或气压进行的特有设计以及单向数字式麦克风的电路结构等。

4. 音箱

与音箱有关的涉诉专利主要是包括在传统的音箱结构上设置 LED 灯或喷泉等，并进行相应的线路设计，从而使得灯光或喷泉的水柱可以随音乐变化，并且有些专利还将相应的音箱设计应用于音乐盒结构中。另一些专利涉及将充电或电源装置内置在音箱中，从而使得音箱可以兼用作外出的充电电源。

5. 其他

声电领域的其他无效宣告案件涉及的专利包括无线电收音机的保护性遮盖，以防止物体坠落破坏收音机；用蓝牙代替红外进行遥控和无线传输和带有蓝牙结构的音乐播放器等。

综合声电领域 2014～2016 年的无效宣告案件数据可发现，声电领域的主要改进在于传统声电器件结构上的结构改进，以满足因声电器件需安装在手机等电子器件上而产生的小型化、防摔、防缠绕等要求。由于声电领域是较为传统的领域，各个器件的发展较为成熟，因此，目前绝大多数的改进都是较为微小的实用新型改进。

四、微波天线领域

（一）无效宣告案件数据分析

天线是无线电通信系统不可或缺的重要组成部分，任何无线电通信系统都借助天线为人们提供对任何地点与任何人或物的通信。天线在无线通信中的作用是辐射和接收电磁波。为了辐射和接收电磁波，天线需要进行"能量转换"。发送机通过馈线送入天线的并不是无线电磁波，而是高频振荡的电流，因此天线需要将高频电流转换为空间高频电磁波，以波的形式向周围空间辐射。在接收时，天线把截获的高频电磁波转换成高频电流后，再送给接收机。本节涉及 IPC 分类号为 H01Q 和 H01P 的专利无效宣告案件数据。H01Q 的专利涵盖了发射和接收电磁信号能量的天线或天线阵列，以及将在同轴电缆、波导、带状线等中传输的导行电磁波转换成自由空间电磁波的能量转换器。H01P 是与 H01Q 有密切关联的技术领域。H01P 的专利涵盖了波导、谐振器、传输线和其他的波导型器件。

分析 2014～2016 年的无效宣告案件数据发现（见图 4－3－47），决定日在 2014～2016 年间的微波天线领域的无效宣告案件（以下称"2014～2016 年发生的无效宣告案件"）共有 24 件，涉及发明专利 5 件、实用新型专利 19 件，其中有 3 件实用新型专利先后被请求无效 2 次。因此，2014～2016 年发生的微波天线领域的无效宣告案件涉及 5 件发明专利和 16 件实用新型专利。

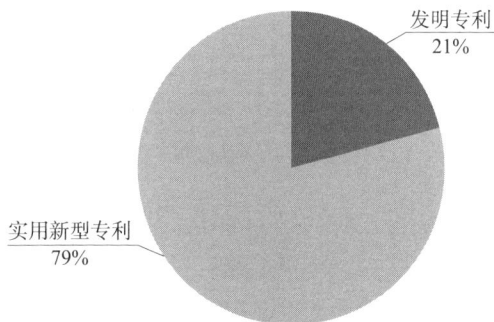

图 4－3－47 2014～2016 年微波天线领域无效
宣告案件涉及专利类型占比情况

进一步分析这些无效宣告案件涉及专利的 IPC 分类号发现，2014～2016 年发生的 24 次无效宣告案件中，主分类号为 H01Q 的为 20 件，主分类号为 H01P 的为 4 件。在无效宣告案件涉及的 5 件发明专利和 16 件实用新型专利中，主分类号为 H01Q 的占了 17 件，H01P 为 4 件。

分析这些专利的无效宣告请求审查决定的法律依据发现，所涉及法条包括《专利法》第 22 条第 3 款、第 22 条第 2 款、第 26 条第 3 款、第 33 条以及《专利法实施细则》第 20 条第 1 款。其中涉及《专利法》第 22 条第 3 款的为 14 次，涉及《专利法》第 22 条第 2 款的为 5 次，涉及《专利法》第 26 条第 3 款和《专利法》第 33 条的分别为 2 次，涉及《专利法实施细则》第 20 条第 1 款的为 1 次。

从最后的无效结论来看，在 2014～2016 年微波天线领域发生的 24 次无效宣告案件中，有 42% 的专利（10 件）被宣告全部无效，37% 的专利（9 件）被维持有效，21% 的专利（5 件）被宣告部分无效，如图 4－3－48 所示。其中有 1 件实用新型专利被两次提出无效宣告请求，但终究还是维持有效，另外 2 件实用新型专利分别在第一次提出无效而维持有效的情况下，在第二次的无效宣告案件中被宣告全部无效。

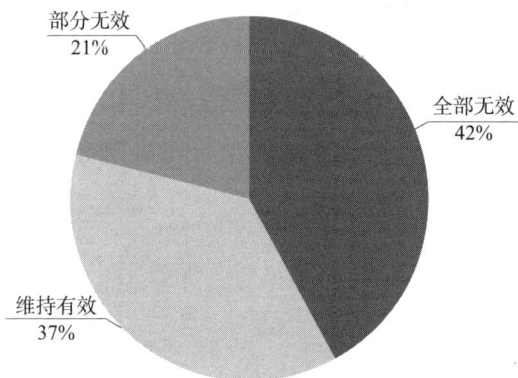

图 4－3－48　2014～2016 年微波天线领域的无效宣告案件结论

（二）专利权人和无效宣告请求人分析

对 2014～2016 年发生的微波天线领域的无效宣告案件的双方当事人进行分析发现，北京握奇数据系统有限公司、京信通信技术（广州）有限公司、京信通信系统（中国）有限公司、普莱默电子（无锡）有限公司作为专利权人分别被提起无效 2 次，其余专利权人被提起无效 1 次，如表 4－3－2 所示。其中京信通信技术（广州）有限公司和京信通信系统（中国）有限公司均隶属于京信通信集团，专利权人杨瑞雄是广东侨华科技有限公司的主要负责人。进一步分析发现，京信通信集团旗下的 4 次无效宣告请求同为广东通宇通讯股份有限公司发起，杨瑞雄和广东侨华科技有限公司的无效宣告请求同为徐亚玲发起。此外，无论是专利权人还是无效宣告请求人，由公司作为无效宣告对象的占比远大于个人无效宣告对象，在 24 次无效宣告请求中，专利权人为个人的仅为 2 次，无效宣告请求人为个人的也仅有 7 次。

表4-3-2　2014～2016年微波天线领域无效宣告案件专利权人和无效宣告请求人

专利权人	无效宣告请求人	无效宣告请求次数
北京握奇数据系统有限公司	恒宝股份有限公司	2
京信通信技术（广州）有限公司	广东通宇通讯股份有限公司	2
京信通信系统（中国）有限公司	广东通宇通讯股份有限公司	2
普莱默电子（无锡）有限公司	无锡科锐漫电子科技有限公司	2
泰州苏中天线集团有限公司	长城汽车股份有限公司等	1
	王仙寿	1
安德鲁有限责任公司	京信通信系统（中国）有限公司	1
北京长峰广播通讯设备有限责任公司	北京北广科技股份有限公司	1
北京星网宇达科技股份有限公司	王恩惠	1
蔡肇保	东莞市海睿兴实业有限公司	1
东莞积信制造有限公司	白星华	1
广东侨华科技有限公司	徐亚玲	1
广州埃信科技有限公司	广州桑瑞通信设备有限公司	1
乐荣工业股份有限公司	张学磊	1
三维通信股份有限公司	白星华	1
深圳市海骏电子科技有限公司	深圳迈睿智能科技有限公司	1
泰州华博通信设备有限公司	杭州宏康通信技术有限公司	1
无锡纽科电子科技有限公司	重庆渝至达科技有限公司	1
杨瑞雄	徐亚玲	1
中国电子科技集团公司第二十三研究所	上海和旭微波科技有限公司	1

对专利权人的地域进行分析可见，广东省的专利权人被提起无效的次数最多，为9次，其次是江苏省和北京市，分别为6次和4次，如图4-3-49所示。这一现象与这些经济发达地区的创新活动比较密集、专利拥有量比较大有关系。

（三）微波天线领域无效宣告案件相关的技术分支

1. 从IPC角度划分

从IPC分类角度分析2014～2016年微波天线领域的24次无效宣告案件，发现无效宣告案件主要集中在H01Q，即微波天线领域，有20次，涉及专利17件。

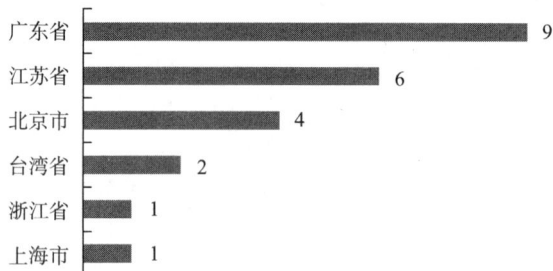

图4－3－49 2014－2016年微波天线领域无效宣告案件
专利权人地域分布情况

其中，70％（14次）涉及H01Q1/大组（天线零部件或与天线结合的装置），15％（3次）涉及H01Q21/大组（天线阵或系统），10％（2次）涉及H01Q3/大组（改变天线或天线系统辐射波的指向或方向图形的装置），5％（1次）涉及H01Q23/大组（具有有源电路或电路元件的天线，该电路或元件整合在天线内或附装在天线上）。在H01P，即波导，谐振器、传输线或其他波导型器件领域仅有4次无效宣告案件，涉及4件专利。这四次无效宣告主要涉及H01P1/大组（辅助器件）、H01P7/大组（波导型谐振器）和H01P3/大组（波导；波导型传输线）。详见图4－3－50。

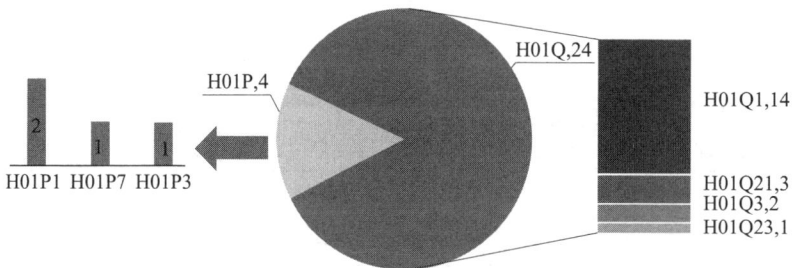

图4－3－50 2014～2016年微波天线领域无效宣告案件技术分支

2. 从技术内容角度划分

从技术内容的角度划分，这24次无效宣告案件涉及的专利技术主要集中在天线结构本身的改进、天线安装和保护部件的改进、微波器件的改进以及天线与电路结合的改进四个方面。其中，涉及天线结构本身改进的专利无效宣告次数最多，为11次，涉及天线安装和保护部件的改进和涉及微波器件的改进的专利无效宣告次数均为6次，涉及天线与电路结合方面的改进的专利无效宣告次数为1

次，如图4-3-51所示。可见，关于天线结构本身的改进方面的专利涉案频率较高。

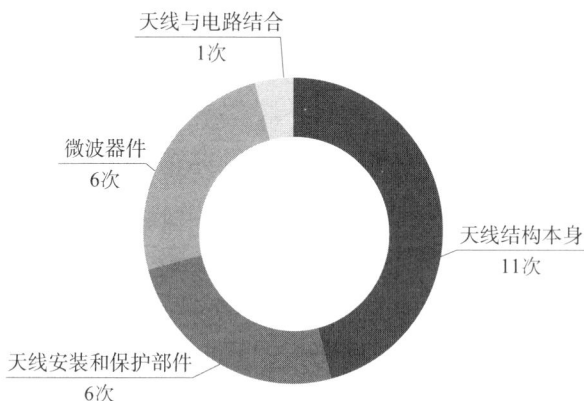

图4-3-51　2014～2016年微波天线领域无效宣告案件技术内容

具体到关于天线结构本身的改进，又包括多种天线类型的改进：车载天线、非接触天线、吸顶天线、阵列天线、双极化天线和磁棒天线。

从图4-3-52可以看出，关于车载天线方面的改进的专利涉及无效宣告3次，涉案频率较高，其次是关于非接触天线、吸顶天线、阵列天线方面的改进的专利，分别涉案2次，关于双极化天线和磁棒天线改进的专利分别涉案1次。

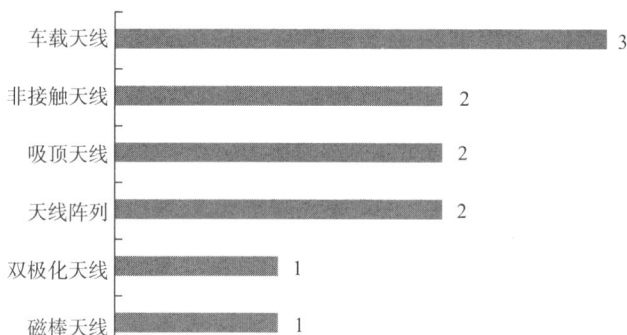

图4-3-52　2014～2016年天线结构本身涉及的无效宣告案件技术内容

（1）车载天线。

随着无线技术的发展以及车、船电子科技的高速发展，针对车、船的智能化需求不断增加，传统的收听广播（FM/AM）及 CD 音乐已不能满足车、船主的需要，卫星导航（GPS）、车载通讯（GSM）、车、船载电视（ETV）等娱乐及办公系统已经是高档车、船必须的配置，也是车、船电子科技发展的方向。以上功能中的多数都需要天线接收信号和/或传递信息，没有了天线设备也就无法工作。目前常见的车载天线包括鲨鱼鳍式天线，其主要由鲨鱼鳍式外壳和设置在外壳内的天线构成。但由于电子设备的增多，通信频段的增多，需要的天线数量也越累越多，在空间有限的车、船上安装多条天线是极其不方便的，并且由于车载天线位于车、船体外，其外形会影响车、船整体造型，因此，目前，对于车载天线小型化以及多频段多功能的研究属于研究热点。

2014～2016 年关于车载天线方面的改进的涉及无效宣告的专利有 3 件，这 3 件专利都是鲨鱼鳍式车载天线，图 4 - 3 - 53 即为一个典型的鲨鱼鳍式天线。这 3 件专利的发明点分别涉及对天线位置的改进、对天线与电路单元整合方式的改进以及天线与摄像头的结合的改进。其中，对于天线位置的改进和对天线与电路单元整合方式的改进主要是为了达到外观上的小型、美观、结构简单的技术效果；对于天线与摄像头的结合的改进主要是为了将车载天线与车、船的其他功能相结合，使得车载天线能够集无线电广播 FM/AM、卫星导航（GPS）、无线电通讯接收、车载电视接收、影像摄像于一体，实现功能的多样化，从而满足汽车、船泊智能化社会发展的需求。

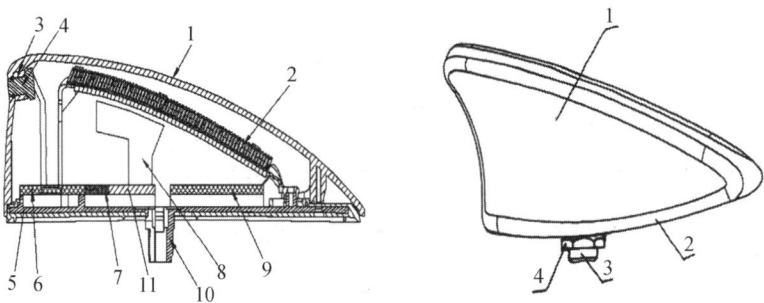

图 4 - 3 - 53　鲨鱼鳍式车载天线结构

（2）非接触天线。

非接触天线主要应用于非接触 IC 卡，即智能 IC 卡，智能 IC 卡将射频识别（RFID）技术与 IC 卡技术结合在一起，通过近场通信技术与读写器进行数据传输，智能 IC 卡使用方便、快捷，所以应用广泛，特别是应用于手机等嵌入式设备实现移动支付、身份认证等，这些应用将给人们的生活带来便利。例如当前的各个移动终端厂商纷纷在手机中嵌入具有消费功能的智能 IC 卡，用户刷手机即可完成支付操作。然而，对于持有没有嵌入智能 IC 卡的手机型号的用户，则无法获得这样的使用体验。目前，在日本、韩国等国家开展的基于手机的移动支付方案中，采用了改造手机的方案：将具有消费功能的智能 IC 卡置于手机内，其射频天线布置在手机的主板或专用的手机电池背面，天线与智能 IC 卡通过专门设计的触点连接在一起。这是一种成本较高的解决方案，它涉及手机的改造。这种方案在中国的移动通信应用环境下行不通，因为手机的改造成本显得很明显，若用户要使用移动支付功能就需要重新购买有移动支付功能的手机。因此，用户的使用成本很高，也就限制了移动支付业务的开展。北京握奇数据系统有限公司提出了这样一种方案：将非接触天线布设在插入式智能卡上，当插入式智能卡插入卡槽内时，其上的天线即可进行信号的收发。该方案能够降低移动支付的体验成本。该方案涉及的实用新型专利被恒宝股份有限公司两次提起无效宣告，两次无效宣告请求审查的结论均为维持专利权有效。

3. 从技术效果角度划分

从技术效果的角度划分，这 24 次无效宣告涉及的专利技术主要致力于天线性能、制造使用成本、外观、耐用性和使用便捷性几个方面的提升。其中，7 次无效宣告的涉案专利的技术内容是为了提升天线性能，占总数的 29%；6 次无效宣告涉及的专利的技术内容是为了降低成本，占总数的 25%，如图 4 - 3 - 54 所示。

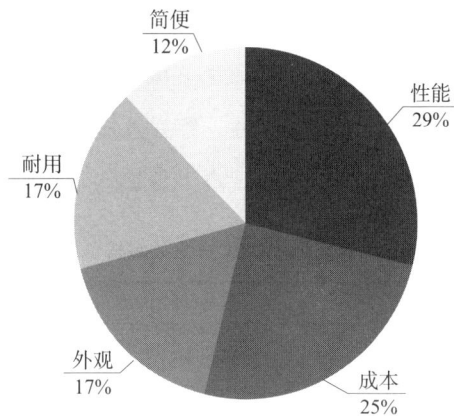

图 4 - 3 - 54 2014～2016 年天线微波领域无效宣告案件技术效果

（四）微波天线领域无效宣告案件结论以及涉案专利特征分析

微波天线领域无效宣告案件的审查结果如图 4 - 3 - 55 所示，其中，42% 案件被宣告专利权全部无效，37% 案件维持有效，21% 案件被宣告部分无效。

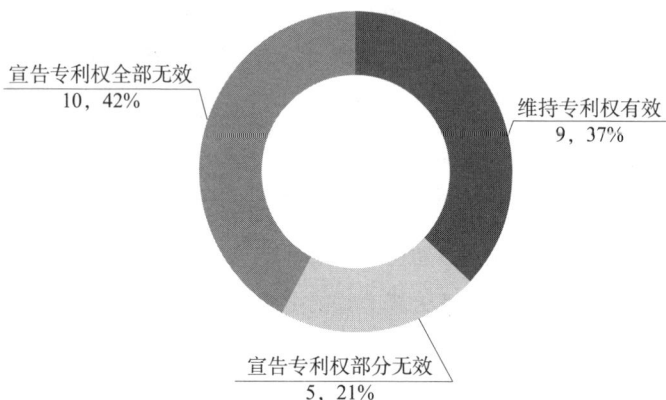

宣告专利权全部无效
10，42%

维持专利权有效
9，37%

宣告专利权部分无效
5，21%

图 4 - 3 - 55　微波天线领域无效宣告审查结果

在对这些涉案专利的进一步分析中发现，如表 4 - 3 - 3 所示，涉案专利存在外国同族的有 8 次，占无效宣告次数的 1/3，这 8 次中，5 次无效宣告结果为维持专利权有效，1 次为部分无效，也就是说，结果为维持专利权有效以及部分有效的无效宣告次数占到了 3/4。而在涉案专利不存在外国同族的 16 次无效宣告中，结果为维持专利权有效的仅有 4 次，宣告专利权部分无效，即维持专利权部分有效的有 4 次，也就是说，这 16 次无效宣告中，结果为维持专利权有效以及部分有效的无效宣告次数仅占到了一半。从上述分析结果来看，是否存在外国同族与无效宣告结论之间存在一定的关联性，存在外国同族的专利涉及的无效宣告相比不存在外国同族的专利涉及的无效宣告更多地被维持有效。

表 4 - 3 - 3　有无外国同族对无效宣告结果的影响

专利无效结果	存在外国同族	不存在外国同族
宣告专利权全部有效/次	3	8
宣告专利权部分无效/次	1	4
维持专利权有效/次	5	4

进一步对涉案专利的权利要求进行了分析，如表 4 - 3 - 4 所示，发现权利要

求项数从 1 项到 30 项均会涉案。在涉案专利权利要求项数小于 10 项的 14 次无效宣告中，宣告专利权全部无效的有 8 次，占 57%；而在涉案专利权利要求项数大于或等于 10 项的 10 次无效宣告中，宣告专利权全部无效的有 2 次，仅占 20%。也就是说，权利要求的项数与无效宣告结论之间存在一定的关联性。由于无效宣告请求审查阶段允许对发明或者实用新型的权利要求进行删除、合并和技术方案的删除，因此，权利要求项数多则修改余地大，有利于专利权被维持或部分维持。

表 4 - 3 - 4　权利要求项数对无效宣告案件结论的影响

专利无效结果	权利要求项数小于 10	权利要求项数大于 0
维持有效/次	5	4
部分无效/次	1	4
全部有效/次	8	2

五、电设备结构零部件领域

（一）电设备结构零部件领域的无效宣告案件数据

2014～2016 年，涉及电设备结构零部件领域的无效专利有 25 件。与无线领域无效宣告案件数据中绝大多数涉及发明专利不同，在电设备结构零部件领域，实用新型占据了 84%，其具体占比关系如图 4 - 3 - 56 所示。

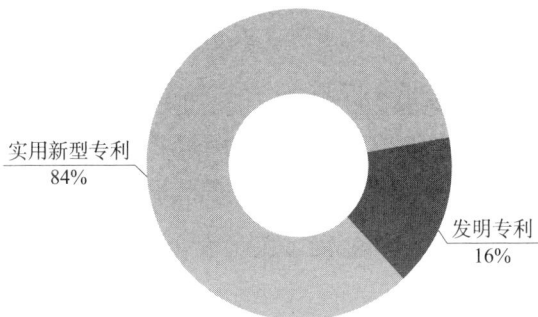

图 4 - 3 - 56　电设备结构零部件领域无效宣告
案件数据专利类型占比

进一步分析电设备结构零部件领域的无效宣告请求人和专利权人：电设备结构零部件领域在2014～2016年涉及25件专利，但是其无效宣告请求人就达到了23人，绝大多数无效宣告请求人请求无效的专利数是1件，该领域的无效宣告请求人和专利权人的对应表格如表4-3-5所示。

表4-3-5 电设备结构零部件领域无效宣告请求人和专利权人列表

无效宣告请求人	专利权人	无效件数
北京中润天鸿资产管理有限公司	南京全信传输科技股份有限公司	1
丁为	奇鋐科技股份有限公司	1
东莞市几度电子科技有限公司	深圳市超频三科技有限公司	1
佛山市通宝华龙控制器有限公司，亮群电子（常熟）有限公司	佛山市川东磁电股份有限公司	1
哈尔滨万宇科技股份有限公司	哈尔滨固泰电子有限责任公司	1
贺芳	南京华设科技股份有限公司	1
淮安旭昇电子有限公司	莱尔德技术股份有限公司	1
技嘉科技股份有限公司	双鸿科技股份有限公司	1
技嘉科技股份有限公司，黄星云	曜越科技股份有限公司	1
晋江市高盛机械制造有限公司	庄铭阳	1
莱尔德电子材料（深圳）有限公司	深圳市飞荣达科技股份有限公司	1
马建军	奇鋐科技股份有限公司	1
毛晓东	顺富国际机电有限公司	1
邵泽锋	东莞高仪电子科技有限公司	1
深圳市帝硕达电子厂，东莞市几度电子科技有限公司	深圳市超频三科技有限公司	1
深圳市迅腾科技有限公司	曾振慈	1
深圳市伊诺乐器有限公司	深圳市魔耳乐器有限公司	1
天津欧誉科技有限公司	宜闻斯控制台（昆山）有限公司	2
伊莉莎股份公司	郑瑞光	1
张晶	小米科技有限责任公司	2
张争艳	富世达股份有限公司	1
中兴通讯股份有限公司	华为技术有限公司	1
卓英社有限公司	戈尔企业控股股份有限公司	1

在上述无效宣告案件中，最后的审查结果如图4-3-57所示，其中宣告全部无效占比接近一半，维持专利权有效的案件比例为38%，宣告专利权部分无

效的案件的比例为 14%。在 11 件维持专利权有效的专利中，发明专利 3 件，实用新型专利 8 件，而在宣告全部无效的专利中，实用新型专利 13 件，发明专利仅 1 件。

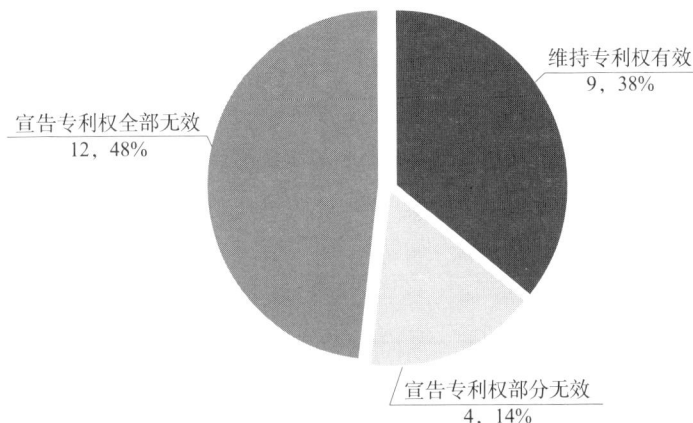

图 4-3-57 电设备结构零部件领域无效结果

（二）电设备结构零部件领域的无效宣告案件相关技术

2014～2016 年，电设备结构零部件领域无效宣告案件所涉及的具体技术如图 4-3-58 所示，其中涉及电设备的散热与机壳零部件各 10 件，电设备的电磁屏蔽 4 件，制造电元件组装件的设备 1 件。

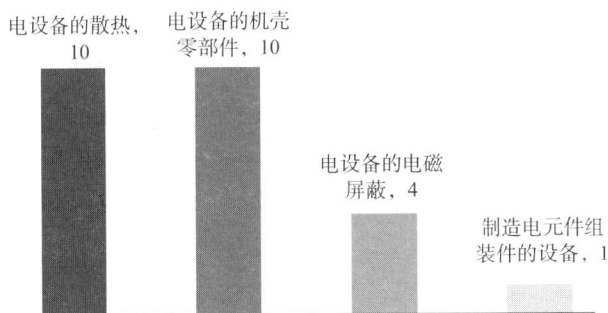

图 4-3-58 电设备结构零部件领域无效宣告案件涉及的技术

电设备结构零部件领域 H05K 分类号下的专利多为按照应用分类，因此该分类号下的技术较为分散，下面对上述技术逐一进行分析。

1. 电设备的散热

散热技术随着 PC 计算能力的增强，功耗与散热问题日益成为不容回避的问题。电子器件的工作温度直接决定其使用寿命和稳定性。要让 PC 各部件的工作温度保持在合理的范围内，除了保证 PC 工作环境的温度在合理范围内之外，还必须要对其进行散热处理。尤其对 CPU 而言，如果用户进行了超频，要保证其稳定地工作更必须有效地散热。

一般来说，依照从散热器带走热量的方式，可以将散热技术分为主动式散热和被动式散热。所谓被动式散热，是指通过散热片将热源产生的热量自然散发到空气中，其散热的效果与散热片大小成正比，但因为是自然散发热量，效果当然大打折扣，常常用在那些对空间没有要求的设备中，或者用于为发热量不大的部件散热；而主动式散热就是通过风扇等散热设备强迫性地将散热片发出的热量带走，其特点是散热效率高。对主动式散热，从散热方式上细分，可以分为吸流散热、风冷散热、液冷散热、热管散热、半导体制冷、化学制冷，等等。

分析 2014 ~ 2016 年电设备的散热领域的 10 件专利，其中与被动式散热的专利有 3 件，其涉电设备箱体上设置散热片、通过散热片实现电设备自冷及扣片式散热器；与主动式散热中热管式散热相关的专利有 3 件，其涉及热管式散热器及其应用；与主动式散热中液管式散热相关的专利有 3 件，其涉及以液体为传导介质在电设备内部散热通道进行循环散热、空调内机及水冷式散热模块；与主动式散热中风冷式散热相关的专利有 1 件，其涉及一种发光散热装置，其散热装置为风扇。详见图 4 - 3 - 59。

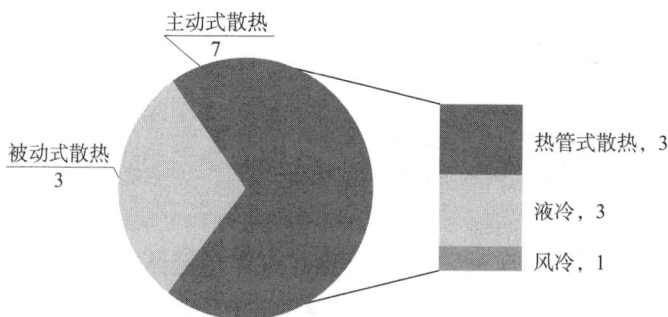

图 4 - 3 - 59　电设备的散热领域无效宣告案件涉及的技术

2. 电设备的机壳及零部件

与电设备的机壳及零部件有关的专利共 10 件，其中与电设备的机壳有关的有 8 件，其涉及电设备的机壳结构改进，从而达到防水、手感舒适、安装方便等技术效果；与电设备的零部件相关的专利有 2 件，其涉及电设备的零部件结构如铰链结构、支撑架结构。

3. 电设备的电磁屏蔽技术

电磁屏蔽技术，是在空间某个区域内，用以减弱由某些源引起的场强的措施。根据干扰源相对于屏蔽体的位置，可分为主动屏蔽和被动屏蔽。若屏蔽体用来防止干扰场进入屏蔽空间，这种屏蔽结构称为被动屏蔽。若干扰源在屏蔽体内部，屏蔽体用来防止干扰场泄露到外部空间，则称这种屏蔽结构为主动屏蔽。从屏蔽技术的改进点上又可分为屏蔽装置结构的改进与屏蔽装置材料的改进。

分析 2014～2016 年涉及电设备的电磁屏蔽技术的 4 件专利，其中有 1 件涉及屏蔽装置材料，其通过在电子设备外设金属材料的编织套来实现屏蔽；另外 3 件涉及屏蔽装置的结构改进。

4. 制造电元件组装件的设备

涉及制造电元件组装件的设备的专利仅 1 件，其涉及一种多头全自动散装 LED 插板机，实现 LED 全自动多头散装。

综合电设备的结构零部件领域的无效宣告案件可以看出，从技术的角度来看，在电设备的散热领域，出于对散热效果及散热器大小的考虑，散热效果较高的被动式散热技术仍占多数，主动式散热通常应用于较大型且散热量不大的电设备；而对于小型的电子设备如手机、个人电脑等则更多的应用主动式散热方式，随着 PC 计算机及智能手机等小型电子设备的发展，与之匹配的主动式散热技术也随之发展，并占据了电设备散热技术的主要部分。在其他三个领域中的专利，主要集中在结构方面的改进，从而适应电设备领域的高速发展，使电设备具有更好的可靠性、易用性、稳定性等。由于电设备的结构零部件领域涉及电设备的零部件结构，且多为在现有技术条件下对电设备的零部件结构的细微改进，因此，目前绝大多数的改进都是较为微小的实用新型改进，这也成为该领域中宣告专利权全部无效的占比较高的原因。

六、信息记录领域

（一）信息记录领域的无效宣告案件数据

2014～2016 年，涉及信息记录领域的无效专利有 6 件，其中 3 件是发明专利，3 件是实用新型专利。在上述无效宣告案件中，最后的无效结果中 3 件实用新型专利宣告专利权全部无效，3 件发明专利宣告专利权部分无效，而该领域的无效宣告请求人和专利权人的对应表格如表 4 - 3 - 6 所示。

表 4 - 3 - 6　电设备结构零部件领域无效宣告请求人和专利权人列表

无效宣告请求人	专利权人	无效件数
广东和胜工业铝材股份有限公司	钱政	1
建荣集成电路科技（珠海）有限公司	珠海市杰理科技有限公司	1
日立乐金资料储存股份有限公司	三洋电机株式会社	1
索尼（中国）有限公司	裴永植	1
杨波	上海山景集成电路股份有限公司	1
宗黎	三洋电机株式会社	1

其中索尼公司诉裴永植无效宣告案件，源于专利权人裴永植于 2010 年 10 月向北京二中院提起诉讼，诉索尼（中国）有限公司制造、销售的 NWZ - W252/BM 的索尼 MP3 播放器落入裴永植于 2000 年 3 月向中国国家知识产权局申请名称为"MP3 播放机"的发明专利保护范围，请求法院判令索尼（中国）有限公司立即停止制造、销售侵害涉案发明专利权的产品。随后，索尼（中国）有限公司向中国国家知识产权局专利复审委员会提起专利权无效宣告请求。2011 年 11 月，专利复审委员会作出第 17613 号无效宣告请求审查决定，宣告"MP - 3 播放机"专利权权利要求 1、2、7、8、9 无效，在权利要求 3、4、5、6、10 的基础上继续维持涉案发明专利权有效。

进一步分析其他两件宣告部分专利权无效的案件，发现宣告部分专利权无效的 3 件案件的共性是均为发明专利，发明专利经过实质审查后授权，其相较于未经过实质审查授权的实用新型专利具有更高的稳定性；另外，上述 3 件案件均具有 10 个以上权利要求，并采用从属权利要求对独立权利要求进行进一步的限定，因此，在发生无效宣告时，可以更好地保护申请人的权益，即便独立权利要求被无效掉，也可通过将从属权利要求加入到独立权利要求中继续进行保护。

（二）信息记录领域的无效宣告案件相关技术

信息的存储在整个信息处理系统中都占有至关重要的地位。从计算机诞生之日起过去的 70 多年里，硬盘驱动器 HDD 一直是存储系统领衔者。在这个新技术层出不穷的时代，一些老的存储介质如软盘，由于技术等方面的原因逐渐淡出，一些新的存储介质如闪存 Flazh Memory、固态存储盘 SDD 迅速发展起来。另外，光盘存储技术的发展，也给现在和未来信息存储的多样化增加了一生力军。

2014～2016 年，信息记录领域无效宣告案件所涉及的具体技术如图 4－3－60 所示，其中涉及光记录 2 件，数字记录或重现 3 件，磁记录 1 件。

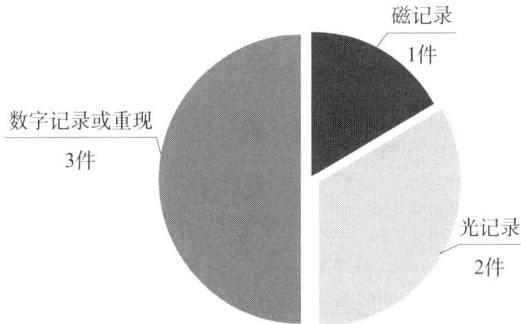

图 4－3－60　信息记录领域无效宣告案件涉及的技术

1. 光记录技术

光记录技术的历史可以追溯到 1980 年第一张光盘的问世，飞利浦公司于 1982 年发布了最早的音乐 CD（Compact Disk）唱片。此后，又诞生了不同种类的 CD 盘片，于是又陆续为这些不同类型的 CD 制定了各自的标准，有关光盘标准的文件也被称为彩虹书，因为每个光盘标准都用一种颜色的名称来称呼，如红皮书、绿皮书等。各种类型的 CD 一直被人们广泛用于传播音乐等，直到 20 世纪 90 年代，CD 的存储容量渐渐不能满足人们的需求，于是各大厂商开始研究下一代更高容量的光存储技术，其中最具代表性的是索尼与飞利浦共同提出的 MMCD（多媒体 CD 光盘）和东芝/华纳（后有松下与日立等厂商加入）提出的 SD（超密度光盘）。这两大厂商联盟之间为争夺光存储标准的制定权而进行的背后角力直到1995年9月才结束，最后由东芝等胜出，统一为其提出的SD格式，也就是后来的DVD。

DVD标准统一之后，光记录技术又经历了一个高速发展的时期，直到现在，DVD光盘仍是市场上用于发行影片的最主要媒介。于1997年成立的DVD论坛成为DVD标准制定的世界性组织，专门负责DVD标准的制定和统一。

但是，应当了解的是，无论CD还是DVD，都是通过发射红色激光的拾取器来进行数据的读取或写入的，如果仍然采用这种激光器，便很难进一步提高光盘的数据容量。而随着蓝色半导体激光器技术走向成熟，使得实现更高密度的光记录介质成为可能，这就是后来我们所称的"蓝光"技术。"蓝光"技术真正走进人们视野是2002年，当年以索尼、飞利浦公司为首的厂商首先提出了基于"蓝光"技术的新一代高容量的光盘标准Blu－ray Disk（或称BD），紧接着，东芝公司又发布了基于"蓝光"技术的AOD（Advanced Optical Disk）标准，也就是后来的HD DVD标准。从那以后，两大厂商联盟又为蓝光光盘的标准进行了新一轮的竞争。直到华纳公司于2008年1月宣布独占支持BD标准，这场历时多年的竞争才得以结束。目前，BD光盘单面的容量已经能达到可观的50GB，比DVD提高了10多倍。

分析2014～2016年涉及光记录领域的无效专利有2件，具体涉及可鉴别不同厚度的光记录介质并再现的光记录再现装置以及备有防止箱体开裂的拾取装置的光记录装置。

2. 数字记录或重现技术

数字记录或重现技术主要涉及非特定记录或重现方法的信号处理及为此所用的电路。

分析2014～2016年涉及数字记录或重现领域的无效专利有3件，其中2件涉及音频适配器及音频系统，1件涉及MP3播放机。

3. 磁记录技术

最早出现的磁记录技术是1898年丹麦人普尔逊（V. Poulsen）发明的磁录音装置。在过去的一个多世纪里，磁记录技术从未停止发展，磁记录介质、磁头的设计得到不断改进，这使得记录波长能够不断缩小，记录密度和记录性能不断提高。在磁记录的发展历史中，用磁带记录音视频信息的技术在很长一段时间内占据主流地位。磁带记录的优点是记录密度高、存储容量大、可靠性好，但其致命的缺点是读取指定位置的数据所耗费的时间长，实现随机存取非常困难。当前的磁带记录技术已趋于成熟，磁带记录主要被用于数据的后备存储和构成磁带阵列作为海量存储介质。

随着数字时代的到来，磁记录技术也已从模拟信号记录发展到了数字信号的记录，而当前主流的磁记录技术之一也是磁盘记录。磁盘又按涂敷磁性材料的衬底材料不同而分为软盘和硬盘。在 20 世纪末，软盘驱动器还是电脑的标准外设配置，但由于软盘的容量低且容易损坏的缺点，如今已被闪存（Flash Memory）完全取代。

相比于软盘，硬盘的发展状况则要好得多，随着 2006 年垂直磁记录技术在硬盘中的普及，硬盘的存储量已经达到了 T 的数量级（1T = 1024G），它现在已成为计算机系统中不可或缺的外部存储器。硬盘记录的特点是承载磁头的浮块与盘片之间必须保持很小的间隙（0.5μm 左右），为了消除外界环境的影响并提高存取的可靠性，就要求盘片与磁头被封装在一个高净化和密封空间内，因此硬盘记录的磁头与盘片总是被封装成为一个整体，即共同构成一个硬盘驱动器。这种构架方式与光盘、U 盘的那种记录介质与读写头分离的方式是不同的。正因为此，硬盘不需要为记录介质本身作太多的格式规范标准，而只需要提供一个标准的数据传输接口就行了。

分析 2014～2016 年涉及磁记录技术领域的无效专利仅有 1 件，涉及硬盘驱动臂型材结构改进。

综合信息记录领域的无效宣告案件可以看出，从技术的角度来看，涉及传统的光记录、磁记录及数字记录或重现技术。然而社会信息量的快速增长以及存储器件体积的不断减小，人们对存储密度和存储容量的要求在不断提高，此研究和开发新型信息存储技术和存储材料成为信息存储领域竞争的热点，因此传统的光记录、磁记录及数字记录或重现技术在存储量大、存储器件体积小方面失去了相应的竞争力，这可能也是 2014～2016 年在信息记录领域无效宣告案件较少的原因。

七、医疗器械领域

2014～2016 年，涉及医疗器械领域的无效宣告案件 13 件。其中无效专利 10

件，有3件专利分别由两个无效宣告请求人提起无效宣告请求。在13件无效宣告案件中，其中6件维持专利权有效，4件宣告专利权全部无效，3件宣告专利权部分无效。

进一步分析医疗器械领域专利权人和无效宣告请求人可知：专利权人为周林、申请号为96114253.7的发明专利分别由无效宣告请求人朱挺和相美娟提出无效宣告请求；武汉海纳川科技有限公司的申请号为201220355811.X的实用新型专利分别由湖北世纪冠华科技有限公司和武汉光盾科技有限公司、提出无效宣告请求；武汉海纳川科技有限公司后更名为湖北益健堂科技股份有限公司，上述公司的申请号为201220701143.1的实用新型专利首先由湖北世纪冠华科技有限公司提起无效宣告请求，最终宣告维持专利权有效，并在2016年由武汉光盾科技有限公司再次提起无效宣告请求，最终宣告专利权部分无效。

在2014～2016年涉及医疗器械领域无效宣告案件的10件专利中，仅有1件是发明专利，其他9件均为实用新型专利；有5件专利的专利权人均为个人申请，其余专利权人均为中小企业。

出现上述情况，可能源于我国医疗器械行业总体呈现"多、小、弱"的特点。虽然我国医疗器械生产企业数量众多，但是企业规模普遍较小，市场集中度低，创新能力比较薄弱。据中国医疗器械行业协会测算，我国医疗器械企业的年平均销售额仅为1 500万元，年销售额在1亿元以上的仅有130余家，其中外资和合资企业占据半壁江山。医疗器械行业内缺乏龙头企业和自主品牌，在国际市场上竞争时，品牌竞争力不强。技术研发能力较弱有两方面原因：首先，我国医疗器械产业中大多为中小企业，规模小，创新能力弱，不具有人才优势，且不具备品牌打造和现代化营销体系的意识；其次，医疗器械产品从研发到大规模投入市场，整个周期很长，增加了企业创新投入的风险，也影响了企业技术创新的积极性。

我国常规医疗器械已基本实现自主生产，高端医疗器械虽有所涉足，但在流通环节还是以进口国际知名生产厂商为主，低技术含量的中低端产品仍然占据主导地位。医疗器械研发、生产领域，最能代表一个国家的整体实力，但遗憾的是，在我国经济总量超过日本跃升世界第二的今天，在医疗器械领域几乎所有的大小型高精尖设备均依赖进口。

第五章

运营专利质量评估分析

专利作为市场经济的产物和一种财产权，其市场价值是专利拥有者和竞争对手共同关注的焦点，但鉴于专利的实际价值或者市场价格难以获得，而专利质量是决定专利市场价格的核心要素，本章将从专利技术质量、专利保护范围、专利保护强度三个维度对 2014～2016 年的通信领域专利运营和无效宣告涉及的发明专利的质量进行综合分析，为该领域专利的进一步研究和运营实务操作提供参考，同时，为了给专利审查机关的实质审查提供更多具有参考价值的分析结果，在每个维度中均提供了审查前和审查后两个不同的分析模型。

第一节　现有专利评价指标

在市场竞争中，专利作为重要的技术壁垒越来越多地被竞争主体所使用；对于市场主体而言，专利作为一种重要的无形资产也越来越多地参与到其经济活动中，同时，我国专利申请量持续增长。从市场主体的实践来看，如此庞大的专利如何作为资产加以运用是当前知识产权界及市场主体所共同面临的难题。为了解决此问题，国内外越来越多的机构和专家开始研究专利评价指标体系，并以此为基础拟形成市场认同的专利评价系统，以期指导专利运营实践。本书选出几个国内外有代表性的专利指数和评价指标体系予以介绍，以期帮助读者对现有的专利评价指标有初步的认识。

一、OT300 专利指数

OT300 专利指数由美国 Ocean Tomo 公司和美国证券交易所于 2006 年 9 月联合发布，这一指数是全球第一个基于公司知识产权资产价值的股票指数，目前这一指数主要在纽约泛欧证券交易所发布。除了 OT300 专利指数，Ocean Tomo 公司同时还在纽约泛欧证券交易所发布 OT300 专利成长指数和 OT300 专利价值指数。

OT300 专利指数通过回归分析法建立创新率（创新率＝专利维持价值/企业资产）评估模型，OT300 指数的构成成分主要从美国股票市场上流动性最强的 1000 只股票中选取，然后再将范围缩小到拥有专利的公司。这些拥有专利的公司按照风格和规模的不同被分成 50 个小组，然后通过 Ocean Tomo 专利评级（PatentRating）系统计算出每个公司的专利价值占公司财务价值的比例，并根据计算出的比例进行排序，每个小组中排在前六位的股票成为指标股，50 个小组一共 300 只股票。

在指标设计上，OT300 专利指数被称为目前市场上最为全面的指标体系，其既有有效专利数量、专利平均维持年限、专利放弃比例等一些基本指标，也有专利单向引证率、专利积累引证率等一些能反映专利质量的指标，还有专利衰退率等能反映专利市场价值的指标，有效专利季度净收入变化、替代旧专利所需新专利数量等一些能反映公司财务发展状况的指标，以及一些能反映公司技术分布情况的指标等。

二、美国专利记分卡

美国专利记分卡由 IPIQ Global 公司自 1992 年开始对外发布，曾先后刊登在《商业周刊》《麻省理工技术评论》以及《华尔街日报》上。专利记分卡实际上共发布了 7 个榜单，分别为行业记分卡、全球专利记分卡、IPIQ 500 记分卡、大学记分卡、政府机构记分卡、研究机构记分卡和创新机构记分卡。

行业记分卡是 IPIQ Global 公司发布的最核心的专利记分卡产品。行业记分卡共选取 17 个行业进行评价分析，主要评价对象为全球顶尖的 2 700 多家技术型企业。针对每个行业，行业记分卡都是基于专利质量、技术强度以及影响广度等指标来对公司进行排名。该行业记分卡每月更新一次。行业记分卡中设计的具体指标有技术强度、行业影响力、授权专利数量、科学强度以及研究强度等 5 个。其中，技术强度用于从公司专利组合的角度，通过综合考量专利的质量和数量，对公司的专利和创新进行一个总体评价；行业影响力用于对一个公司的专利组合对行业内其他公司的技术发展的影响力进行量化评价；科学强度用于从总体上去衡量一个公司的专利组合与核心科学的关联度；研究强度用于评价一个公司在特定行业中相比于其他公司在基础研究上的水平。

全球专利记分卡通过分析全球 59 个国家自 1980 年以来的授权专利来综合评价这些国家的技术能力。在数据分析过程中，全球专利记分卡使用了 3 种专利分类体系，分别为美国标准工业分类体系、国际专利分类体系以及 IPIQ Global 公司自己的分类体系。全球专利记分卡中的具体指标包括在特定技术领域的强度、本国专利对其他国家的影响力、国家创新与科学研究的关联度以及创新的速度等 4 个。

IPIQ 500 记分卡基于一个标准化的技术强度指数对全球的技术型公司进行比较并排名，最终给出一个 500 强的名单。由于对排名指数进行了标准化处理，IPIQ 500 记分卡实现了公司之间的跨行业比较，从而能够在不考虑所属行业的情况下识别出全球范围内的高创新公司。IPIQ 500 记分卡采用的具体指标有技术强度、行业影响力、授权专利数量、科学强度、研究强度以及创新周期（Innovation Cycle Time）等 6 个，其中前 5 个指标与行业记分卡的指标相同，第 6 个指标创新周期用于评价一个公司将其前沿技术和核心研究转化为专利资产的速度，一般以年计算。

大学记分卡是专门针对全球超过 140 所大学进行排名的榜单，与行业记分卡一样，该大学记分卡也是每月更新一次。另外，大学记分卡也是基于专利质量、技术强度以及影响广度等指标来进行评价的，基本与行业记分卡相同。政府机构记分卡和研究机构记分卡均与大学记分卡类似，不同之处仅在评价对象上。而创新机构记分卡则是打破了评价对象的限制，融合了大学、政府机构和研究机构，其评价指标和更新周期均与大学记分卡一样。

三、IEEE 专利实力记分卡

IEEE 专利实力记分卡对全球 5 000 余家公司、学术机构、非营利组织对美国专利进行了量化的分析。该记分卡由 *IEEE Spectrum* 杂志自 2007 年开始，每年 10 月发布上一年的专利实力排行榜。专利实力记分卡是完全按照组织所在的行业来进行分类评比的，每次发布 17 个榜单：航空航天和国防、汽车及零部件、生物医药、化学、通信\网络设备、通信\网络服务、计算机设备和存储、计算机软件、计算机系统、电子产品、医疗器械、科学仪器、半导体设备制造、半导体制造、综合型企业、政府机构和大学/教育/培训。

专利实力记分卡各榜单上的组织是根据专利综合实力进行排名的，其综合考量了专利组合的数量和技术价值，由于采用了技术加权后的专利组合规模作为衡量依据，专利实力记分卡可以较全面、准确地评价某个组织的技术实力。该专利实力排行榜由 5 个计算指标构成，这 5 个指数分别是：专利数量、专利增长指数、技术影响指数、技术原创指数和技术扩散指数构成。该 5 个指标的定义如图 5－1－1 所示。

✓ 专利数量　　　　　　　上年度美国专利授权数量

✓ 专利增长指数　　　　专利增长指数 $= \dfrac{\text{上年度美国专利授权量}}{\text{近五年年均美国专利授权量}}$

✓ 技术影响指数

　　自引率小于等于30%　基础技术影响指数 $= \dfrac{\text{近五年所有授权专利被上年度美国授权专利引用的次数}}{\text{同领域近五年所有授权专利被上年度美国授权专利引用次数平均值}}$

　　自引率大于30%　　校正技术影响指数 $=$ 基础技术影响指数 $\times [1-(\text{自引率}-30\%)]$

✓ 技术原创指数　　　　对某机构专利组合所引用的专利技术（受引专利）的领域宽泛程度，进行时间和领域的归一化处理

✓ 技术扩散指数　　　　对引用某机构的专利技术（施引专利）的领域宽泛程度，进行时间和领域的归一化处理

图 5－1－1　IEEE 专利实力记分卡的 5 个指标

在分别算出上述 5 个指标数据后，专利实力指数被定义为：专利实力指数 = 专利数量 * 专利增长指数 * 技术影响指数 * 技术原创指数 * 技术扩散指数。

IEEE 专利实力记分卡更注重对公司技术实力的评价，因而在指标设计上更偏重专利的技术价值体现

四、国证德高行专利领先指数

国证德高行专利领先指数由深圳证券信息有限公司与德高行（北京）科技有限公司于 2015 年 2 月 17 日在深圳证券交易所正式发布。该指数既是一个专利指数，更是一个股票指数。该指数的评估对象是中国大陆 A 股市场上 2 700 多家上市公司，并最终筛选出 100 家投资潜力最佳的公司作为样本股。

国证德高行专利领先指数的核心基础是通过专利大数据的指标萃取、加工及演算，构建出以专利指标预测股价的股价预测公式，即专利领先公式。专利领先公式由德高行公司自行开发，其演算法核心采用 2003 年诺贝尔奖的经济学模型，通过严格的统计检定，并达到 95% 的置信区间。

在上述专利领先公式中，共设计了两类指标：专利指标和财务指标。其中，专利指标有将近 50 个，这些专利指标都是可以被计算机自动运算的数量指标，如专利总数、平均专利寿命、专利平均审查期、当期的专利公开数量、专利授权数量、专利 IPC 分类号总数、专利 IPC 分类号平均数、专利说明书总页数、专利说明书平均页数、专利的权利要求总数、专利的权利要求平均数、专利的独权总数、专利的独权平均数、专利说明书的附图张数、专利说明书的附图平均数等。财务指标是指能表达企业经营绩效的指标，包括偿债能力指标、运营能力指标、获利能力指标、发展能力指标以及股价指标等。其中，获利能力指标又包括了净资产收益率 ROE、资产报酬率 ROA、每股收益 EPS 以及市净率 MTB 等。

五、知识产权出版社专利价值评估系统

知识产权出版社的价值评估系统"易用智能系统"（P2I：patent to intelligence）是基于知识产权出版社核心专利数据资源，依托长期咨询服务积累的智慧以及丰富的专利数据产品开发经验，针对当前专利运营所面临的核心难题开发的专利价值智能评估系统。从功能设计上来讲，该系统以用户需要为导向，支持

自定义的评估，从指标选取、参数配置到专利池的选择均可按需定制；同时，从产品设计的角度上来看，该系统具有较强的可扩展性，将会根据拥有的数据源的增加不断增加评估指标，以逐步提高专利价值评估的准确性。同时，引入技术实体指标，从专利保护范围、专利保护强度和专利技术质量3个方面辅以参数构建全新指标体系剥离后验性指标，引入重点专利库概念支持自定义评估。

在指标设计上，知识产权出版社价值评估P2I系统设定了28项指标，并根据当前实际拥有的数据资源情况采用了18种数据源来支持上述指标的实际运行。P2I系统的指标体系以专利技术质量为核心，通过将客观的专利信息包括专利文本中的权利要求书、说明书、说明书附图以及审查过程中产生的相关信息加工成可量化的评估指标，辅以予以分析等技术手段，引入领域专利库的概念，评价目标专利或者专利组合的技术价值；同时，引入专利授权后实际运用产生的客观数据如专利运营即许可、转让和质押数据，专利纠纷包括侵权诉讼和无效宣告案件，以及其他专利活动如专利获奖情况等作为后延性指标对技术质量指标进行辅助，最终形成评估指标可按需调整、对比参数亦可因需设置的专利价值评估系统。

第二节　专利评价指标

专利价值评估是专利运营工作面临的一个重要问题，在本书第二章至第四章对通信领域3种法定运营方式和无效宣告案件所涉及的专利进行数据分析和技术分析的基础上，是为了更好地对通信领域相关专利的价值进行评价。本书在分析目前国际和国内的主要专利评价指标的基础上，参考国内专利数据特别是知识产权出版社现有数据资源可获得的各项指标，从专利技术质量指标、专利保护范围指数和专利保护强度指数3个方面重新设计了专利价值评价指标体系，并对本书第二章至第四章所涉及的专利进行了价值分析。同时，为了对专利实质审查程序提供借鉴作用，本书对同一类型的评价指标区分了审查前和审查后两个方向来进行评价。

一、专利技术质量指数计算方法

专利技术质量主要体现专利申请在其领域内的技术方面的重要性，本节中采用公式（1）计算审查前的专利技术质量指数：

$$X_1 = \left(\sum_{i=1}^{M} \alpha_i \times A_i \right) \times \tau \times PX_1 = \left(\sum_{i=1}^{M} \alpha_i \times A_i \right) \times \tau \times P \qquad (1)$$

其中 A_i 为能够表征专利技术质量的参数，本书将上述参数优选为被引证次数、发明人人数、申请人人数、IPC 分类号个数、要求的优先权个数；α_i 为相关参数的加权值，该加权值根据相关参数的数据量级、重要性、影响力等因素进行综合确定；M 为相关参数的个数，为大于 0 的正整数；τ 为专利申请所属技术领域的领域运营活跃度，因前面章节数据显示，通常在专利被授权 6 年内该专利的运营活跃度最高，以专利许可为例，在 2014 年，通信领域进行专利实施许可的案件中，2008 年（含）之后授权的案件占比为 66.8%；2015 年，通信领域进行专利实施许可的案件中，2010 年（含）之后授权的案件占比为 83%；2016 年，通信领域进行专利实施许可的案件中，2009 年（含）之后授权的案件占比为 68%，均超过了 2/3。专利转让和专利质押呈相似的态势。因此，本书选取了该领域近 6 年授权案件，并将 τ 设定为与该领域近 6 年授权案件的专利运营情况相关，专利运营情况包括许可、转让、质押保全、被无效等；P 为技术质量影响因子，包括专利申请的国别、是否为 PCT 申请、是否要求提前公开有关。

专利申请所属技术领域的领域运营活跃度参数 τ 的具体计算方式为：

$$\tau = 1 + \sum_{i=1}^{K} \delta_i \times T_i / H\tau = 1 + \sum_{i=1}^{K} \delta_i \times T_i / H \qquad (1-1)$$

其中，T_i 为近 6 年所属技术领域各种类型的专利运营次数，专利运营类型包括但不限于许可、转让、质押保全、被无效，δ_i 为所属技术领域各种类型专利运营次数的加权值，该加权值根据专利运营类型不同而不同，根据相关参数的数据量级、重要性、影响力等因素进行综合确定，H 为近 6 年所属技术领域授权的发明专利申请案件总数。技术领域可以按照 IPC 主分类号信息进行划分，也可以有其他划分方式。K 为专利运营类型的个数，为大于 0 的正整数。

审查后的专利技术质量指数除了上述参数之外，还引入了审查后才能获得的能够表征专利技术质量的参数、引证次数，具体公式如下：

$$X_2 = \left(\sum_{i=1}^{N} \alpha_i \times A_i \right) \times \tau \times PX_2 = \left(\sum_{i=1}^{N} \alpha_i \times A_i \right) \times \tau \times P \qquad (2)$$

公式（2）中各参数含义与公式（1）中的各参数的含义基本相同，N 为相关参数的个数，不同之处在于公式（2）中的表征专利技术质量的参数更多，即 N 为大于 M 的正整数。

二、专利保护范围指数计算方法

专利保护范围指数主要体现专利申请在权利要求保护范围、保护覆盖度、专利布局等方面的实力，本节中采用如下公式计算审查前的专利保护范围指数：

$$Y_1 = \sum_{i=1}^{M} \beta_i \times B_i \qquad (3)$$

其中，B_i 为能够表征专利保护范围的参数，本书优选 B_i 为同族专利申请的数量、同族专利申请覆盖的国家或地区数量、原始独立权利要求数量、原始第一独立权利要求字数的倒数等；β_i 为相关参数的加权值，该加权值根据相关参数的数据量级、重要性、影响力等因素进行综合确定；M 为相关参数的个数，为大于 0 的正整数。

审查后的专利保护范围指数，将原始的相关参数替换为授权的相关参数，并且引入了专利运营的相关数据，该数据包括申请的专利许可次数、专利转让次数、专利质押保全次数、被无效次数等，具体公式如下：

$$Y_2 = \left(\sum_{i=1}^{M} \beta_i \times B_i \right) \times Q \qquad (4)$$

其中，B_i 为能够表征专利保护范围的参数，例如同族专利申请的数量、同族专利申请覆盖的国家或地区数量、授权独立权利要求数量、授权第一独立权利要求字数的倒数等；Q 为专利运营影响因子，与专利申请的运营情况有关。

三、专利保护强度指数计算方法

专利保护强度主要体现专利申请的权利要求层次分布、权利要求类型丰富度、有效性等方面的实力，本节中采用如下公式计算审查前的专利保护强度指数：

$$Z_1 = \left(\sum_{i=1}^{M} \gamma_i \times C_i \right) \times \varphi \qquad (5)$$

其中 C_i 为能够表征专利保护强度的参数，本书优选为原始从属权利要求个数、原始说明书页数、原始附图个数、提出复审次数等；γ_i 为相关参数的加权值作为该参数，该加权值根据相关参数的数据量级、重要性、影响力等因素进行综合确定；M 为相关参数的个数，为大于 0 的正整数；φ 为专利申请保护扩散度，与权利要求的类型相关，保护产品和方法两种权利要求类型的专利申请保护扩散度较高，仅保护产品或方法的，相对扩散度较低。

审查后的专利保护强度指数引入了专利有效性因子，该有效性因子与专利的状态以及剩余有效期（有时候也用专利年龄表示，专利年龄 + 剩余有效期 = 20 年保护期限）有关，授权后被无效的专利申请，该有效性因子相对较低，授权后有效的专利申请，该有效性因子相对较高，并且剩余有效期越短，其有效性因子越高，具体公式如下：

$$Z_2 = \left(\sum_{i=1}^{M} \gamma_i \times C_i \right) \times \varphi \times SZ_2 = \left(\sum_{i=1}^{M} \gamma_i \times C_i \right) \times \varphi \times S \qquad (6)$$

其中，C_i 为能够表征专利保护强度的参数，包括授权从属权利要求个数、授权说明书页数、授权附图个数、提出复审次数等；γ_i 为相关参数的加权值，该加权值根据相关参数的数据量级、重要性、影响力等因素进行综合确定；M 为相关参数的个数，为大于 0 的正整数；φ 为专利申请保护扩散度，与权利要求的类型相关，保护产品和方法两种权利要求类型的专利申请保护扩散度较高，仅保护产品或方法的，相对扩散度较低；S 为专利有效性参数，与专利申请的状态以及剩余有效期或专利年龄等参数有关。

第三节　分领域专利质量评估分析

一、网络领域

本节选取最能充分代表发明信息的 IPC 主分类号信息进行领域划分，对于网络领域的发明专利，选取 2011 ~ 2016 年 IPC 主分类号的小类号为 H04L 的 69 728 件中国发明专利作为总体样本，根据本章第二节中三个维度的专利质量评估指标（$X1$，$Y1$，$Z1$；$X2$，$Y2$，$Z2X1$；$Y1$，$Z1$；$X2$，$Y2$，$Z2$）计算方法，分别对网络领域的上述 69 728 件发明专利总体样本（以下简称"总体"），以及 2014 ~ 2016 年网络领域涉及无效、转让、许可和质押四类专利运营的发明专利（数量分别为 65 件、6 934 件、1 034 件和 157 件）的专利质量评估指标进行计算，最终获得该领域发明专利的审查前及审查后的专利质量评估结果。网络领域发明专利审查前的专利质量评估结果如图 5 - 3 - 1 所示。

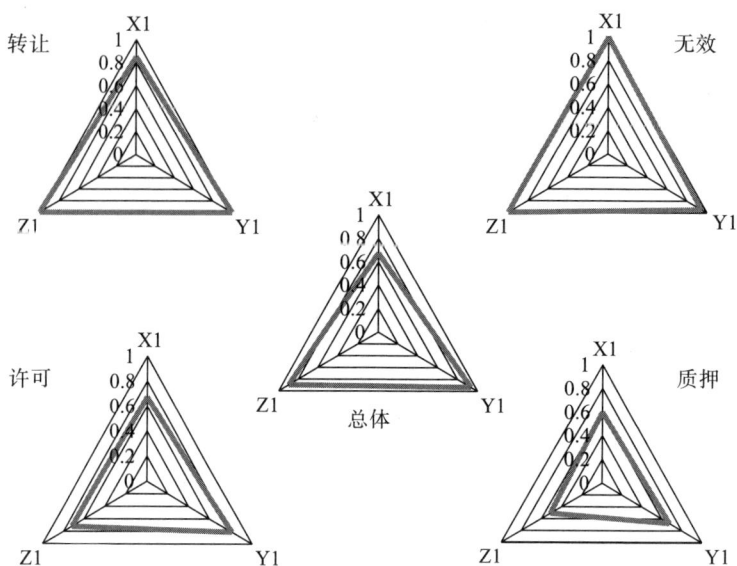

图 5 - 3 - 1　网络领域审查前专利质量评估结果

网络领域发明专利审查后的专利质量评估结果如图 5 - 3 - 2 所示。

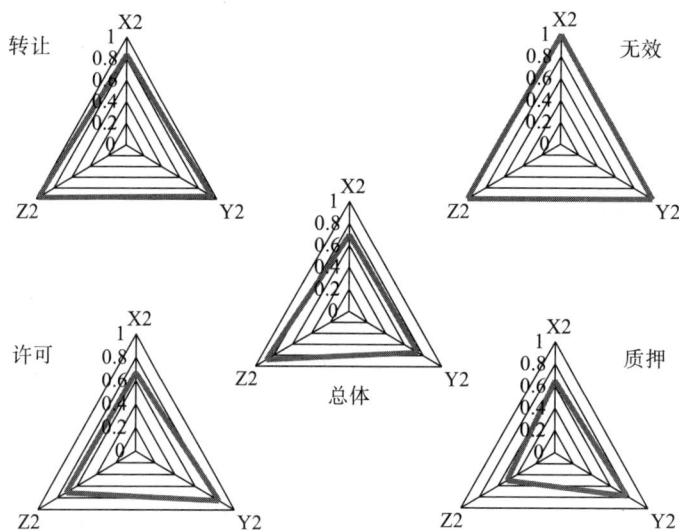

图 5 - 3 - 2　网络领域审查后专利质量评估结果

网络领域发明专利审查前后的专利质量评估结果对比如图 5 - 3 - 3 所示。

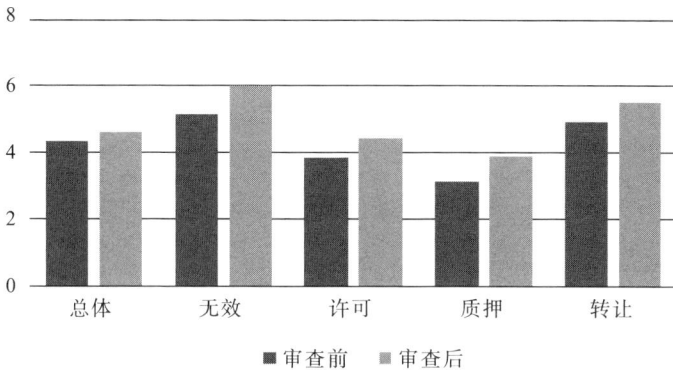

图 5 - 3 - 3　网络领域审查前后专利质量评估结果对比

接着，进一步分析各类数据发现，对于无效宣告案件，根据前述章节可知，在通信领域，2014～2016 年，网络领域（H04L 涉及的技术分支具体为"数字信息的传输，例如电报通信"）作出无效宣告请求审查数量的次数多达 87 次。结合第四章第一节网络无线领域无效宣告案件数据的分析可知，网络无线领域的专利权人或无效宣告请求人多为通信领域排名靠前的大公司，如华为、爱立信、中兴、腾讯等。华为作为专利权人被提起无效宣告的案件排名第一，共涉及无效宣告请求审查决定 55 个，按照技术可以细分，其中无线接入网 19 个，核心网 14 个，用户终端 14 个；此外，在爱立信作为专利权人被提起无效宣告的 41 次案件中，PCT 国际申请进入国家阶段的案件 35 件，占比 85.4%，其中共有 23 件 EP、US 和 JP 同族案件均已获得授权。由于这些无效宣告案件多涉及底层无线传输的关键技术，且 PCT 国际申请占比较大，因此该领域也是高价值专利和核心专利较高位集中的一个领域。腾讯作为专利权人被提起无效宣告的技术领域多涉及网络安全认证、网络接入、手机安全管理以及社交功能等。除上述通信企业外，网络领域的无效宣告案件主体中还包括一些技术含量较高的高新技术企业，例如提出新型网络安全协议 WPAI 的西安西电捷通，领导全球闪存盘及闪存应用领域产品与解决方案的深圳朗科等。由于 H04L 技术分支是通信领域发明专利申请的热点领域，结合上述分析可知，网络无线领域提起无效宣告的专利同时也多是潜在的高价值专利，这与网络领域被提起无效宣告的专利质量评估值排名第一的表现一致。以审查前的专利质量评估值为例，无效宣告案件审查前的专利技术质量指标

X1 为 1.8950，分别比转让、总体、许可、质押的数据高出约 0.28、0.62、0.62 和 0.75，这与无效宣告案件的专利价值估值排名最高的表现一致。

对于转让数据，根据第三章第一节的内容可知，网络领域的转让数据呈四级阶梯状，其中 H04L 29/00（H04L 1/00 至 H04L 27/00 单个组中不包含的装置、设备、电路和系统）和 H04L 12/00（数据交换网络）大组下的转让次数分列第一和第二，分别为 2 853 次和 2 704 次，构成第一梯队，即数据交换网络、通信控制和处理的相关技术的第一梯队活跃度最高。与无效宣告不同，网络领域专利转让的专利申请人多达 1 493 个，专利申请人的类型也趋于多样化，且转让数量巨大，这相当于在一定程度上对价值较高的专利进行了"稀释"。此外，在专利保护强度指标上，排名较后的许可和质押的数据表现较差，与排名靠前的无效和转让的 Z1 和 Z2 值之间的差值较大，这也是导致许可和质押的专利质量评估值整体较低的一个主要原因。

对于许可数据，在网络领域的专利许可中，排在前五位的技术分支依次为 H04L12、H04L29、H04L1、H04L27、H04L9，占 H04L 专利许可总数的 91%。除中兴、华为、南京邮电大学、西安西电捷通（许可次数分别为 207 次、276 次、177 次、44 次）之外，其余 150 多个专利申请人的许可次数大部分为 1 次，这与转让数据的情况类似，使得该领域许可数据的专利质量在一定程度上被"稀释"。

对于质押数据，根据第二章第三节的内容可知，2014~2016 年通信领域专利质押申请处于前四位的领域分别是网络领域 H04L、移动领域 H04W、图像领域 H04N 和无线领域 H04B，虽然其中发明专利所占比例逐年提高，但是 2016 年最高也仅为 48%，这与其他三类运营数据的发明专利占比高达 80%~90% 形成鲜明对比，且出质人多为中小企业。因此，质押数据的专利价值的表现较其他三类运营数据的相比排名最后。

总结：在网络领域中，无效宣告案件中涉及的专利价值评估值最高，审查前的质量评估值排名依次为无效、转让、总体、许可和质押；审查后的质量评估值排名依次为无效、转让、总体、许可和质押。由此可见，审查前后的质量评估值排序一致。对上述案件进行深入分析可以发现，网络领域无效宣告案件的专利权人或无效宣告请求人多为通信领域排名靠前的大公司，如诺基亚、爱立信、华为、中兴；以及一些技术含量较高的高新技术企业，如西安西电捷通、深圳朗科等，这些业内巨头和掌握核心技术的企业所拥有的专利技术含量相对较高。在转让的发明专利中，专利申请人多达 1 493 个，专利申请人的类型也趋于多样化，转让数量巨大，这相当于在一定程度上对价值较高的专利进行了稀释。此外，在专利保护强度指标上，排名较后的许可和质押的数据表现较差，与排名靠前的无效和转让的 Z_1 和 Z_2 值之间的差值较大，这也是导致许可和质押的专利质量评估值整体较低的一个主要原因。

二、移动领域

基于与网络领域专利质量评估分析相同的方法，本小节对移动领域的 42 858 件发明专利总体样本以及涉及无效、许可、转让、质押的专利运营数据中的发明专利（分别数量为 112 件、3 471 件、1 054 件和 98 件）进行专利质量评估分析。移动领域发明专利审查前的专利质量评估结果如图 5 - 3 - 4 所示。

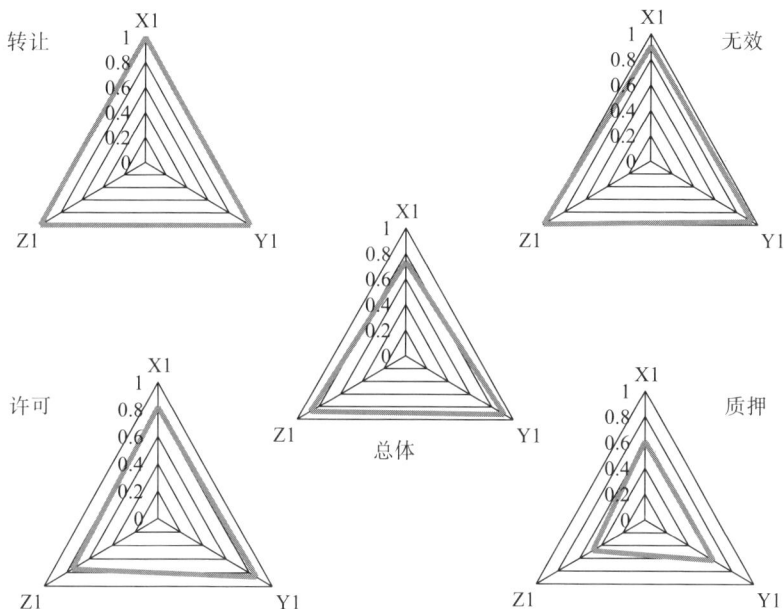

图 5 - 3 - 4　移动领域审查前专利质量评估

移动领域发明专利审查后的专利质量评估结果如图 5 - 3 - 5 所示。

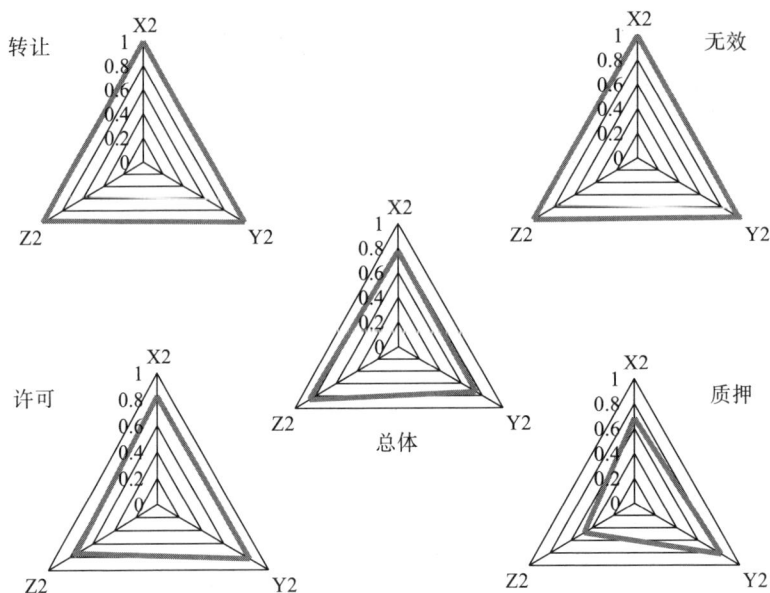

图 5 - 3 - 5　移动领域审查前专利质量评估

移动领域发明专利审查前后的专利质量评估结果对比如图 5 - 3 - 6 所示。

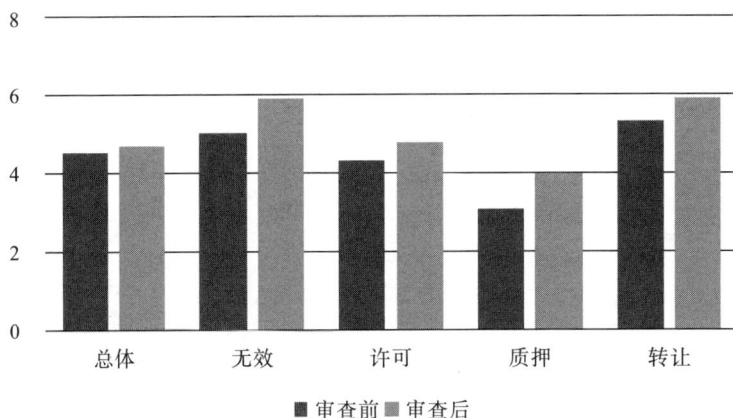

■ 审查前　■ 审查后

图 5 - 3 - 6　移动领域审查前后专利审查质量评估结果对比

移动领域的专利运营数据与网络领域的类似，根据第三章以及第四章相关章节的分析可知，H04W 技术分支多涉及移动通信信令协议，是通信领域发明专利申请的热点领域，也是潜在的高价值专利占比较高的领域。

对于无效宣告案件，与网络领域类似，移动领域无效宣告案件的专利权人或无效宣告请求人多为通信领域排名靠前的大公司，如华为、爱立信、中兴等。从技术角度来看，移动领域无效宣告案件热点多集中在与无线接入网相关的技术分支，如无线接入网的空口协议、资源分配、功率控制、小区测量、移动性管理信令流程、传统手机业务等技术分支。

对于转让数据，根据第三章的相关内容可知，由于 H04W 这一小类生成时间较新，对于技术的划分更为细致、合理，因此在 H04W 小类下，除了 H04W 99/00（本小类其他各组中不包括的技术主题）之外，其余 21 个大组均有专利转让数据，其中以 H04W 4/00（专门适用于无线通信网络的业务或设施）这一技术分支表现最为突出，该大组中包含多个当前较热门的小组；此外，该领域的 PCT 国际申请占比高达 0.4244，而无效、总体、许可数据的该项比例分别为 0.3661、0.2337 和 0.0873，质押则全部为非 PCT 申请。对于该领域转让数据的 PCT 国际申请案件进一步分析，在转让数据的 1 473 件 PCT 申请中，诺基亚、摩托罗拉、爱立信、微软、英特尔、松下等外国行业巨头的专利多达 1 100余件，这些具有较高专利价值的 PCT 申请在专利技术强度、专利保护范围和专利保护强度整体上提高了移动领域转让数据中的专利质量评估值，使得专利质量评估值排名第一。

对于许可数据，排在前五位的技术分支依次为 H04W4、H04W72、H04W36、H04W28、H04W24，前五位的专利许可被占到了 H04W 领域专利许可总次数的52%。除华为、中兴、南京邮电大学（许可次数分别为 446 次、323 次、133 次）外，其余 68 个专利申请人的许可次数大部分为 1 次，这与网络领域的情况类似，使得许可数据的专利质量在一定程度上被"稀释"。

质押数据与网络领域情况类似，这里不再赘述。

总结：在移动领域，转让专利的价值评估值和无效宣告案件的专利价值评估值相当，两者审查前的专利价值评估值分别为 5.3341 和 5.0460，审查后分别为 5.9140 和 5.8954，分别位居第一和第二位，位列第三至第五位的分别为总体、许可和质押，审查前后的质量评估值排序一致。对上述案件进行深入分析可以发现，移动领域的转让数据中 PCT 申请进入中国国家阶段的案件（下称"PCT 申请"）占比高达 0.4244，而无效、总体、许可数据的该项比例分别为 0.3661、0.2337 和 0.0873，而质押则全部为非 PCT 申请。进一步分析发现，在转让数据的 1 473 件 PCT 申请中，诺基亚、摩托罗拉、爱立信、微软、英特尔、松下等外国行业巨头的专利多达1 100 余件，这些具有较高专利价值的 PCT 申请的存在在专利技术强度、专利保护范围和专利保护强度整体上提高了移动领域转让数据的专利质量评估值，因此排名第一。

三、无线领域

基于与网络领域专利质量评估分析相同的方法，本小节对无线领域的 22 932件发明专利总体样本以及涉及无效、许可、转让、质押的专利运营数据中的发明专利（分别数量为 20 件、1 844 件、234 件和 47 件）进行专利质量评估分析。无线领域发明专利审查前的专利质量评估结果如图 5 - 3 - 7 所示。

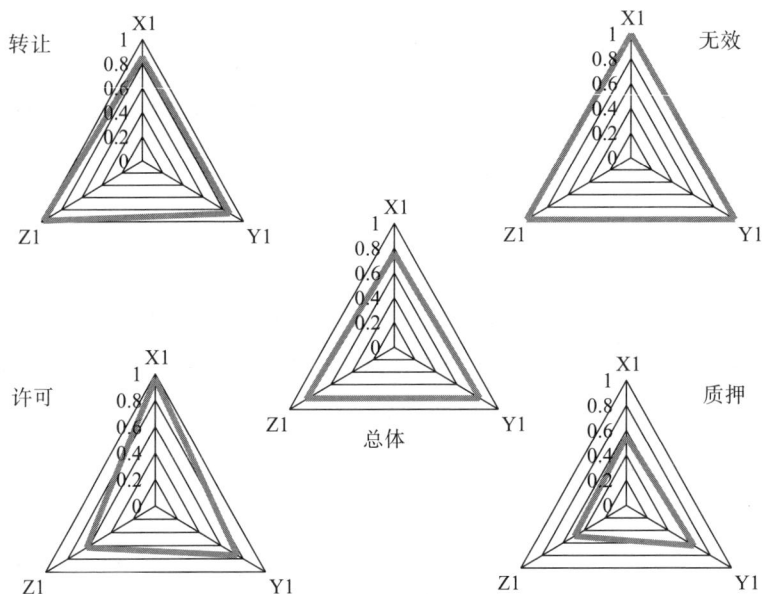

图 5 - 3 - 7 无线领域审查前专利质量评估

无线领域发明专利审查后的专利质量评估结果如图 5 - 3 - 8 所示。

无线领域发明专利审查前后的专利质量评估结果对比如图 5 - 3 - 9 所示。

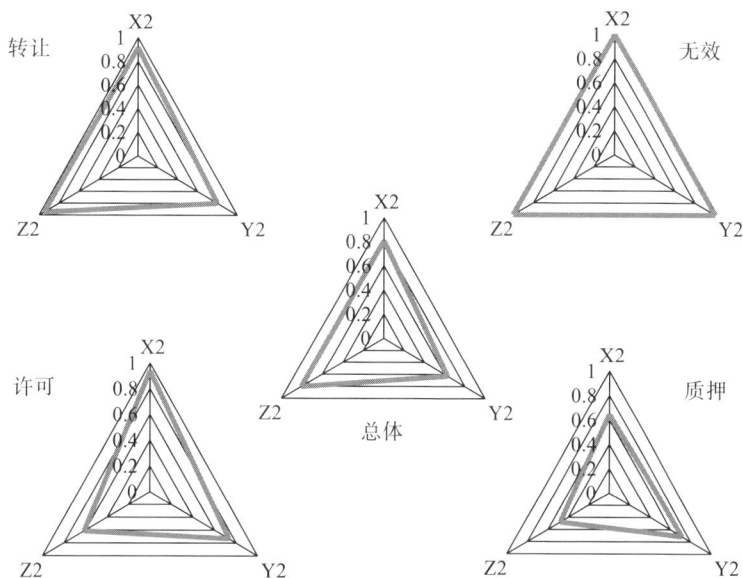

图 5 - 3 - 8　无线领域审查前专利质量评估

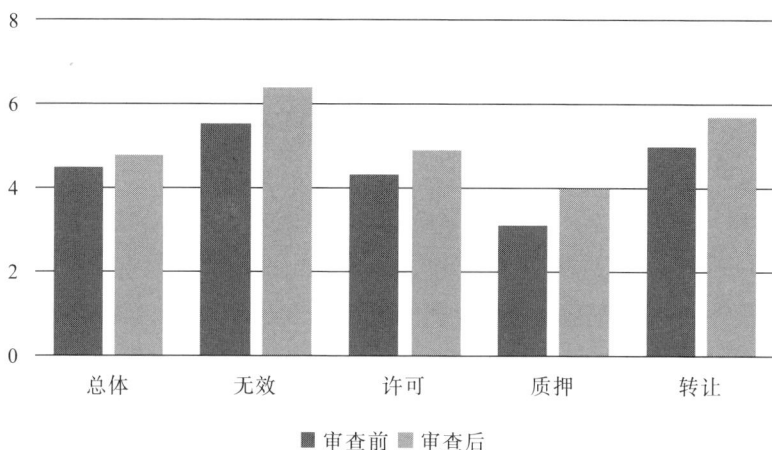

图 5 - 3 - 9　无线领域审查前后专利审查质量评估结果对比

　　无线领域的无效宣告与网络领域的类似，根据第三章和第四章的相关技术分析可知，该领域无效宣告案件的专利权人或无效宣告请求人主要集中在爱立信、华为和中兴这 3 家企业，无效宣告案件热点集中在物理层和数据层等底层关键技术，尤其是在爱立信作为专利权人的无效宣告案件中，物理层技术占比达到 75%，具体为帧结构设计、时隙分配、资源映射、功率控制、MIMO 天线、随机接入、信道编码等，且这 3 家企业均为行业内技术领先的通信巨头，其所拥有的专利技术含量相对较高。由此可见，无线领域的底层传输技术是高价值专利集中度较高的一个领域，这与无线领域的无效宣告的专利质量评估值排名第一的表现一致。以审查前的专利质量评估值为例，无效宣告案件审查前的专利技术质量指标 X1 为 1.8051，而转让、总体、许可、质押的数据分别为 1.5437、1.3727、1.7385 和 0.9922，由此可见，该领域的无效宣告案件的专利技术强度指标较高，与此类似，该领域的无效宣告案件的专利保护范围和专利保护强度指标分别位居第一位，因此在图 5-3-3 的整体专利价值评估值中表现出较大的优势。

对于转让数据，根据第三章的相关内容可知，无线领域与网络领域的情况较为类似，根据 IPC 分类号的大组来进行进一步的细分，信号传输领域的转让数据同样呈四级阶梯状，H04B 1/00（不包含在 H04B 3/00 至 H04B 13/00 单个组中的传输系统的部件；不以所使用的传输媒介为特征区分的传输系统的部件）和 H04B 7/00（无线电传输系统，即使用辐射场的）大组下的转让构成第一梯队。转让次数排名靠前的分别为摩托罗拉、诺基亚、日本电气、深圳光启、松下，虽然上述公司均为通信行业的大型公司，但是由于其转让总量并不多，因此，与网络领域类似，存在专利价值被"稀释"的现象。

对于许可数据，排在前五位的技术分支依次为 H04B7、H04B1、H04B10、H04B17、H04B5。排名前五位的专利许可总次数占到了 H04B 专利许可总次数的 96%。除中兴、华为、南京邮电大学（许可次数分别为 68、30、23）之外，其余 64 个申请人的许可次数大部分为 1~2 次，且许可次数占许可总次数高达 48% 的情况下，使得许可数据的专利价值在一定程度上被"稀释"。排名较后的许可和质押的数据表现较差，与排名靠前的无效和转让数据在 Y1、Y2、Z1、Z2 值之间的差值均较大，质押数据的 X1 值与排名前四位的数据也存在较大的差距，这说明无线领域的质押数据无论在专利技术强度、专利保护范围和专利保护强度每个维度，还是整体专利价值评估上与排名前四位的价值均存在较大差距。

总结：在无线领域中，审查前后的质量评估值排序一致。对上述案件进行深入分析可以发现，无线领域的无效宣告案件的专利权人或无效宣告请求人主要集中在爱立信、华为和中兴这 3 家企业，这 3 家企业均为行业内技术领先的通信巨头，其所拥有的专利技术含量相对较高，以审查前的专利质量评估值为例，无效宣告案件审查前的专利技术质量指标 X1 为 1.8051，而转让、总体、许可、质押的数据分别为 1.5437、1.3727、1.7385 和 0.9922，由此可见，该领域的无效宣告案件的专利技术强度指标较高，与此类似，该领域的无效宣告案件的专利保护范围和专利保护强度指标分别位居第一位，排名较后的许可和质押的数据表现较差，与排名靠前的无效和转让数据在 Y1、Y2、Z1、Z2 值之间的差值均较大，此外质押数据的 X1 值与排名前四位的数据也存在较大的差距，这说明无线领域的质押数据无论在专利技术强度、专利保护范围和专利保护强度每个维度，还是在整体专利价值评估上，与排名前四位的价值均存在较大差距。

四、有线通信领域

本节选取 IPC 主分类号为 H04M 和 H04J 的 2011～2016 年的授权发明专利（共计 11 859 件）作为有线通信领域的总体数据样本，选取 2014～2016 年的无效发明专利（27 件）、许可发明专利（74 件）、质押发明专利（10 件）和转让发明专利（1393 件）作为该领域的运营数据样本，应用本章第一节给出的专利质量分析模型，分别计算审查前和审查后的专利技术质量（X）、专利保护范围（Y）、专利保护强度（Z）三个维度的专利质量指数，最终获得有线通信领域审查前及审查后的专利质量评估结果。

从图 5-3-10 可见，该领域审查前质押样本的专利技术质量（X1）最好，而转让样本的专利保护范围（Y1）和专利保护强度（Z1）最好。无效样本的专利技术质量（X1）、专利保护范围（Y1）、专利保护强度指数（Z1）的表现比较均衡，可圈可点。从专利保护范围（Y1）来看，转让、许可、无效样本的表现均比较突出。而质押样本除了专利技术质量（X1）表现最好，在专利保护范围（Y1）和专利保护强度指数（Z1）方面和其他几类样本均存在较大差距。无效样本和转让样本的专利技术质量（X1）较高，而许可样本在专利技术质量（X1）方面表现较差，却在专利保护范围（Y1）和专利保护强度指数（Z1）方面和转让、无效、总体差距不大。

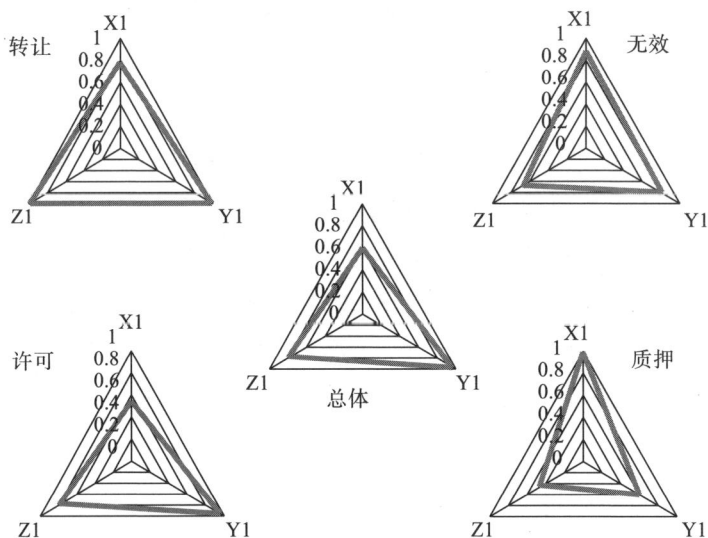

图 5 - 3 - 10　有线通信领域审查前专利质量指数分析

从图 5 - 3 - 11 可见，经过了实质审查，该领域质押样本的专利技术质量（X2）、转让样本的专利保护范围（Y2）和专利保护强度（Z2）依然保持着最好。审查后转让样本的各方面指标依然表现最为突出，而无效样本的专利保护范围（Y2）超过了总体样本，表现更加均衡。质押样本的专利保护范围（Y2）和专利保护强度（Z2）依然在几类样本中垫底。

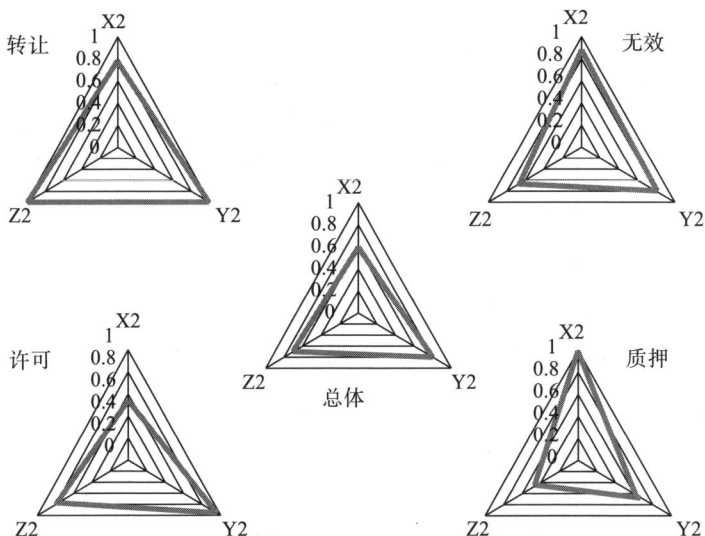

图 5 - 3 - 11　有线通信领域审查后专利质量指数分析

将审查前后三个维度的评价指数分别相加，得到有线通信领域五大样本的专利质量值（X + Y + Z）。如图 5 - 3 - 12 所示，经过了实质审查，五类样本的专利质量均有所提升。审查前，该领域转让样本和无效样本的专利价值最高，总体样本和许可样本的专利价值低于前两类样本，质押样本的专利价值最低。审查后，依然是转让样本和无效样本的专利价值最高，质押样本和许可样本的专利价值超过了总体样本。

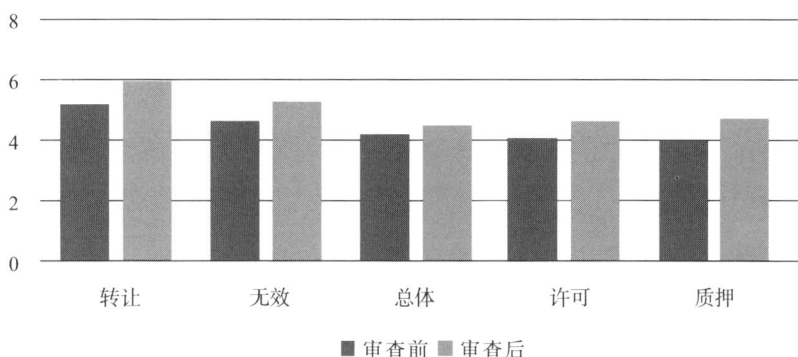

图 5 - 3 - 12　有线通信领域审查前后综合专利质量指数分析

接下来从技术角度进行分析，或许可见专利价值评估的一些端倪。

首先，对有线通信领域 2011 ~ 2016 年的授权发明专利数据（总体样本）进行分析，专利申请人为公司申请人的占到了绝大多数（占比 93%），排名在前几位的分别是中兴、华为、LG、欧珀、TCL 等国内外大型企业。

从有线领域转让的发明专利的专利申请人来看，主要集中在日本电气株式会社、松下电器产业株式会社、诺基亚、中兴、摩托罗拉、华为等行业巨头，这些大型企业技术实力雄厚、研发投入大，并且通常有独立的知识产权部门负责专利的管理和运营。进一步分析有线领域转让专利所涉及的技术领域，发现涉及 H04M 1/00（分局设备，例如用户使用的）大组的专利转让次数最多，约占电话通信领域转让总次数的 80%，该领域转让行为最活跃的技术分支是对移动终端本身的改进，例如无绳电话机（IPC 小组 H04M 1/725）。

有线领域的专利转让行为主要集中在移动终端技术领域，发生转让的专利的专利申请人是该领域最具竞争力和研发实力的厂商，他们进行的是该领域最前沿的技术研发，其专利的技术含量、专利撰写和布局的能力以及专利在市场的热度均较高，这也与该领域转让样本的专利质量指数表现优异相吻合。

分析有线领域的无效宣告案件样本，无效专利的专利申请人主要是华为、侯万春、诺基亚，侯万春专利的无效宣告请求方主要是腾讯，从技术上来看，主要集中在传统手机业务，如与短消息有关的专利，包括短消息的过滤、存储、美化、短消息的相互接收等，与铃声有关的专利，与漫游有关的专利，与摄像头有关的专利。因此无效样本的专利质量指数也较好，仅次于转让样本。

有线领域的质押专利的申请人均为国内小型企业，如北京讯鸟软件有限公司、北京信威通信技术有限公司、浙江元亨通信技术股份有限公司等，这些企业研发能力有限，专利撰写布局能力一般，使得专利价值水平一般，这也导致质押专利的质量指数在几类专利类型排名最靠后。

五、图像领域

本节选取 IPC 主分类号为 H04N 和 H04H 的 2011～2016 年的授权发明专利（共计 34 605 件）作为图像领域的总体数据样本，选取 2014～2016 年的无效发明专利（16 件）、许可发明专利（357 件）、质押发明专利（61 件）和转让发明专利（4 955 件）作为该领域的运营数据样本，应用本章第一节给出的专利质量分析模型，分别计算审查前和审查后的专利技术质量（X）、专利保护范围（Y）、专利保护强度（Z）三个维度的专利质量指数，最终获得有线通信领域审查前及审查后的专利质量评估结果。

从图 5-3-13 可见，该领域审查前数据显示，转让专利的专利技术质量（X1）和专利保护范围（Y1）最好，而许可专利的专利保护强度（Z1）最好。无效宣告的专利技术质量（X1）仅次于转让专利，但是专利保护强度（Z1）与许可专利和转让专利相差很多。总体数据在各个维度的表现均属于中等，而质押数据表现最差。

从图 5-3-14 可见，数据显示：经过了实质审查，提起无效宣告的专利技术质量（X2）超过了转让专利，在几类数据中排名第一。许可专利和转让专利在三个维度（X1、Y1、Z1）的表现最为优异，质押数据依然垫底。

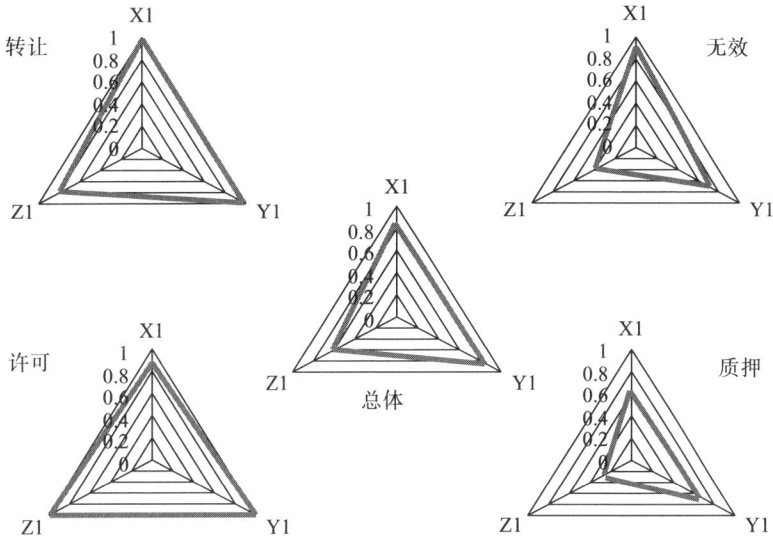

图 5 - 3 - 13　图像领域审查前专利质量指数分析

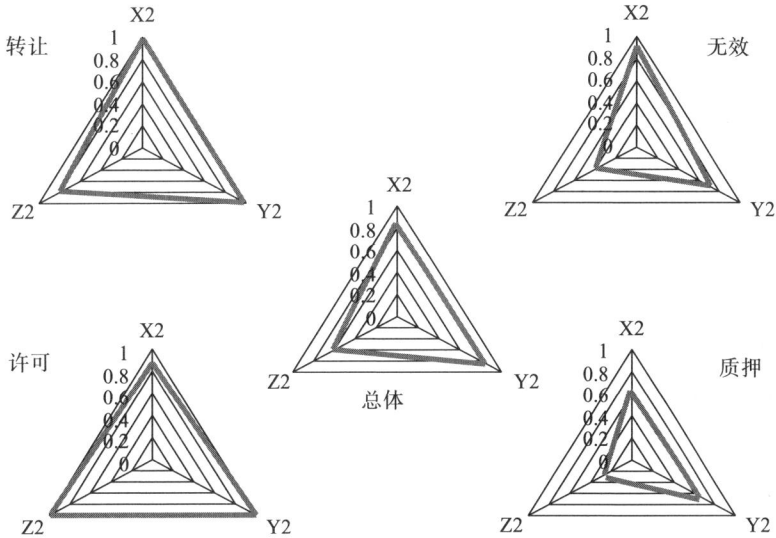

图 5 - 3 - 14　图像领域审查后专利质量指数分析

　　将审查前后三个维度的评价指数分别相加，得到图像通信领域五大数据的专利质量值（X + Y + Z）。如图 5 - 3 - 15 所示，经过了实质审查，五类数据的专利质量均有所提升。无论审查前还是审查后，根据许可数据和转让数据，三者涉及的专利价值最高，总体数据和无效宣告案件涉及的专利价值低于前两类数据，而质押数据中涉及的专利价值与前几类数据相比存在较大差距。

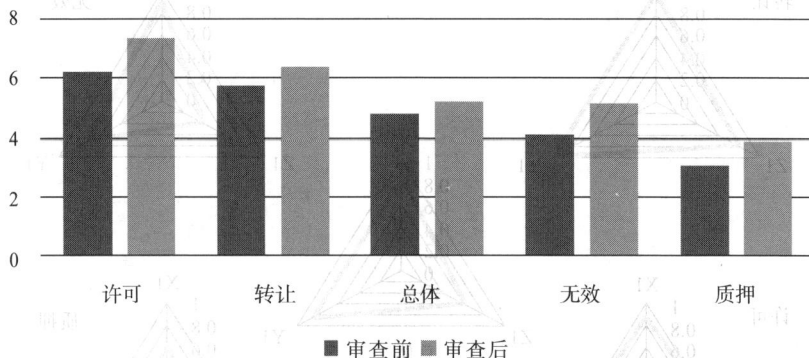

图5-3-15　图像领域审查前后综合专利质量指数分析

接下来从技术角度进行分析，或许可见专利价值评估的一些端倪。

图像领域是一个传统与现代紧密结合的技术领域，其应用领域非常广泛，技术内容涉及电子、通信、广播等多方面，近年来随着图像显示技术、图像编解码技术、图像通信技术的飞速发展，图像领域专利申请也随之出现了越来越多的崭新技术内容。

图像领域所涉及的技术面特别广，它既包括了成像设备的结构和工作原理，如成像的光路结构、CCD成像器件、电视显像管，也包括了对图像的编解码及图像处理方法，例如MPEG编解码技术，还包括了基于图像应用的通信设备和方法，如电视广播信号的传输、接收。

电视图像领域的专利申请大多集中在日本、韩国和我国台湾地区的几大公司，他们的专利申请具有较强的技术延续性。特别是日本在电视图像领域具有雄厚的技术和产业基础。日本、韩国专利申请通常还具有各自相应的权利要求撰写和语言表述特点，如专利申请往往在撰写权利要求时概括的范围很大。

对许可样本进行分析发现，图像领域2014～2016年的许可数据中涉及H04N5/大组（电视系统的零部件）的专利最多。在这些专利中，第一申请人国别为日本的专利数量较多，占该领域2014～2016年全部许可数据的38%；第一申请人国别为韩国的专利数量占总量的9%。进一步对第一申请人进行统计，发现日本松下和索尼公司的专利被许可的次数最多。这些巨头公司在图像领域具有雄厚的技术，往往对某一项目进行长期研究，积累了大量的基础专利，并且以系列申请的方式形成众多外围专利。

对图像领域 2014～2016 年的无效宣告案件进行分析可知，无效宣告请求人和专利权人比较分散，对无效宣告请求的提出比较随机，且无效宣告案件的双方当事人中未见太多巨头的身影。从无效专利涉及的技术来看，主要是对摄像技术、立体显示、扫描、监控、人机交互等方面的小改进。并且中国申请人的专利在这些无效宣告案件中占到了绝大多数，外国专利申请人仅占据 2 席，且在国内专利申请人中像华为这样的大公司仅占据 2 席，其余第一专利申请人均为国内的中小企业和新兴企业，这类企业在专利保护范围、保护覆盖度、专利布局等方面刚刚起步，而在权利要求层次分布、权利要求类型的丰富度以及有效性等方面更是欠缺实战经验，导致该领域无效宣告在专利保护范围指数和专利保护强度指数方面的表现不尽如人意。

从上述分析可见，在图像领域行业巨头专利运营的主要方式为专利许可和专利转让，或许由于国内企业尚未与国际行业巨头构成强有力的实质竞争，因此国际行业巨头并未参与很多的无效宣告案件，因此使得五类数据样本的专利价值评估呈现上述特点。

六、声电领域

本节选取 IPC 主分类号为 H04R 和 H04S 的 2011～2016 年的授权发明专利（共计 4 106 件）作为声电领域的总体数据样本，选取 2014～2016 年的无效发明专利（6 件）、许可发明专利（21 件）、质押发明专利（14 件）和转让发明专利（551 件）作为该领域的运营数据样本，应用本章给出的专利质量分析模型，分别计算审查前和审查后的专利技术质量（X）、专利保护范围（Y）、专利保护强度（Z）三个维度的专利质量指数，最终获得声电领域审查前及审查后的专利质量评估结果。

从图 5-3-16 可见，审查前的数据显示，质押专利的专利技术质量（X1）最好，转让专利的专利保护范围（Y1）和专利保护强度（Z1）最好。对于专利技术质量（X1），几类数据的表现呈阶梯式的差距，转让数据的专利技术质量（X1）是除了质押数据外最好的。五类数据在专利保护范围（Y1）和专利保护强度（Z1）方面的差距不是很大的情况下，质押数据的专利保护范围（Y1）和专利保护强度（Z1）均垫底。

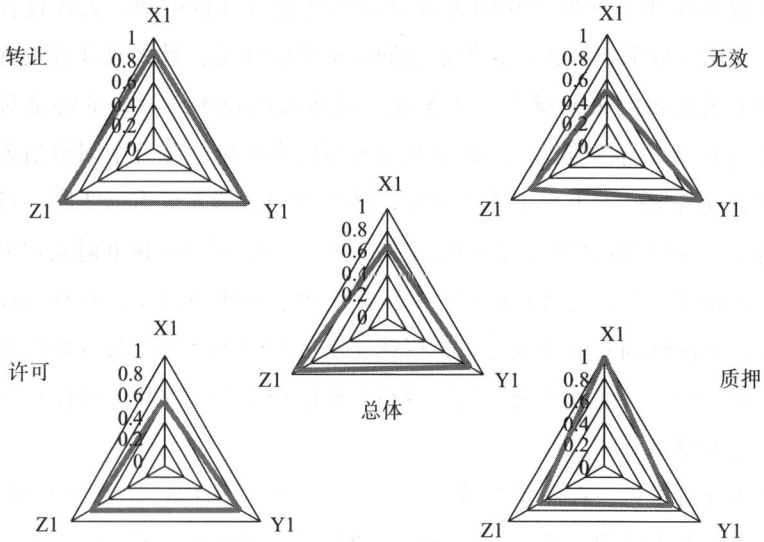

图 5 - 3 - 16　声电领域审查前专利质量指数分析

从图 5 - 3 - 17 可见，数据显示：经过实质审查，声电领域质押专利的专利技术质量（X2）、转让专利的专利保护范围指数（Y2）和专利保护强度指数（Z2）依然最好。

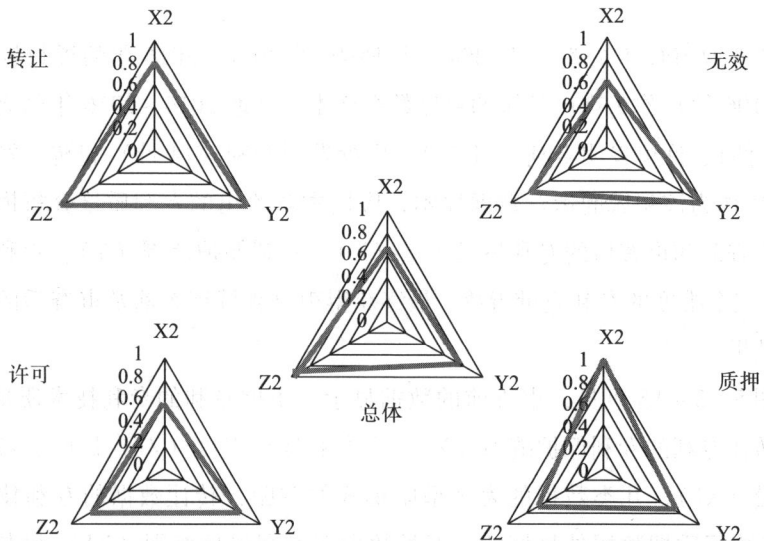

图 5 - 3 - 17　声电领域审查后专利质量指数分析

将审查前后三个维度的评价指数分别相加,得到声电领域五大数据的专利质量值（X + Y + Z）。如图 5 - 3 - 18 所示,经过实质审查,五类数据的专利质量均有所提升。数据显示:无论在审查前还是在审查后,转让专利的专利价值最高,质押专利在审查后的价值超过了总体数据,无效宣告专利在审查后的数据和总体运营数据基本持平。

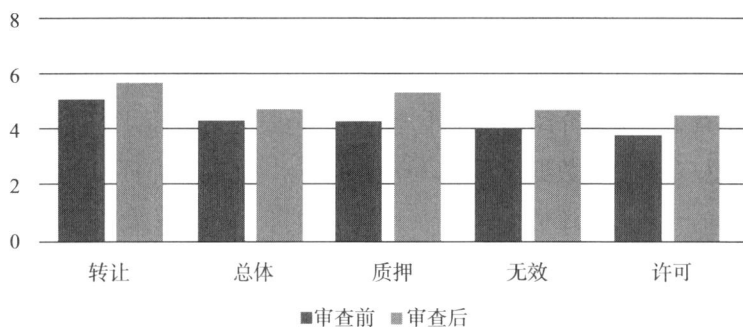

图 5 - 3 - 18 声电领域审查前后综合专利质量指数分析

声电领域涵盖的技术范围很广,包括扬声器、传声器、唱机拾音器或其他声 - 机电传感器;助听器;扩音系统。在应用终端背后,隐藏着扬声器与麦克风等元器件供应商。例如扬声器作为音响重放的终端,它的质量好坏直接影响音响效果的发挥。各大公司均投入很大的研发力量,不断开发研制新产品,以满足数字音频技术发展对扬声器的更高要求,同时满足消费者的需要。

从声电领域 2014～2016 年的专利转让数据来看,专利申请人为外国申请人的专利比较多,排在前几位的是诺基亚、日本电气、松下、NFC 卡西欧、日本胜利、楼氏等大企业。转让数据中涉及 H04R1/00（传感器的零部件）的专利最多,可见行业巨头在转让行为中比较活跃,且转让的专利涉及的领域也比较广。

声电领域的无效样本（6 件）、许可样本（21 件）、质押样本（14 件）的样本量均比较小。2014～2016 年声电领域共对 79 件专利提起了无效宣告,但其中大多为实用新型专利,发明专利仅占 8%。在声电领域的无效宣告案件中,竞争激烈的是涉及元器件结构的微小改变的技术。集中了行业巨头优质研发实力的专利技术的运营行为主要在转让领域,而其他运营行为的样本量太少,导致声电领域的专利价值评估呈现以上特点。

七、天线领域

本部分选取 IPC 主分类号为 H01Q 和 H01P2011～2016 年共计 2 009 件授权发明专利作为天线领域的总体数据样本，选取 2014～2016 年天线领域专利运营（包括转让、无效、许可和质押）数据中的发明专利作为天线领域的运营数据样本，其中，转让专利 911 件，无效专利 5 件，许可专利 38 件，质押专利 21 件。

根据本章第二节中介绍的三个维度的专利质量评估指标计算方法，分别对天线领域的授权专利总体数据样本，以及涉及转让、无效、许可和质押 4 类专利运营数据样本的专利质量评估指标进行计算，最终获得该领域发明专利的审查前及审查后的专利质量评估结果。

该领域审查前的各样本专利质量评估结果如图 5－3－19 所示。

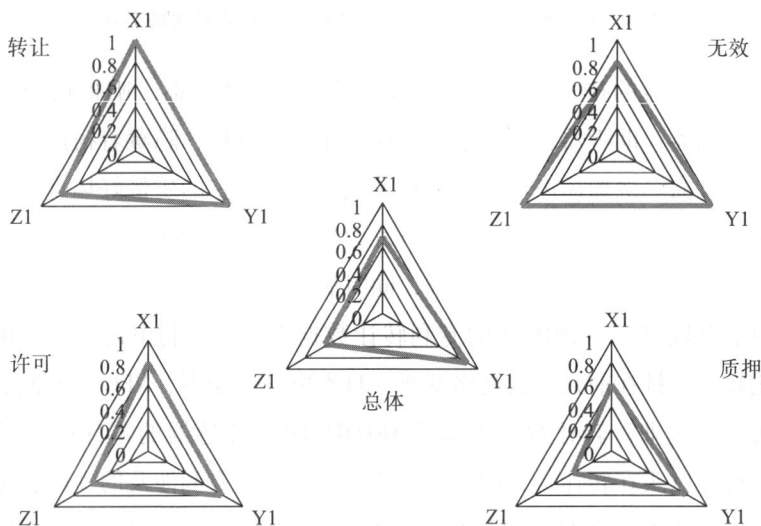

图 5－3－19　天线领域审查前专利质量

图 5－3－19 中，X1 代表审查前的专利技术质量，Y1 代表审查前的专利保护范围，Z1 代表审查前的专利保护强度。从这三个维度分析，在进行专利审查前，该领域转让样本的专利技术质量和专利保护范围方面均表现突出，高于其他 4 个样本，专利保护强度方面也较好，仅次于无效样本。因此，从整体上看，该领域转让样本的专利质量略高于其他 4 个样本。无效样本的技术质量、保护范围

和保护强度三个维度也比较均衡，整体专利质量也较好。许可样本的专利保护强度相较技术质量和保护范围两个维度而言稍差，总体样本的专利保护范围维度较其他两个维度稍好。5 个样本相较而言，质押样本的三个维度最不均衡，该样本的专利保护范围这一维度与其他样本相差不大，但专利技术质量和专利保护强度两个维度相较其他样本，就显得逊色不少，并由此也导致该样本整体专利质量偏低。

图 5 – 3 – 20 是该领域审查后的各样本专利质量评估结果。

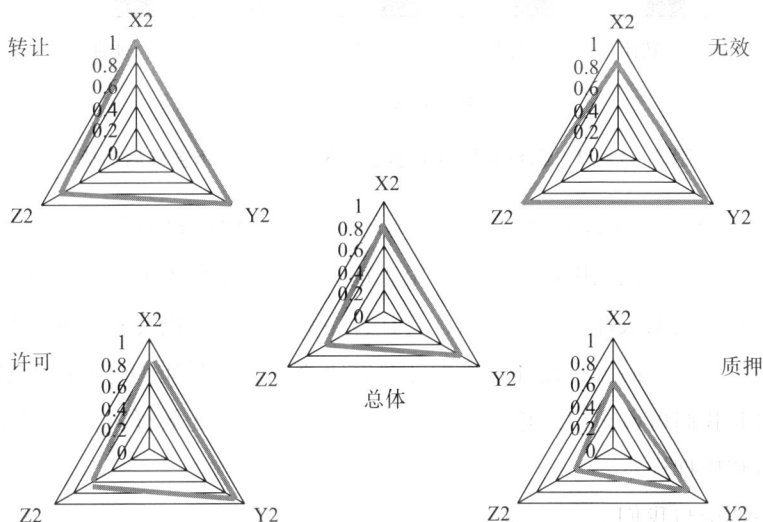

图 5 – 3 – 20　天线领域审查后专利质量

从图 5 – 3 – 20 中可以看出，经过专利审查之后，转让样本和无效样本的整体质量都得到了提升，明显高于了总体样本。其中，转让样本和无效样本在三个维度上都相对均衡，而许可样本和质押样本则表现出在专利保护强度维度上的明显欠缺。与审查前的各样本专利质量相比较，总体样本中的专利保护范围这一维度有了明显的降低，而作为比较，转让样本和无效样本则在这一维度变化不大。这是因为，发明专利在实质审查中，权利要求的保护范围会通过审查而最终被确定为一个更合适、更稳定的保护范围，这个范围通常要比最初的申请文本的保护范围要小。而如果专利申请最初的质量比较高，例如专利技术质量高、撰写质量高，那么经过审查，权利要求的保护范围的变化相对来说就没有那么大，例如转让样本和无效样本。

为了进一步明确比较五大样本的整体专利质量，我们对专利质量值（X + Y + Z）做了分析和比较。如图 5 - 3 - 21 所示。

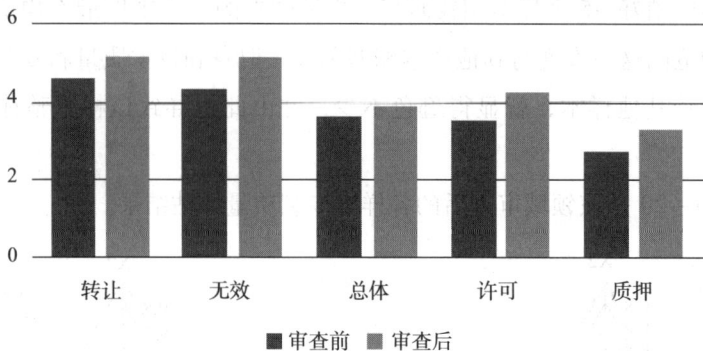

图 5 - 3 - 21　天线领域专利质量（X + Y + Z）审查前后对比

从图 5 - 3 - 21 可以看出，五大样本的专利质量值经过专利审查后都有所提升。从样本之间的比较中可以得出，审查前，转让样本的专利质量值在五大样本中最高，其次是无效样本。审查后，转让样本和无效样本的专利质量值仍居前两位，且两者相当。而无论是在审查前还是在审查后，都是质押样本的专利质量值最低。由此我们可以得出结论，天线领域，转让样本和无效样本的专利质量高于许可样本和质押样本。

这一结论与我们的预期相一致。在前述对运营数据的技术分析中，我们得出，在微波天线领域（主分类为 H01Q 和 H01P），参与转让涉及的专利类型中，发明专利约占七成，在研究具体的相关技术时，我们发现，转让运营中，涉及天线零部件或与天线结合的装置的技术最为活跃。这一技术分支中，包括适用于可移动物体上或其内使用的天线，例如适用于飞机、导弹、卫星、车辆或便携电子设备等的天线（H01Q1/27 等），还包括所用装置有其他主要功能而附带用作天线的装置（H01Q1/44）以及减少天线之间耦合的装置（H01Q1/52）。天线近 5 年来的发展趋势，就是在天线性能不变的情况下，追求小型化、多制式、智能化和与主设备一体化，例如近几年取得广泛应用的各种内置天线、多频天线、多输入多输出（MIMO）天线、金属壳体兼做天线等。这个过程中，小型化天线结构的改进、天线与其他功能部件的结合、小空间下多天线之间的去耦合等技术就成为了各大机构的研发热点，如爱立信、摩托罗拉、诺基亚、松下等跨国公司以及国内的华为、光启等公司都在这些领域申请了大量专利，专利转让数量也很多。

而该领域参与许可涉及的专利类型则是实用新型占比高，占约七成。在仅有的三成发明中，参与专利许可的专利权人则相对企业规模较小。无效的情况与转让相似，而质押的情况同许可相似。因此，该领域，转让样本和无效样本的专利质量相对较高，而许可样本和质押样本的专利质量相对较弱也是意料之中。

八、电热照明领域

该领域选取 IPC 主分类号为 H05B 的 2011～2016 年的共计 5068 件授权发明专利作为电热照明领域的总体数据样本，选取 2014～2016 年的电热照明领域专利运营（包括转让、无效、许可和质押）数据中的发明专利作为电热照明领域的运营数据样本，其中，转让专利 551 件，无效专利 6 件，许可专利 29 件，质押专利 15 件。

根据第一节中介绍的三个维度的专利质量评估指标计算方法，分别对电热照明领域的授权专利总体数据样本，以及涉及转让、无效、许可和质押 4 类专利运营数据样本的专利质量评估指标进行计算，最终获得该领域发明专利的审查前及审查后的专利质量评估结果。

该领域审查前的各样本专利质量评估结果如图 5-3-22 所示。

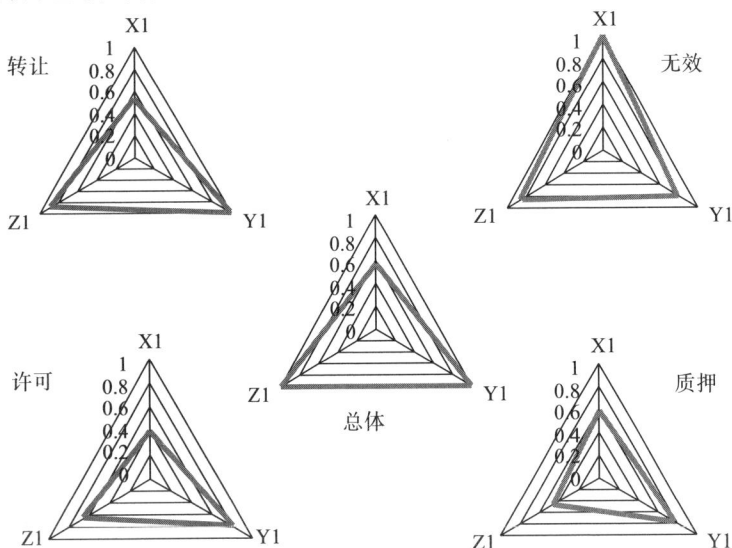

图 5-3-22　电热照明领域审查前专利质量

从专利技术质量、专利保护范围和专利保护强度这三个维度分析，在进行专利审查前，该领域转让样本的专利保护范围和专利保护强度方面均表现突出，与总体样本表现出非常相似的特点；无效样本的三个维度相对来说比较均衡，整体专利质量要高于其他四个样本，尤其是专利技术质量这一维度，显著高于其他样本；从图中可以看出，该领域许可样本和质押样本无论在专利技术质量还是专利保护强度方面都偏弱，反映出了这两个样本涉及的专利无论在技术上还是撰写上都要弱一些。

图 5 - 3 - 23 是该领域审查后的各样本专利质量评估结果。

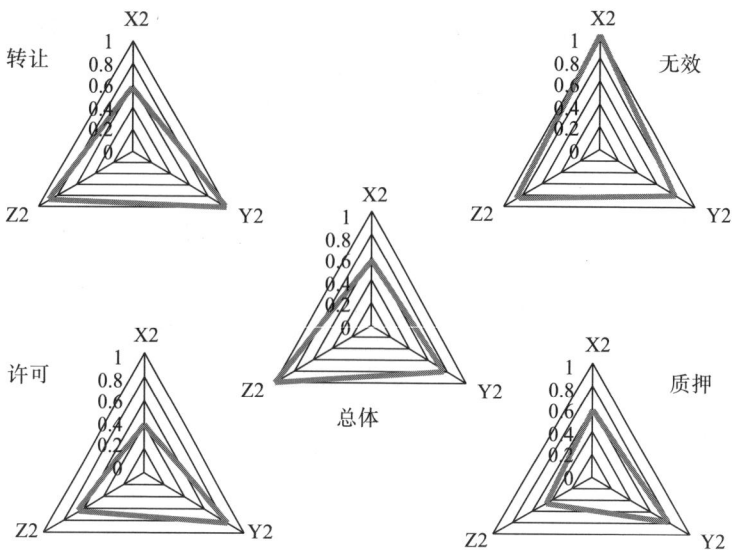

图 5 - 3 - 23   电热照明领域审查后专利质量

从图 5 - 3 - 23 可以看出，经过专利审查之后，无效样本在三个维度上更加均衡，在专利技术质量维度依然保持明显优势，而许可样本和质押样本仍然表现出在专利保护强度和专利技术质量维度上的明显欠缺。与审查前的各样本专利质量相比较，总体样本中的专利保护范围这一维度有了明显的降低。这是因为，发明专利在实质审查中，权利要求的保护范围会通过审查而最终被确定为一个更合适、更稳定的保护范围，这个范围通常要比最初的申请文本的保护范围要小，导致该领域总体样本在专利保护范围这一维度的降低。

图 5 - 3 - 24 是该领域 5 大样本的专利质量值（X + Y + Z）的分析和比较。

从图 5 - 3 - 24 可以看出，五大样本的专利质量值经过专利审查后都有所提

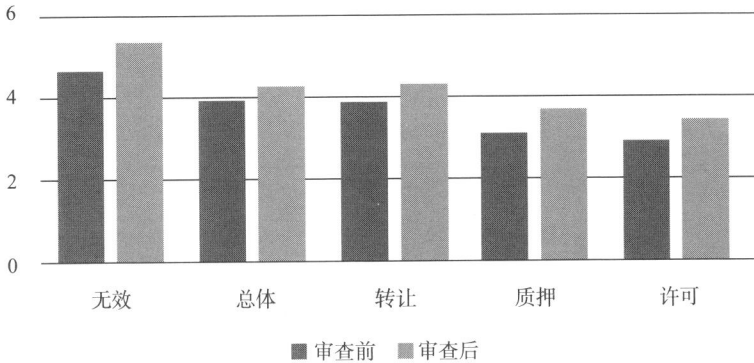

图 5 - 3 - 24　电热照明领域专利质量（X + Y + Z）审查前后对比

升。在样本之间的比较中可以得出，无效样本的专利质量值在五大样本中最高，转让样本和总体样本的专利质量值相当，质押样本和许可样本的专利质量值偏低。由此我们可以得出结论，电热照明领域，无效样本和转让样本的专利质量高于质押样本和许可样本。

经过分析，我们认为出现这一现象的原因主要有：（1）该领域无效涉及的样本较少，在 6 条数据中，4 条都涉及用于一般电光源的电路装置技术分支（H05B37/00 及其下位组），更具体地，涉及 LED 的控制电路和制造方法。而由于节能减排是目前全社会的共识，LED 电光源在节能方面的优势又非常明显，因此，LED 作为外部照明的电光源是当前的一个主要发展趋势，并且，除节能优势之外，作为一种固体照明光源，LED 还以其光效高、显色性好、可连续闪断，可连续调光等诸多优势，目前已经得到越来越广泛的应用，参与的研发主体也越来越多。因此，该领域无效样本中涉及 LED 的专利占比高，则无效样本的专利质量也相对较高。（2）从该领域 2011～2016 年的授权专利数据中可以看出，该领域拥有专利数量较多的飞利浦、松下、东芝、夏普等均为外国专利权人，说明该领域的技术发展仍然由这些跨国巨头引领；而国内专利权人，虽然拥有的专利权总量比国外专利权人多，但专利权人非常分散，以中小企业居多，而且还有大量个人专利。这些中小企业和个人，无论在技术研发上，还是在对专利制度的了解上，都远不及跨国巨头。由此使得该领域的专利技术质量与国外专利权人的比例非常相关。而目前我国这一领域参与专利转让、许可、质押等运营活动较为活跃的是国内专利权人，例如在分析样本中，参与许可和质押运营的全部为国内专利权人，在转让样本中，国外专利权人也仅占不足三成，由此使得该领域许可和质押样本的专利质量值偏低。

九、医疗器械领域

医疗器械领域本部分选取 IPC 主分类号为 A61N 的 2011～2016 年共计257 件授权发明专利作为医疗器械领域授权专利总体数据样本，根据第一节中三个维度的专利质量评估指标计算方法，分别对医疗器械领域的授权专利总体数据，以及涉及无效、许可、转让和质押 4 类专利运营数据的专利质量评估指标进行计算，最终获得该领域发明专利的审查前及审查后的专利质量评估结果。

如图 5－3－25 所示，从技术质量、保护范围和保护强度三个维度分析，在进行专利审查前，医疗器械领域转让数据的专利质量与医疗器械领域总体数据的专利质量相当，技术质量、保护范围和保护强度三个维度指数较均衡，均较高；医疗器械领域许可数据中技术质量指数较高，保护范围和保护强度指数偏低，而医疗器械领域无效宣告和质押数据的各项指数均较低。

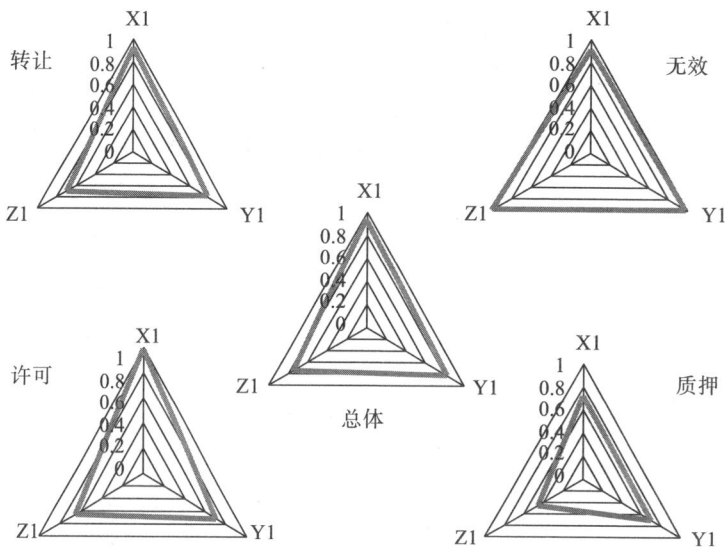

图 5－3－25　医疗器械领域审查前专利质量

在进行专利审查后，在技术质量、保护范围和保护强度三个中，医疗器械领域各项运营数据和医疗器械领域总体数据的技术质量与保护强度指数均有所提高，而保护范围指数则均有所下降，这也与一般授权专利权利要求相较于原始申请权利要求进行过修改从而保护范围缩小的趋势相一致。

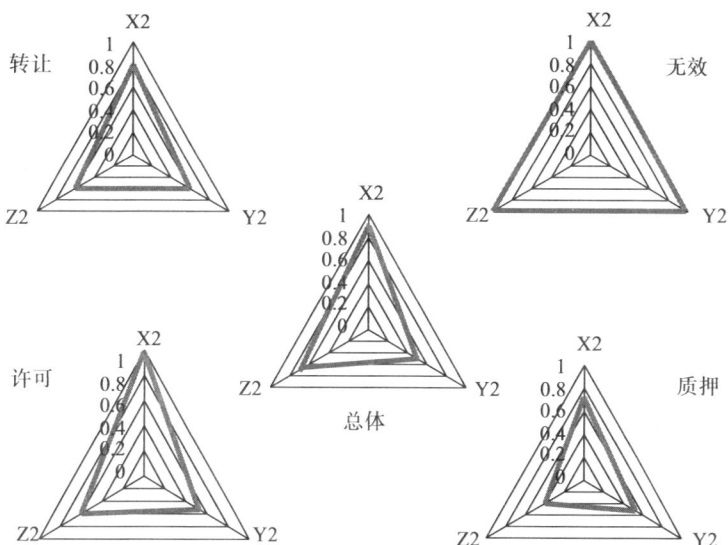

图 5 - 3 - 26　医疗器械领域审查后专利质量

如图 5 - 3 - 26 所示，对于专利质量值（X + Y + Z），医疗器械领域各项运营数据和医疗器械领域授权专利总体数据的专利质量值在进行审查后均有所提升。医疗器械领域转让数据的专利质量值在审查前和审查后均为医疗器械领域各项运营数据和医疗器械领域授权专利总体数据中的最高值，医疗器械领域授权专利总体数据的专利质量的值在审查前和审查后均位居第二，许可数据位居第三，无效宣告和质押数据的专利质量值相当，排在最后。

医疗器械领域主要包括 A61N1/00（电疗法；其所用的线路）、A61N 3/00（磁疗法）、A61N 5/00（放射疗）和 A61N 7/00（超声波疗法）。在我国医疗器械行业中，行业总体呈现"多、小、弱"的特点，创新能力比较薄弱，国内专利多为低技术含量的中低端产品，如涉及电疗、磁疗的装置；国外申请人则仍主要高端医疗器械市场，多涉及精密的放射疗法及装置、超声波疗法及装置。

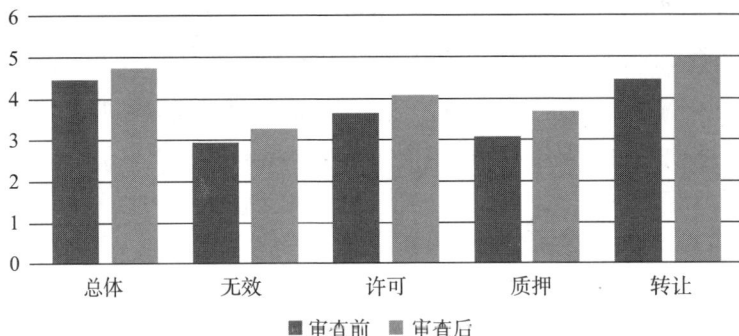

图 5 - 3 - 27　医疗器械领域专利质量（X + Y + Z）审查前后对比

2014 ~ 2016 年医疗器械领域的无效宣告案件中，发明专利仅 1 件，为国内申请人申请的红外治疗保健屋，技术较为简单。2014 ~ 2016 年医疗器械领域的许可数据中，仅有 5 件发明专利，全部为国内申请人，其中 4 件涉及红外治疗，1 件涉及放射治疗。2014 ~ 2016 年医疗器械领域的转让数据中，国外发明专利占六成以上，且多涉及较为精密的超声治疗、放射线治疗装置，即转让数据多涉及具有较高创新水平的高端医疗器械，技术含量较高，因而转让数据的专利质量最高。而 2014 ~ 2016 年医疗器械领域的质押数据，首先数量较少，仅有 9 件发明专利；其次，质押数据全部涉及国内申请；最后，质押数据中专利年龄较长，平均专利年龄为 9 年以上，虽然涉及的技术为超声技术，技术领域整体呈现出与医疗器械领域的其他技术相比技术含量高的趋势，然而对于医疗器械领域，10 年前仍主要依靠进口国外产品，国内申请仅在较低端产品上有所涉猎，在医疗器械领域的创新处于起步阶段，整体技术简单，因而质押数据的专利质量值最低。

十、信息记录领域

信息记录领域本部分选取 IPC 主分类号为 G11B 的 2011 ~ 2016 年的共计 6 442 件授权发明专利作为医疗器械领域授权专利总体数据样本，根据技术质量、保护范围和保护强度三个维度的专利质量评估指标计算方法，分别对信息记录领域的授权专利总体数据，以及涉及无效、许可、转让和质押 4 类专利运营数据的专利质量评估指标进行计算，最终获得该领域发明专利的审查前及审查后的专利质量评估结果。

从技术质量、保护范围和保护强度三个维度分析，在进行专利审查前，信息记录领域的无效宣告与许可数据专利质量相当，位居前列，其中，无效宣告的技术质量和保护强度指数均较高，保护范围指数相对稍低；许可数据的技术质量和保护范围指数均较高，保护强度指数稍低；转让数据与总体数据的专利质量相当，转让数据的三个维度指数均略高于总体数据；而质押指数则三个指数均较低。

如图 5 - 3 - 28 所示，在进行专利审查后，在技术质量、保护范围和保护强度 3 个中，信息记录领域各项运营数据和信息记录领域总体数据的技术质量与保护强度指数均有所提高，保护范围指数则均有所下降，信息记录领域各项运营数据和信息记录领域总体数据专利质量各指数的排序与审查前相同。

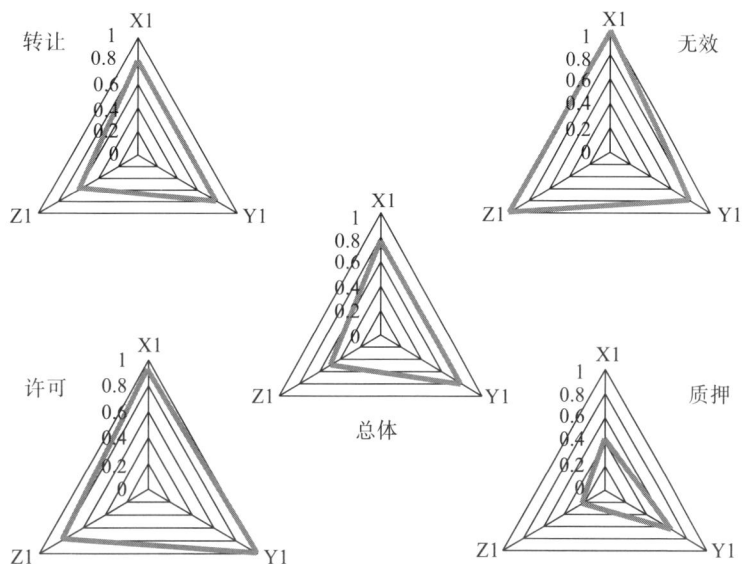

图 5 - 3 - 28　信息记录领域审查前专利质量

如图 5 - 3 - 29 所示，对于专利质量值（X + Y + Z），信息记录领域各项运营数据和信息记录领域授权专利总体数据的专利质量值在进行审查后均有所提升。信息记录领域无效宣告的专利质量值在审查前和审查后均为信息记录领域各项运营数据和信息记录领域授权专利总体数据中的最高值，许可数

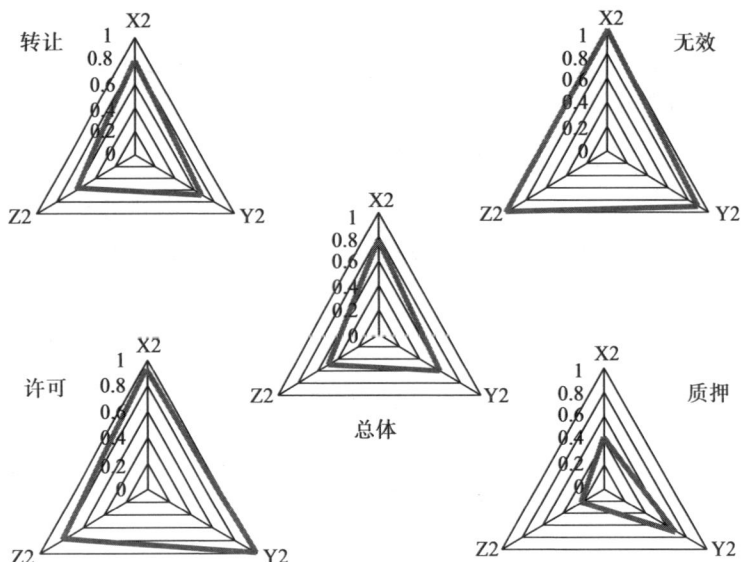

图 5 - 3 - 29　信息记录领域审查后专利质量

据的专利质量值在审查前和审查后均位居第二，转让数据位居第三，总体数据的专利质量值最低，质押数据的专利质量值比总体数据的专利质量值略高，位居第四。

信息记录领域主要涉及磁记录、光记录等记录方法、重现方法与记录介质等，其中，如何准确、高效地管理或再现所记录的信息是本领域技术发展的热点之一，具体包括诸如对光盘驱动器的读/写策略的控制、对存储的文件系统格式的改进、对纠错编解码方法的改进、对缺陷和备用区域的管理、对为保护记录介质上所承载信息数据如影片或音乐的版权而作出的改进等，而记录重现技术涵盖了信号编码、光学工程、机械结构、磁性材料等多种技术，技术内容比较复杂，技术含量较高。另外，近年来，在光记录领域中，蓝光技术兴起使光记录技术跳跃式发展，目前为止，蓝光是最先进的大容量光碟格式，蓝光激光技术的巨大进步，使得光盘的存储容量和存储速度都有了巨大的提升，技术含量较高。

2014～2016 年信息领域的无效宣告案件中，全部涉及重现技术和光记录技术，从而无效宣告的专利质量最高。2014～2016 年信息领域的许可数据中，信息记录领域（IPC 主分类号为 G11B）的许可次数高达 4 369 次，占通

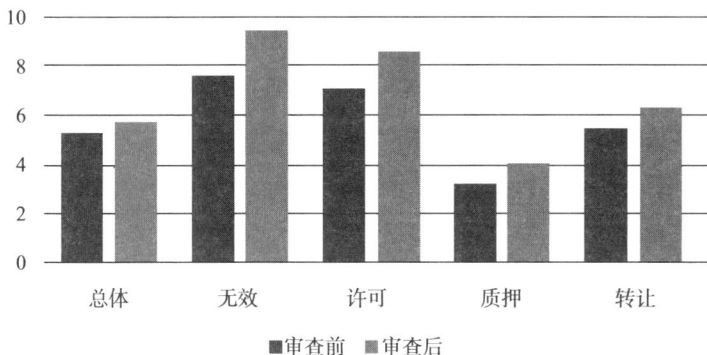

图5-3-30　信息记录领域专利质量（X+Y+Z）审查前后对比

信领域专利许可总次数9 492次的46%，其中有2 385次涉及G11B20/大组（并非专指记录或重现方法的信号处理；为此所用的电路），占该领域的55%；1 372次涉及G11B7/大组（用光学方法，例如用光辐射的热射束记录用低功率光束重现的；为此所用的记录载体），占该领域的31%，并且，在2014年，美国的蓝光联合有限责任公司仅其1家外国企业的许可次数就近4 000次，占总许可次数的86%左右蓝光联合有限责任公司向TCL通力电子（惠州）有限公司等6家中国企业许可共计3 948次，涉及蓝光公司涉及许可的发明专利是从日本、韩国和荷兰的知名通信企业购买的，包括LG电子株式会社、三星电子株式会社、夏普株式会社、松下电器产业株式会社、索尼公司、先锋公司、皇家飞利浦电子有限公司等，由此可见，在许可数据中主要涉及重现方法以及蓝光技术相关的光记录技术，因此许可数据呈现了较高的专利质量。2014~2016年信息领域的转让数据中，转让次数共计1 121次，在G11B小类下，G11B 7/00（用光学方法，例如，用光辐射的热射束记录用低功率光束重现的；为此所用的记录载体）大组下转让次数为371次，约占信息记录领域的1/3，位居第一；G11B 20/00（并非专指记录或重现方法的信号处理；为此所用的电路）大组下的转让次数为242次，位列第二；具有较高技术含量的重现方法和光记录技术约占总转让数据的一半。上述数据的技术特点决定了2014~2016年信息记录领域中的专利质量的排名趋势，佐证了专利质量分析模型的准确性。

十一、电设备结构零部件领域

电设备结构零部件领域本部分选取 IPC 主分类号为 H05K 的 2011~2016 年的共计 2 324 件授权发明专利作为医疗器械领域授权专利总体数据样本，根据技术质量、保护范围和保护强度三个维度的专利质量评估指标计算方法，分别对电设备结构零部件领域的授权专利总体数据，以及涉及无效、许可、转让和质押 4 类专利运营数据的专利质量评估指标进行计算，最终获得该领域发明专利的审查前及审查后的专利质量评估结果。

如图 5 - 3 - 31 所示，从技术质量、保护范围和保护强度三个维度分析，在进行专利审查前，电设备结构零部件领域的无效宣告位居前列，其中，无效宣告的技术质量、保护强度、保护范围指数均衡，均较高；许可数据、转让数据及总体数据的专利质量相当，二者的技术质量指数均较高，保护范围和保护强度指数均略低；而质押指数则三个指数均较低。

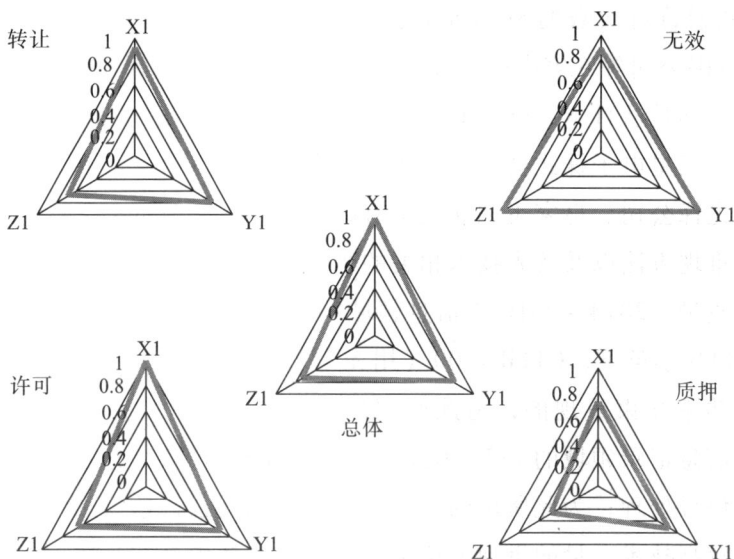

图 5 - 3 - 31   电设备结构零部件领域审查前专利质量

在进行专利审查后，在技术质量、保护范围和保护强度三个指数中，电设备结构零部件领域各项运营数据和电设备结构零部件领域总体数据的技术质量与保护强度指数均有所提高，保护范围指数则均有所下降，电设备结构零部件领域各项运营数据和电设备结构零部件领域总体数据专利质量各指数的排序与审查前基本相同。

如图 5 – 3 – 32 所示，对于专利质量值（X + Y + Z），电设备结构零部件领域各项运营数据和电设备结构零部件领域授权专利总体数据的专利质量值在进行审查后均有所提升。电设备结构零部件领域无效宣告的专利质量值在审查前和审查后均为电设备结构零部件领域各项运营数据和电设备结构零部件领域授权专利总体数据中的最高值，许可数据、转让数据在审查前的专利质量值略低于总体数据，审查后三者的专利质量值相差不多，转让数据的专利质量值在质押数据的电设备结构零部件领域各项运营数据和电设备结构零部件领域授权专利总体数据中排名第二，许可数据排名第三，总体数据排名第四，质押数据专利质量值最低。

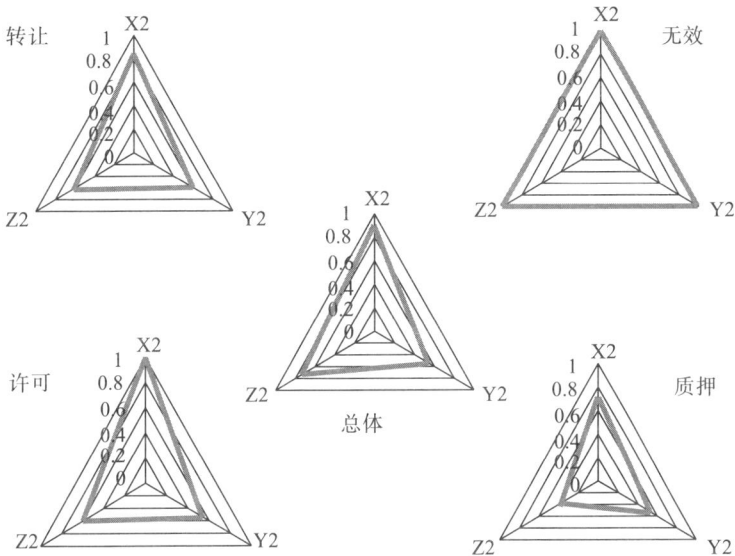

图 5 – 3 – 32 电设备结构零部件领域审查后专利质量

电设备结构零部件领域主要涉及电设备的散热、机壳零部件、电磁屏蔽以及制造电元件组装件的设备等，电设备的结构零部件领域中涉及电设备的零部件结构改进的专利，多为在现有技术条件下对电设备的零部件结构的细微改进，技术含量较低；电设备的结构零部件领域中散热装置技术向微型化、集成化方向发

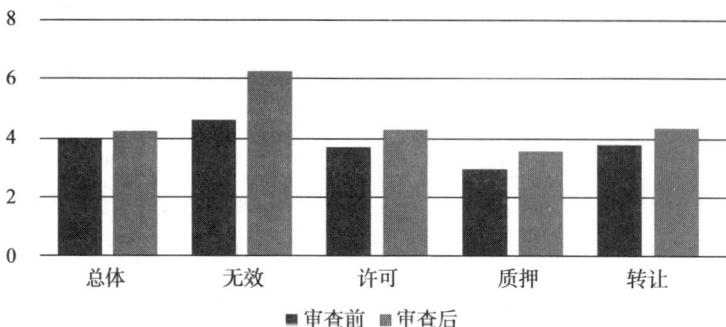

图 5 – 3 – 33　电设备结构零部件领域专利质量（X + Y + Z）审查前后对比

展，散热装置技术发展迅猛，其技术含量较高；电磁屏蔽技术中对于屏蔽材料、屏蔽方法的改进技术含量较高。

2014～2016 年电设备结构零部件的无效宣告案件中，全部涉及屏蔽方法或散热控制方法等技术含量较高领域。2014～2016 年电设备结构零部件领域的许可数据中，其中 35% 涉及 H05K7/大组（对各种不同类型电设备通用的结构零部件），在该大组下包含热门小组 H05K 7/20（便于冷却、通风或加热的改进），主要涉及电设备的电设备的散热及加热技术；5% 的数据涉及 H05K9/大组（设备或元件对电场或磁场的屏蔽），即电磁屏蔽技术；而 2014～2016 年电设备结构零部件领域的转让数据中，涉及散热技术与电磁屏蔽技术近半数，因此，许可数据、转让数据的专利质量值相当，转让数据的专利质量值略高。通常，经过专利审查之后，对于发明专利的保护范围有了更加客观的评价，审查后的专利质量值更加客观。

第四节　小　结

在本章中，本书参考了国内外的专利评价指标，并基于目前国家知识产权局加工的相应专利数据，提出了包含专利技术质量指数、专利保护范围指数和专利保护强度指数在内的三个维度的评价指标，并针对审查前和审查后两个时间节点，对上述三个维度的评价指标进行修正。上述三个维度的评价指标所考虑的参数见表 5 – 4 – 1。

表 5 - 4 - 1　专利价值评价参数

指数类型	审查状态	参数	备注
专利技术质量指数	审查前	被引证次数	
		发明人人数	
		申请人人数	
		IPC 分类号个数	
		要求的优先权个数	
		领域的运营活跃度	运营次数/该领域近 6 年来总申请量
		专利申请的国别	
		是否为 PCT 申请	
		是否提前公开	
		技术影响因子	与该领域近 6 年来的申请量有关，申请量越大，该领域的技术影响因子越大
	审查后（添加）	引证次数	
专利保护范围指数	审查前	同族专利申请的数量	
		同族专利申请覆盖的国家或地区数量	
		原始独立权利要求数量	
		原始第一独立权利要求字数的倒数	
		同族是否授权	
	审查后（添加）	授权独立权利要求数量（替换）	
		授权第一独立权利要求字数的倒数	
		专利运营因子	与专利运营次数有关，包括申请的专利许可次数、专利转让次数、专利质押保全次数、被无效次数

续表

指数类型	审查状态	参数	备注
专利保护强度指数	审查前	原始从属权利要求个数	
		原始说明书页数	
		原始附图个数	
		提出复审次数	
		专利申请保护扩散度	与权利要求类型相关，保护两种类型的专利申请保护扩散度较高，仅保护产品或方法的，相对扩散度较低
	审查后（添加）	专利有效性因子	与专利的状态以及剩余有效期有关
		授权从属权利要求个数	

在分领域指标分析的基础上，得出总体上在通信领域各分领域中，各指标评价所得到的值按如下顺序排序：无效 > 转让 > 许可 > 总体值 > 质押。

本书进一步分析了产生上述指标排序的原因，认为：

（1）提起无效宣告请求的案件通常是在一个充分竞争的市场环境中，就专利权及相关权益产生了争议的案件，通常其背后蕴含了很大的商业利益，同时也表明该技术在行业内较为领先，因此，其在价值评价指标中名列第一是不言而喻的。

（2）对于通信领域的专利转让而言，我们从第二章中通信领域 2014～2016 年专利转让概况中可以看出，在此期间，通信行业国外巨头纷纷成立了自己的知识产权管理公司，这些公司包括诺基亚集团的诺基亚技术有限公司、谷歌集团的谷歌技术控股有限责任公司、松下集团的松下知识产权经营株式会社等。这些巨头通过集团内部专利转移的方式将旗下专利逐渐聚集到知识产权管理公司，对集团专利进行集中管理、维护和运营，以纷纷效仿高通的业务模式，专营知识产权运营，实现企业经营模式的华丽转身，因此，该大批转让专利拉高了整个通信领域转让专利的价值。

（3）对于专利实施许可而言，期望获得专利实施许可的一方通常是为了获取经济利益，对于没有价值的专利，既无实施动机，也无利益产出的可能，显然发生专利许可的可能性很低。但因目前中国尚未实行专利实施许可强制备案制度，基于商业秘密的考虑，很多公司未对以从事前沿领域研究目的而开展的许可活动向国家知识产权备案，这有可能在一定程度上拉低了许可专利的评价价值，但总体而言，许可专利相对于总体专利具有更高的专利价值。

（4）对于质押专利而言，专利质押的目的是以拥有的专利权中的财产权为质押标的物，经评估作价后向银行等融资机构获取资金，并按期偿还资金本息的一种融资行为。质押专利的对象大多是中小企业，并且经第二章分析可知，专利类型也大多集中在实用新型，因此，其价值最低也是自然的。

本书发现，虽然审查后的指标值相对于审查前的指标值更为准确，但审查前和审查后的指标值对排序结果的影响不大，本书在本章第三节中结合第四章的技术分析情况，对引起指标高低的原因进行了分析，发现指标认知与技术发展趋势所涉及的技术之间存在一定相关性。因此，也从一定方面验证了指标体系的有效性。

同时，通过本章第三节的分析，本书认为，若在初始大量申请筛选时，将各分领域的技术发展趋势、重要技术节点与指标来结合分析，将进一步会提高指标筛选的准确性。

在经济结构调整、产业转型升级以及供给侧改革的大背景下，基于创新创业的知识产权运营顺势而上。通信领域基于技术上互联互通的需要成了知识产权运营特别是专利运营的排头兵，本书通过对通信领域专利运营的数据分析展现我国专利运营的整体现状。

本书基于近3年通信领域专利转让、许可和质押备案以及无效宣告案件数据，从大数据的视角分析通信领域三大法定专利运营行使方式的大致轮廓，并进一步剖析了通信领域各个技术分支包括网络无线、图像传输、声电、微波天线、电设备结构零部件以及信息记录等领域的专利运营以及无线宣告案件的概况，并对各个技术分支的运营专利和无效宣告案件涉及的专利从专利技术质量指标、专利保护范围指数和专利保护强度指数3个方面重新设计了专利价值评价指标体系，利用知识产权出版社的专利价值评估系统进行了评价。数据的展示和分析一方面有助于读者对于通信领域专利运营概况有一个相对客观的认识，另一方面也有助于读者对我国专利运营的宏观状况有个初步的了解，而分领域专利质量的评估分析也有助于完善基于大数据的知识产权评估系统，进而促进专利运营事业的发展。

　　囿于数据公开现状及作者的精力和数据获取能力，本书留下了诸多遗憾之处：一是未能获得和展示进一步的交易数据，如读者更加关心的专利运营行为背后的专利转让、许可以及质押金额；二是没有与通信产业及相关企业的经营行为做深度分析。这为我们进一步研究提供了动力和方向。

后　记

本书是在国家知识产权局学术委员会一般课题研究项目"从专利无效、转让、许可、质押四类专利运营数据的视角看专利实质审查"的研究报告基础上修订而成，修改的地方包括但不限于增加第一章和结语部分，删除了原研究报告第五章，并对部分章节内容进行了重写。借本书出版面世之际，感谢在课题研究过程中给予悉心指导和大力支持的知识产权出版社有限责任公司诸敏刚董事长和时任通信发明审查部赵喜元部长，同时也感谢成稿过程中给予业务指导和数据支持的局内和社内同事。

本书主要分工如下：崔国振负责统稿工作并参与了部分章节的撰写工作，金源和龚玫参与了初稿统稿及部分章节的撰写工作，桑芝芳和潘蓉主要负责数据下载及处理相关工作。

本书具体分工如下：崔国振负责第一章的撰写工作；王婷婷、马菁、龚玫、包红霞、金源、刘欣参与了第二章的撰写工作；崔国振、龚玫、包红霞、王婷婷、马菁、金源、桑芝芳参与了第三章的撰写工作；龚玫、刘欣、金源、马菁、王婷婷、包红霞参与了第四章的撰写工作；崔国振、金源、龚玫、刘欣、马菁、王婷婷、包红霞参与了第五章的撰写工作。

本书着重分析了2014～2016年通信领域的专利运营情况，随着技术发展的日新月异，以及我国当前专利运营事业如火如荼地开展、数据不断更新，本书的观点和分析可能与当前情形有些许不同之处，还望读者批评指正。